大下英治

# 長嶋家の人々

廣済堂文庫

# 目次

# 2000年メークドラマの瞬間

平成十一年十一月十九日、プロ野球の新人選択（ドラフト）会議が港区高輪の新高輪プリンスホテルでおこなわれた。

読売巨人軍は、すでに逆指名していた東芝の高橋尚成投手を一位、田村コピーの谷浩弥投手を二位に指名した。

高橋尚成は、東芝の都市対抗優勝に貢献した多彩な変化球を持つ技巧派である。高橋尚成は記者団に答えた。

「不安はありますが、七対三で自信が勝っています。ぼくの武器は制球力なので、その持ち味を変えずにやっていきたい。東京ドームの大観衆を味方に、押していく投手になりたい」

さらに、三位には、亜細亜大学の佐藤宏志投手、四位には、三菱重工長崎の内薗直樹投手、五位には、阿南工高の條辺剛投手、六位には、大商大の十川孝富内野手、七位には、法大の宮崎一彰内野手を指名。なんと、一位から五位まで、すべて投手という徹底した補強ぶりであった。

ドラフトを終えた長嶋茂雄監督は、自己採点した。

「今年は、即戦力重視。補強ポイントの投手が多くとれて良かった。高橋、谷は経験豊富で、自信を持てば（一軍の）十二人に入る力がある。これで投手陣のバランスがとれる」

いっぽう、長嶋監督は、FA（フリーエージェント）選手の獲得にも執念を燃やしていた。目玉は、ダイエーホークスの工藤公康投手、広島カープの江藤智内野手であった。

今年も中日ドラゴンズに優勝を奪われ、三年も優勝から遠ざかっている。優勝のためには、なりふりかまわぬ補強をしようとしているのだった。さいわい、巨人には、広島などとちがって資金は豊富にある。

十一月一日、現役三位の通算百六十二勝をあげている工藤は、ビジネス優先の球団に不信感を募らせ、FA宣言した。

巨人の山室寛之代表は、

「おどろいた。コミッショナーが公示してすべてがはじまる」

と前置きしたうえで、左腕投手としての実績を高く評価した。

「一般論としては大変興味ある選手だ」

長嶋監督も、ダイエーの王監督に配慮しながら、語った。

「一級品で、大いに気になる」

十一月十一日、FA選手と各球団との交渉が解禁された。

工藤は、まずダイエー本社の中内潤取締役と交渉した。中内は、中内功オーナーの長男である。約一時間にわたって話し合いがおこなわれたが、進展はなく、ダイエーとの交渉は事実上終了した。

十一月十五日、午後三時から工藤と巨人の入団交渉が都内のホテルでおこなわれた。山室球団代表、そして長嶋監督が同席した。

年俸などの提示は次回に持ち越されたが、工藤が要望した個人契約の専属トレーナーを巨人が受け入れる意向をしめした。

約一時間の会談を終えた長嶋監督は、記者団に語った。

「工藤君の表情は、明るかった。おなじ野球人同士。いっさいのわだかまりもなく、時間を忘れるぐらいに、いいテーブルの雰囲気でした」

「ぜひ（工藤の）力を借りたい。戦力になってほしい、というたってのお願いをした。真心は伝わったと思うし、いい会談の雰囲気で、次のステップに確実に進んでいる。（工藤投手の印象は）いまの野球選手にしてはめずらしく男気のある選手、と感じた」

工藤も、記者団に語った。

「誠意は感じた。トレーナーの件も感謝している。ただ、いろんな部分で考えたいこともある。連絡を取り合って、次回の交渉の日時を決めたい」

長嶋監督の印象についても語った。

「テレビで見たまんまでした。先発の一人としてぜひきてほしいといっていただき、その気持ちは理解したつもりです。トレーナーの件は、球団を決める大きな要素のひとつですね。中日との交渉もあるし、まだ決定的なものはないです」

巨人には、左の先発ピッチャーがいない。長嶋監督は、なにをおいても工藤を獲得したかった。長嶋監督は、以前から工藤を高く評価していた。

巨人は、平成六年十月の日本シリーズで森祇晶監督率いる西武ライオンズと戦った。二十三日におこなわれた第二戦の先発投手は、槙原（寛己）と工藤だった。この試合は一対〇で巨人が勝つが、工藤は七回を投げてヒット二本、奪三振八と好投した。長嶋監督は、そのピッチングを見て、「あれが本物の左腕ピッチャーだ。セ・リーグの左腕ピッチャーとレベルがちがう」と褒めちぎっていた。

工藤は、この年にFA宣言し、ダイエーに移籍する。このとき、長嶋監督は、表向きはアクションを起こさなかったが、水面下で動いた節があるという。

スポーツ新聞記者Aが語る。

「ダイエーには、工藤にとって親ともいうべき根本陸夫さんがいた。それゆえ、工藤のダイエー入りは確定的だった。が、その根本さんと長嶋監督は裏でがっちりつながっている。長嶋監督とも根本さんとも関係の深い元アナウンサーが、長嶋監督の意を受けて工藤サイドに接触したのではないか。今回は、根本さんが亡くなり、工藤自身がダイエーともめたので、何の心置きもなく取りにいくことができる環境が整った。巨人の球団関係者も、わたしに『根本さんがいなくなったし、工藤はダイエーに何の未練もないだろう』という言い方をしていた」

翌十六日、工藤は都内のホテルで中日の佐藤球団社長、児玉球団代表補佐に会い、初の入団交渉をした。工藤の希望もあり、条件提示は次回に持ち越された。

巨人との初交渉で要望した個人契約の専属トレーナーについては、中日も承諾の意向をしめした。

会談後、工藤は記者団に両球団との交渉を継続する考えをしめした。

「まだ交渉は一回目なので、（中日と巨人との）どっちとはいえない。次回から具体的な話をしたい」

十一月二十日、工藤が米大リーグと交渉するため渡米していることが明らかになった。

十一月二十一日（日本時間二十二日）、工藤は、シアトルでマリナーズのギリック・ゼネラルマネジャー、コルボーン環太平洋スカウト部長ら球団関係者と会った。

工藤は、記者団に説明した。

「FAという権利を得て、（自分の意志で移籍先を決める）最後のチャンスだと思った。代理人を通じて（大リーグ各球団に）紹介してもらったら、いくつかの返事をいただいたのでこういうかたちになった」

代理人のアラン・ニーロによると、現時点で工藤に興味をしめしているのはマリナーズをふくむ六球団。

工藤は、大リーグ行きの可能性に関して語った。

「五分五分。日本の球団との交渉もあるし、代理人と話しながら進めていく」

十一月二十四日夕方、アメリカから帰国した工藤は、成田空港のロビーで記者団に語った。

「（国内移籍かメジャー移籍かは）五分五分だが、メジャーの印象がよくなったことは確かだ」

極秘の形で渡米したことについて話した。

「気分転換もふくめてメジャーの話を聞いてこようということだった。選手にたくさん会ったわけではないし、球場一つ見てきただけ」

今後、日本で獲得に乗り出している巨人、中日との交渉日程についても触れた。

「これから（相手から）連絡があるかもしれないが、今のところまだ未定。最後のチャンスだし、ゆっくり考えたい」

十一月二十七日、工藤が巨人と二度目の交渉をおこなった。交渉には、巨人側から山室代表と長嶋監督が出席した。

巨人側は、三年契約を基本に、その間の成績によって四年目の契約を決めるという複数年契約と、出来高払いなどの条件を提示。

また、巨人の優勝のために、絶対に必要な左腕であることを繰り返し訴えた。

また、専属トレーナーの受け入れについても回答した。

「一〇〇パーセント前向きに取り組む」

これに対し工藤は、好印象を抱いたことを明らかにした。

「大リーグと競争してでも獲得したいと一生懸命になってくれて、ありがたい。いい印象を持った」

また、「（判断材料として）今、一番考えていることは、家族が安心して生活できること」とし、契約条件と並行して詰めていく考えを示した。

工藤は語った。

「三十六歳になるぼくに対する高い評価は、野球選手冥利《みょうり》に尽きる」

また、この日、十五日におこなわれた一回目の交渉の際に、巨人側が工藤の弁護士とも会談したことが明らかにされた。

山室代表は、「工藤投手は（ダイエーからFA宣言した時の）様々な報道内容に悩んでいた時があり、交渉の前に、まず、その悩みを弁護士から聞いた」と話し、今回から本人との条件面での交渉に移ったと説明した。

長嶋監督も、この日深夜、弁護士について語った。

「あくまでも後見人であり代理人ではない。これからも、工藤君の悩み事の解消のため力を合わせていくことになる。交渉は本人と球団がおこなう」

十二月十日、工藤は、移籍先について巨人、中日と再度交渉をする意向を示した。

「このままでは決めることはできない。最低もう一度は会いたい」

巨人か中日の選択については強調した。

「まだ決まっていない」

大リーグについては、これまでの発言を繰り返した。

「向こうの球団に行くのなら、日本の球団を断ってから」

ところが、翌十一日、工藤の巨人入りが急転直下、決まった。そのきっかけは、長嶋監督、山室代表が、わざわざ福岡県の工藤の自宅に出向くという電撃交渉であった。

長嶋監督は、この日午後、山室代表とともに福岡市内の工藤の自宅を訪れて三度目の交渉をおこなった。

長嶋監督は、強く入団を要請した。

「ジャイアンツに来て、男の花道を飾ってほしい」

山室代表は突然の訪問の目的を、工藤に話した。

「入団してほしいという意思を、もう一度伝えに来た」

会談は、約一時間おこなわれた。

会談後、記者団が工藤に質問した。

――長嶋監督とどういう話をしたのか。

「監督には前と同じように、誠意と決意をもって来てほしいという話をしていただいた。何しろ突然だったのでひげもそっていなかった」

――監督の誠意は伝わって来たか。

「わざわざ九州まで来ていただいたことにはすごく感謝した。その熱意も自分のなかでは十分感じ取った。普通の人だったら来てもらえないだろうな、というところに自分の価値みたいなものを感じました。前向きに考えさせていただきますという言葉は、自然に自分の口から出た」

――心に響いたのは。

「決めせりふかどうかわからないが、ジャイアンツに来て男の花道を飾ってほしいという言葉。これが周りの方がいう、あの言葉だなと思いました」

この夜、工藤は急遽《きゅうきょ》上京した。中日の星野仙一監督らに会い、断りの意思を伝えるとともに巨人に移籍することを明らかにした。

「巨人に入ります」

長嶋監督は、記者団に語った。

「東京より福岡でお会いしたほうがいいだろうと、訪問は急遽朝決まった。巨人ファンも（入団を）待望しているし、花道を東京ドームで飾ってほしいと話した。工藤君側から時間をいただきたいといって別れたが、巨人を選択していただいて感動しております」

ダイエー・王監督は語った。

「来年いっしょにやれないのは残念だが、工藤が決めたことでとやかくいえない。投手として完成度は高いものを持っている。意欲もしっかりしている。巨人はやりがいがある。ファンも多いし、すごくいい仕事をするでしょう。頑張ってもらいたいね」

日刊現代編集局スポーツ編集部の赤坂英一が、工藤獲りの内幕を語る。

「長嶋監督は、いかにも急遽工藤のマンションを訪問したように見えるが、はたしてそうだろうか。長嶋監督は、たしかにそういうことをやりかねない。が、山室代表もいっしょだった。もし、ひじ鉄をくらわさせたら大恥をかく。長嶋監督一人が恥をかくのではなく、下手すれば、読売グループが恥をかくということになりかねない。それゆえ、あらかじめ内諾がないとできないことだとおもう。工藤としては、金で転んだというイメージだけは絶対に避けたい。『長嶋監督と山室代表がわざわざ福岡まで飛んできてくれたことに胸を打たれた』という絵図を、だれかが書いたのではないかという気がする」

赤坂は工藤の巨人入りの気持ちは、その直前に固まっていたのではないか、と読む。平成五年に槇原寛己がFA宣言したとき、長嶋監督が十七本の薔薇の花束をもって槇原宅を訪ねた。槇原は、その訪問に感動して残留したということがある。が、実際は、当時の球団代表が、槇原とごく親しいタニマチ筋と話をつけた。「巨人に残ってくれたら年俸一億二千万円、功労金四千万円。引退後、もしくは怪我でやめざるをえなくなった場合は、テレビ朝日の解説者として斡旋する」とテレビ朝日の関係者に会わせて仮契約書までつくった。準備万端整えておいて長嶋監督に「槇原は、ほとんど残る気持ちになっていますから説得にいってください」といった。そのいっぽうで、長嶋監督も槇原夫人に電話攻勢をかけて、「ご主人の力が必要なんです」と説得した。球団は槇原本人に、長嶋監督は槇原夫人にという両面作戦をとり、槇原はほくほく顔で残留を決めた。

十一月十二日、工藤が巨人の山室寛之代表に電話連絡し、巨人への入団の意思を正式に伝えた。

「巨人軍でお世話になりたい」

山室代表は、歓迎した。

「東京ドーム、あるいは常に注目される巨人軍というチームで、思う存分自分のプレーを見てほしいという気持ちになったんだと思う」

十二月十四日、工藤の巨人入団が正式に決まり、都内のホテルで入団発表がおこなわれた。

契約期間は「毎年毎年勝負していきたい」という工藤本人の希望で単年度契約となった。背番号は、西武時代から親しんでいた「47」を小野仁投手から譲り受けた。

長嶋監督と記者会見場に現れた工藤は、ジャイアンツのユニホームにそでを通し、晴れ晴れとした笑顔を浮かべた。

会見では、ダイエー残留を求めたファンからの十五万通に上る署名などに心を悩ませた経緯を説明した。最後は、十一日に長嶋監督から福岡の自宅訪問を受けたことを挙げ、「ぼくの気持ちを動かした要因だった」と語った。

長嶋監督も、交渉の経緯を笑顔で振りかえった。

「福岡での大変無謀な訪問が、今年の一番の思い出になる。体調に細心の注意を払って欲しい。マウンドのことはすべて託す」

長嶋監督は、記者団に語った。

「獲得へ向けて、わたしどもはひたすら熱意をもって純粋に日々を送ってきた。その〝純粋性〟が彼の心に届いたのかもしれない。会話を通して彼の中に男の美学を感じた。男のなかの男。ぜひ、巨人で花道を飾って欲しい」

記者会見で、記者が工藤に質問した。

――FA宣言から巨人入団までの経緯は。

「一番迷ったのは、福岡のファンからの、十五万通以上の残ってくれという署名、ファクス、インターネットなどによる言葉だった。そんななか、長嶋監督が自宅に来て、巨人で男の花道を飾ってくれといっていただいて感動したし、少しでも報いたいと思った。それで決断した」

十二月十七日、巨人は、前阪神のダレル・メイ投手の獲得を発表した。

FAで巨人に移籍した工藤公康に続き、来季の巨人先発陣に、貴重な左腕がもう一枚加わることになった。

メイは、昨年のシーズン途中、米大リーグのエンゼルスから阪神に入団。二年間で十勝十六敗ながら、微妙に変化するストレートとスライダーを武器に、二四二イニングで二〇七奪三振、通算防御率三・八三を残した。中でも横浜には五勝三敗と相性の良さを見せた。しかし、今年八月、起用法などを巡って球団側とトラブルが起き、謹慎処分のまま、米国に帰国。十二月二日公示の保留選手名簿に掲載されず、自由契約選手になっていた。

いっぽう、今季FA権を取得し、動向が注目されていた広島カープの江藤智が、十一月九日、FA宣言することを表明した。

江藤は語った。

「自分の野球を一からやり直したいと決意した。広島にはかわいがってもらったし、愛着もあるが、(このままでは)マンネリになってしまうと思った。今後、他の球団の話を聞いていきたい」

江藤は、二度の本塁打王を獲得し、通算二四八アーチの大砲である。二十九歳の若さとあって他球団も注目し、すでに複数球団が獲得に関心をしめしている。

すぐに獲得の意向を明らかにしたのは、横浜ベイスターズであった。野口善男取締役が獲得の意思を正式に表明した。

阪神タイガースも、十日、高知県夜須町の秋季キャンプ宿舎で編成会議をひらき、江藤智と、やはりFA宣言したオリックスブルーウェイブの星野伸之投手の獲得に乗り出すことを決めた。

野村監督は、直接出馬の姿勢をしめした。

「(ユニホームの)タテジマを消してでも、お願いに上がりたい。オレと力を合わせて優勝しよう、と話したい」

十一月十五日、江藤と阪神の初交渉が東京都内のホテルでおこなわれた。前夜、セ・リーグ東西対抗が行われた鹿児島から東京入りしたばかりの野村監督、高田球団社長との二時間以上に及ぶ交渉で、阪神側から複数年契約を含む条件提示を受けた。

江藤は記者団に語った。

「自分を必要としてくれて、自分も行きたいという球団に行きたい」

記者が質問した。

「阪神と次も会いたいか」

江藤は答えた。

「自分の気持ち次第です」

野村監督は感想を語った。

「打席での江藤選手同様、一言一句、目の動きまで観察したが、心の中は見せてくれなかった。星野選手の時のような手ごたえはない」

十一月十六日、江藤は、横浜市内で横浜の大堀球団社長、権藤監督らと約一時間にわたって初交渉した。

江藤は、好印象をもった様子で記者団に語った。

「『マシンガン打線をもっと強力にしてくれ』といわれた。横浜はやりがいのあるチーム。今後どういう気持ちの変化があるかわからないが、縁があればまた会いたい」

十一月十七日、江藤は、都内のホテルで巨人と初交渉した。巨人側からは、山室代表、長嶋監督が交渉の席についた。

山室代表が複数年契約などの条件を提示した。

「右の主軸打者、三塁手として最大の評価をしている」

また、長嶋監督は思いもかけぬ言葉を口にした。

「巨人を選択してくれるというのなら、背番号33を使って下さい。ぼくは、長い間ロッカーにしまい込んである3を付ければいい」

江藤が広島時代に慣れ親しんだ背番号「33」を譲ることで礼を尽くす意気込みをしめしたのである。

江藤は、巨人側が必要とする理由については理解を示した。

「FAしたんだから、巨人という新天地で優勝を目指そうという、監督の強い意思を感じた」

背番号33を譲るという件についても語った。

「それは、荷が重いですね」

江藤には、阪神、横浜、巨人の三球団が名乗りを上げた。この日の巨人で、すべて初交渉を終えた――と思われた。

ところが、翌十九日、中日が江藤の獲得に乗り出すことを発表した。中日は、前日、江藤に対して獲得の意思があることを正式に連絡。自ら交渉に当たる星野監督は、獲得に自信を見せた。

「自信がなかったら取りに行かない。関川や久慈、武田らよそからきた選手も溶け込んでやっているし、第二の野球人生を心機一転して（中日で）やって欲しい」

十一月二十一日、江藤は、名古屋市内のホテルで中日と初交渉した。交渉は、中日から星野監督と児玉代表補佐が出席し、約一時間半おこなわれた。

江藤は、ほとんど横浜で決まりだろうと思われた。それなのに、どうして横浜に行かなかったのか。スポーツ新聞のB記者が語る。

「FAで横浜を出るつもりだった進藤がロッテにそでにされ、残留を決めてしまった。江藤の気持ちが揺れだしので中日が突然獲得に名乗りをあげた。中日は、住居の提供、家族の面倒、再就職先の斡旋《あっせん》など条件面でいいものを出す。このままでは中日に行かれてしまう、と危機感をもった長嶋監督は広島に行き、江藤に会っているようだ。これは、表に出てないが、このとき江藤の巨人入りが固まったとおもう。長嶋監督にそのことを聞いたら、『いや、知人の結婚式があった』といっているが、長嶋監督は、知人の結婚式で広島までいく人ではない」

十二月六日、江藤の巨人入りが決まった。

この日午後、江藤は、獲得に名乗りを上げていた阪神、横浜、中日の三球団に断りの連絡を入れた後、巨人と二度目の交渉をおこない、契約に合意した。

江藤は、午後八時から長嶋監督とともに記者会見にのぞんだ。

――今の心境は。

「悩み苦しみ、絞ることができてホッとしている」

――巨人を選んだ理由は。

「長嶋監督に『荒波に向かって行きなさい』といわれ、どうせやるなら一番プレッシャーのかかる大きなところでやろうと思った」

――監督の背番号「33番」を譲るという話もある。

「温かい言葉をいただいたと思っている。自分も監督の『3番』を見たいし、ファンもそれを望んでいるだろうから、前向きに考えたい」

――巨人にどういう印象を持っていたか。

「勝たなきゃいけないという使命感を持っているチーム。重圧もあるだろうが、それに立ち向かっていけるようにしたい」

長嶋監督がいった。

「本当によかったと、うれしく思っている。この選択は、江藤君にとって、間違いではなかったと、確信している。バランスが良い打線になると期待している。いい意味でのカンフル剤になってくれるだろう。背番号は33番をつけてもらい、自分は欠番の3番をつけたい」

十二月二十四日、江藤は、広島での背番号「33」を付けることを決め、長嶋監督も自分の背番号を譲ることを快諾した。

これにより、長嶋監督が、来季、現役時代の背番号「3」を付けることが決まった。「ミスター・ジャイアンツ」の永久欠番が、二〇〇〇年の記念すべき年に蘇《よみがえ》ることになったのである。

永久欠番は、球界で十四人いる。が、欠番となったあとに付けた例は、阪神の村山実監督の「11」以来となる。

平成十二年一月三十一日、長嶋監督率いる巨人軍はキャンプ地の宮崎県入りした。翌二月一日のキャンプインに先立ち、宮崎神宮で必勝祈願をおこなった。

その夜、宿舎の「青島グランドホテル」で選手、コーチらチームスタッフを集めたミーティングがひらかれた。いつもなら長嶋監督が熱い口調で意気込みを語る。が、今年はちがった。

長嶋監督はいった。

「おれが考えていることは、いわなくてもわかっているとおもう。きみたち選手全員の今年にかける意気込みを、おれのほうに教えてほしい。一人ずつ、どのような意気込みでいるのか、聞かせてくれ」

選手一人ひとりが立ち上がり、意気込みをしゃべりはじめた。このようなミーティングははじめてのことである。例年なら二、三十分でミーティングは終わる。が、今年は一時間半もかかってしまった。

巨人は、読売新聞社社長の渡辺恒雄氏がオーナーになって以来、まだ一回も優勝していない。渡辺オーナーとしても優勝してもらわないと困る。そのために巨額を投じ、工藤を取り、江藤を取り、メイを取った。これだけ戦力を補強したわけだから、長嶋監督にとって優勝は至上命題だ。

スポーツ新聞のC記者が語る。

「投手のなかでは、今季はストッパーでいくと明言されていた槙原が長嶋監督の顔を見ることなく、『今年は先発一本で勝負したいと思います』といい、一瞬部屋が静まり返ったようだ。野手では、昨年まで選手会長をつとめていた川相昌弘が『名前だけではなく、そのときの調子を見て選手を使ってほしい』といった。ようするに、二岡智宏や元木大介ばかりを使うのではなく、そのときの調子で自分も起用しろということだ。プロ野球選手として晩年にきた川相にすれば、意地を見せたというところだろう。総じて、みんな『自分を使ってほしい』と訴えた。そのようなかで、清原一人だけは『今年は、長嶋監督を胴上げしたいと思います』といったものだから、まわりは『普段はぶすっとしているのに、いざとなってゴマをするのか』としらけたムードが漂ったといわれる」

二月一日、プロ野球の各球団がいっせいにキャンプインした。

この日から、ユニフォームの着用が許される。巨人の長嶋監督は、昭和四十九年十月十四日の現役引退以来、二十六年ぶりに栄光の背番号「3」を身につけることになった。

午前十時前、宮崎県総合運動公園の市営野球場に長嶋監督が姿を現した。報道陣のカメラの放列が、いっせいに長嶋監督の動きを追う。お目当ては、ユニフォームの背番号「3」の復活である。が、オレンジ色のグランドコートを身にまとったままだ。

グラウンドに足を踏み入れた長嶋監督は、まず外野の芝生の上で選手とともに柔軟体操をおこなった。そして、ジョギング。

長嶋監督が外野フェンス沿いを歩くと、多くのテレビカメラがいっしょに移動する。

報道陣から、質問が飛んだ。

「グランドコートでも、背番号3だとちがう感じですね」

長嶋監督は、にこやかに答えた。

「そう？　変わらないよ」

この日、長嶋監督は、ついにグランドコートを脱がなかった。

長嶋監督は、報道陣に語った。

「主役は、選手ですから。出し惜しみをするわけではない。いつでもいいんですよ」

ユニフォーム姿を披露する「Xデー」は、いつになるのか――。マスコミは、連日、長嶋監督の動きを追った。紙面や画面で大きく取り上げた。異常なまでのフィーバーぶりであった。

工藤公康、江藤智といった新戦力をさしおき、長嶋監督はキャンプ序盤の話題を独り占めした。

長嶋監督は、とまどいを隠せなかった。本当は、序盤で脱ぐつもりであった。が、連日五万人近くのファンが詰めかけ、スポーツ紙で「Xデー」と報じられ、脱ぐに脱げなくなってしまったのである。

焦《じ》れたファンから野次も、飛ぶようになった。

「コラッ、長嶋！　いつ脱ぐんだ。おれはわざわざ福岡から見にきているんだぞ。これを見ないとおれは、家に帰れないんだ！　おれの気持ちがわかっているのか。早く脱げ！」

長嶋監督は、苦笑した。

〈これは、ますます脱げなくなったな〉

キャンプインから十二日目の二月十二日土曜日――。ついに、その日はやってきた。

三連休ということもあり、多数のファンが球場に詰めかけた。球場へと向かう道路は大渋滞となった。九州地方のナンバープレートはもちろんのこと関東地方のナンバープレートをつけた車もあった。

この日、宮崎総合運動公園に訪れたファンの数は、じつに五万五千人。これは、球団新記録であった。

午後二時半、ボルテージが最高潮に達するなか、長嶋監督が白い車でAグランドに乗りつけた。

ポケットから黒い皮の手袋を取り出し、はめた。右手でグランドコートのファスナーを一気に引き下げた。

観客席がどよめいた。

「オーッ」

長嶋監督は、ついにグランドコートを脱ぎ捨てた。栄光の背番号「3」がグラウンドにくっきりと浮かび上がった。

観客席から、大きな拍手が沸き起こった。

長嶋監督は、ノックバットを持ち、江藤への個人ノックをはじめた。個人ノックは、三年前の清原以来であった。

長嶋監督は、江藤に声をかけつづける。

「そんなんじゃ、大介(元木)に勝てないぞッ！　いまのをとらにゃ」

「おれは、死に球は打ってないぞ」

「いまのは捕ってくれよ」

ノックは、計二百二十三球、約四十二分間にわたってつづけられた。

ノックを終えた江藤は、感慨深けに感想をもらした。

「監督とぼくの二人だけの世界という感じでした。ファンの『この幸せもの』という声が印象に残った」

さらに、長嶋監督の体力におどろいてみせた。

「六十三歳でしょう。でも、ガチッとするようなノックで手がしびれたし、捕れそうで捕れない、いいコースを打ちますね」

長嶋監督は、この日のために宿舎の自室にダンベルを持ち込み体を鍛えたという。さらに、人目につかないエアドームでノックの練習をしてきた。

長嶋監督は語った。

「今日のノックで、ぼくの何か『気』をね、江藤の体内に打ち込みました」

なぜ、これだけ「3番」フィーバーが沸き起こったのか。それには伏線があるとスポーツ新聞のD記者が語る。

「平成五年の長嶋監督が監督に復帰してはじめてのキャンプで、なぜか長嶋監督はグランドコートを脱がなかった。この年の宮崎キャンプは、無茶苦茶に暑かった。なにしろ雨が一日も降らなかった。それでも、長嶋監督は脱がない。最初は、報道陣もみな気にしていなかった。が、あまりにも脱がないのでカメラがなんとなく背番号を追いかけるようになった。二月半ばになり、『そういえば、監督の背番号の入った姿をだれも撮ってない』と話題となり、盛りあがった。長嶋監督は、キャンプ最終日のヤクルトとのオープン戦でパッとグランドコートを脱いだ。巧みな自己演出というか、われわれ報道陣は『長嶋監督は、こういうことも考える人なんだな』と感心した。報道陣は、そのことをおぼえている。だから、背番号が『3』になったとき、最初から『いつ脱ぐのか』ということが話題となり、盛りあがった」

報道陣は、いつと予測していたのか。

「二月二十日の長嶋監督の誕生日という説が有力だった。が、キャンプというのは三勤一休、あるいは四勤一休だ。つまり、三日練習したら一日休む、四日練習したら一日休むというスケジュールである。さらに、たとえばホーム用のユニフォームでキャンプインした場合、一日休んだあとは、ビジター用のユニフォームになる。その計算でいくと長嶋監督の誕生日の二十日

は、ビジター用のユニフォームだ。背番号『3』のお披露目がビジター用のユニフォームでは
どうも……ということで、ホーム用のユニフォームで、なおかつ多くの観客が詰めかける十一
日から十三日までの連休中という説が有力となった」

背番号「3」のお披露目は、前日の十一日に報道陣に流れたという。

「巨人という球団は、そういうことは事前に発表しない。広報とか、長嶋監督についているマネージャーと雑談しながら、情報を摑んでいく。巨人としても、各社に公平に撮らせないといけない。十二日の午前中に各社の代表が広報担当とノックがおこなわれるA球場に行き、『長嶋監督は、この位置でノックする。テレビ局はここ、新聞社はここ、雑誌社はここ』という具合に、位置を割り振りした。いわば背番号『3』のお披露目は、それゆえ、各社とも鮮やかに背番号『3』が撮れた」

今季のキャンプは、いわば背番号「3」狂騒曲で盛りあがったが、平成五年のキャンプのほうがすごかったという。

「長嶋監督が復帰し、超高校級と騒がれた松井秀喜が入団し、長嶋監督の息子の一茂がヤクルトから移籍した平成五年のほうがすごかったとおもう。なにしろ、宮崎市のホテルから旅館からすべて満杯。宮崎空港からレンタカーを借りて駆けつけた他府県のファンが宮崎総合公園で夜明かしをしていたくらいだ。やはり、監督復帰一年目のインパクトにはかなわない」

二月十三日、ドラフト一位左腕の高橋尚成がフリー打撃にはじめて登板した。

清原、マルティネス相手に七十三球を投げた。直球が手元で微妙に変化し、なかなかジャストミートをさせなかった。

日刊現代の赤坂によると、正直なところ、高橋尚成の評価はそれほど高くなかったという。「なにしろ、前年のドラフト一位の上原があまりにも良すぎた。上原ほどやれるピッチャーなのかといえば、とてもそこまでいかない。左の中継ぎ要員ではないかという印象だった。が、フリー打撃ではマルティネスにまったく打たせなかった。右打者から見れば外に逃げていく変化球を追いかけようとして振らされる、あるいは、詰まらされてしまう。芯を外れたところにあたり、バットが折れる。あのおとなしいマルティネスがバットを折り、怒って地面に叩きつけていた。

そのあと、高橋は紅白戦に二回登板する。まずまずのピッチングであった。巨人には錚々《そうそう》たるスター選手が並んでいる。投手とすれば、当てるわけにはいかない。だから、高橋の生命線である近目の真っ直ぐが思い切って投げられなかった。こじんまりまとまった投手だな、という印象を受けた」

ところが、三月十四日におこなわれた西武ドームでのオープン戦で評価が高まる。高橋は、西武のエース松坂大輔と投げ合い、四回をわずか一安打におさえたのである。

スライダー、シンカーを内外角に散らす投球術が光り、オープン戦の通算十回を二安打しか許さず、無失点であった。

長嶋監督は、絶賛した。

「高橋は、若いのに投球がうまい」

開幕一軍入りが、当確となった。

赤坂がいう。

「敵と対戦してはじめて、これはものがちがうというところを見せた。実践向きなのだろう。上原もそうだが、ブルペンでは『どこがいいんだ、このピッチャー』という感じを受けるが、いざ実践になると見違えるようなものを見せる。ただし、真っ直ぐもそれほど速くない、落差のある変化球もない。先発投手よりも、中継ぎのほうが持ち味を活かせる感じだった。が、他の先発陣が存外よくないということもあり、高橋を開幕からローテーションに入れざるをえなくなった」

高橋は、開幕六試合目の四月六日の中日戦で初登板初先発し、初勝利をあげる。巨人では、昭和四十一年の堀内恒夫以来の快挙であった。

「そこから、長嶋監督もぞっこんになる。高橋は、四、五勝くらいまでとんとんと勝ち星を重ねた。が、長嶋監督はピッチャーを見る目がない。去年の開幕前、あるテレビ番組で『上原は、どのくらい勝てそうですか』と聞かれ、『う〜ん、七勝だろうな。これ以上求めるのは、ちょっと酷でしょうね』とはっきりボードに七と書いていた。が、実際、上原は二十勝した。長嶋監督が、『尚成は、去年の上原のような快進撃が見えてきたな』といったとたん、高橋はなかなか勝てなくなった。長嶋監督の予測は、逆に思ったほうがいい」

平成十二年三月三十一日、セ・リーグが開幕した。四年ぶりの優勝を目指す巨人の相手は、広島カープであった。長嶋監督は、昨シーズン二十勝をあげ、最多勝に輝いたエース上原浩治をマウンドに送った。

長嶋監督は、開幕前、抱負をこう語っていた。

「過去の例をみても、問題は、四、五月の戦い。開幕三十試合を二十勝十敗で乗り切り、スタートダッシュをかける。四番は、松井。打線は、二割七分、投手陣は防御率三点台前半という数字を合言葉に、最低八十勝。八十五勝も可能だ。今年こそ優勝する」

二十勝十敗という、いわゆるロケットスタートを切るためには是が非でも負けられない一戦であった。

ところが、上原が七回まで七安打四失点と不調。八回に松井のホームランで一点差としたがおよばす四対五と敗れた。

つづく二戦目も落とし、三戦目でようやく初勝利を飾った。

長嶋監督は、試合後、コメントした。

「勝ちましたけど、よろこんではいられません。ホームで一勝二敗とつまずき、ファンの方には失望を与えてしまいました。お詫びしなければいけませんね」

四月四日、長嶋巨人は、昨シーズンの覇者中日ドラゴンズの本拠地ナゴヤードームに乗り込んだ。中日との三連戦は、移籍組の工藤公康、メイ、そしてルーキーの高橋尚成の先発でのぞみ、三連勝をはたした。

このまま波に乗るかと思われたが、一進一退を繰り返し、三十試合を終えた時点の勝敗で十五勝十五敗。二十勝十敗のロケットスタートは、不発に終わった。

その後も足踏みがつづき、五月を終えた時点の成績は二十四勝二十二敗であった。

長嶋監督は、平成八年の開幕前にも「ロケットスタート」という言葉を口にした。ところが、ものの見事に失敗し、五月に一度最下位に落ちる。が、結果的には、首位を走っていた広島がずるずると後退し、巨人は優勝する。多少、そのときの験《げん》をかついだということもある。今回も失敗したが、長嶋監督はあえて平静を装うという感じだった。「相手がよくがんばっている」「そんなに焦ってないよ」というが、表情は何となくピリピリした感じであったという。

選手に対して苛立ちを感じていたのか。スポーツ新聞のB記者が語る。

「長嶋監督は、あまり選手を個人的に責めない。『負けたのは、おまえのせいだ』と責めたてることもない。ただし、たとえば大事な試合で中継ぎピッチャーが打たれて逆転負けしたときなどは、『後ろのピッチャーが悪い』『スコアラーは、何やってんだ』という愚痴を吐く。ピッチャーが打たれはじめるとイライラし、『交代だ！　交代』とベンチのなかで大声で叫ぶようだ。鹿取投手コーチがあわててブルペンにいる水野投手コーチに電話をし、中継ぎピッチャーの肩をつくらせるということが多かったという」

長嶋監督は、優勝を決めた翌日の九月二十五日のスポーツ報知のインタビューで、そのときの心境を明かしている。

「もともとね、ウチは出足が下手なチーム。過去四年間も四月は勝ち越しなし。それがわかっているから、意図的に逆説的なキャンペーンを張った。（開幕ダッシュの）リズムをあおるのが狙いだったのです」

——結果は十五勝十五敗。

「ものの見事に失敗。四月は、（十二勝十二敗の）イーブン。五月は（十二勝十敗の）プラス二。あの二カ月間はまったくダメでしたね」

——焦りはなかった。

「今から考えると、あの二カ月は苦しかった。でも、春先は毎日首位が入れ替わるような大混戦でした。昨年のように、どっかのチームが突っ走っていたら、若干の焦りとか慌てることがあったかもしれない。抜け出すチームがなかったので、じっくりいけましたね」

——だから夏場以降安定した勝率を残せた。

「無理をすれば、その時は追いつくのですが、あとでツケが回って元の木阿弥《もくあみ》になるケースがよくあるんです」


六月十五日、巨人は、横浜ベイスターズを倒し、首位に返り咲いた。これで横浜との対戦成績は、十勝二敗となった。長嶋監督は笑みを浮かべた。

「うちの打線は、ベイ（横浜）相手だと活発になる」

結果的に、巨人は、この日から一度も首位を明け渡すことなく、優勝をはたすことになる。

六月から投打のバランスがうまく嚙み合うようになった。一試合の平均得点で四・五点から五点。チーム打率も、二割六分にアップし、防御率も二点台と安定した。

打者では、FAで移籍してきた江藤智の活躍が光った。ホームランの数こそ八本であったが、勝利を呼び込む価値ある一発が多かった。

七月に入っても、好調を持続した。七月二十日、阪神甲子園球場で阪神タイガースと戦った。オールスターゲーム前の最後の試合を九対二と勝利。貯金は十五となり、六年ぶりに前半戦を首位でターンした。

七月二十四日には、記者団に宣言した。

「八月末には、色が出る。九月中旬には結果が出る」

日刊現代の赤坂が語る。

「色が出るとは、どのチームが最終的に優勝戦線に残りそうかわかってくるという意味。九月中旬に結果とは、ようするに九月十五日に開幕するオリンピック前に優勝を決めてしまい、『あとは、みなさんオリンピックをお楽しみください』ということだ」

長嶋監督は、九月二十五日付けのスポーツ報知のインタビューで語っている。

「江藤は、四、五月はジャイアンツの風になじめずに打率はもう一つだったけど、四球が多くてよく出塁し、四番・松井の先兵役としてチームに貢献した。それが自信につながり、六月に月間MVPを取るほどの爆発になった。貯金六できた要因の六割から六割五分ぐらいは江藤だとみている。江藤の一発は勝利打点に直結していた」

——七月も勢いに乗って首位に立ち、一気に独走状態。

「七月は貯金八。六月の江藤に続いて、打線では二度目の故障から復帰した清原が七月を引っ張った。清原の一打席のホームランで先制して、後は救援陣で逃げきるという勝ちパターンができた。先行逃げきりがウチのチームリズムになっていった」

オールスターゲーム後も、巨人の勢いは衰えることはなかった。

八月十三日、広島に勝ち、ついに貯金は二十の大台に乗った。二位との勝差は、七となり、独走状態に入った。

長嶋監督はコメントした。

「まだまだセーフティーゾーンじゃあない。勝てる試合はどんどん勝っていかないと」

二位の中日との勝差は、縮まっても四だった。八月初旬には、優勝を確信していたのではないか。報道陣にも再三、「この勢いで突っ走りたい」と強調していた。八月中に優勝を確実なものにしたいというような肚づもりでやっていたのではないか。球団関係者からも優勝旅行の話題がちらほら出てきた。しかし、長嶋監督は、気を引き締めるためか、「おれの前で優勝旅行の話をするな」「優勝が決まるまでパ・リーグに偵察は送らない」といっていた。

八月十九日、中日戦で勝利した巨人はマジック点灯に王手をかけた。

ところが、その後、三連敗。

白星をひとつはさみ、八月二十五日の横浜戦では桑田真澄が二試合連続の救援失敗でマジック点灯は三度目のお預けとなった。さらに二連敗し、屈辱ともいうべき三タテをくらってしまった。

長嶋監督は、監督室にベテランの村田真一捕手、川相昌弘内野手を呼んだ。

「きみらベテランが、チームを引っ張ってくれ」

八月二十九日、村田と川相の音頭で決起集会が開かれた。場所は、JR水道橋駅近くの焼肉店「香おる」。

香おるは、巨人OBの岡崎郁が経営している店だ。一軍選手は、総勢二十八人もいる。二十八人が一度に食事ができる場所はなかなかない。麻布や六本木あたりの焼肉店に「二十八人を入れてほしい」といっても警備上の問題などでむずかしい。そこで、融通のきくOBの店となった。

翌三十日の阪神戦を勝利し、連敗も四でストップ。決起集会が実を結んだのか、この日以降、破竹の七連勝をはたした。

九月一日には、待望のマジック十七が点灯した。

九月二十一日、広島に勝利し、ついにマジック一となった。

九月二十三日、巨人は、本拠地東京ドームに中日を迎えた。先発の斉藤雅樹は、同点の五回に立浪和義に勝ち越しホームランを打たれた。七回には、立浪、種田のヒットで二点を追加され、九回には、桑田が代打高橋にだめ押しの3ランを浴び、七対二で敗れた。

試合後、長嶋監督はコメントした。

「斉藤は、完璧だった。チャンスはあったが一本が出ない。ワンサイドで、悪いことをしたね、お客さんに。さあ、出直し、出直し」

九月二十四日午後五時十五分、巨人の渡辺恒雄オーナー（読売新聞社長）が山室球団代表と一塁側ベンチ裏の監督室を訪ねた。

ベンチ裏通路では、約五十人の報道陣が騒然となった。

渡辺オーナーは、これまで一貫して長嶋体制を支持してきた。九月六日の新聞協会の定例理事会後に、「あと十年やってもらう。続投を要請する」と明言。十八日の横綱審議委員会後には、「おれが生きている間は、かれがずっと監督だ」と勇退の可能性を全面否定していた。

渡辺オーナーは、会談で長嶋監督に来季の続投を正式に要請。長嶋監督も、快諾した。

午後五時半、渡辺オーナーが巨人のメガホンを右手に持ち、監督室から出てきた。

渡辺オーナーは、報道陣に語った。

「最高経営会議（巨人の議決機関）の使者として参上した。来年も、勝ってもらいたい、と。よろこんで、といってくれた。二十一世紀も長嶋監督ということだ」

さらに語った。

「だいぶ前の段階で、最高経営会議では勝敗に関係なく留任で決まっていた。監督とも会っていたし、意思の疎通はできている。内諾も、かなり前だったな」

そして、全面支援を約束し、永久監督とすることを表明した。

「続投の期限はなし。来年も、戦力を強化するから、優勝する確率がもっと高い」

長嶋監督も、コメントした。

「渡辺オーナーからこれまで電話でそういう話（続投要請）はあったが、今日はわざわざ監督室まで足を運んでいただき、再度要請していただいたので快諾して来年も指揮を執らせていただくことになった」

渡辺オーナーは、「おれがオーナーでいるかぎりは、おつきあいいただく。おれの夢は九連覇を破って十連覇を達成することだ」と発言した。それゆえ、十年間という表現になった。

渡辺オーナーは、本気でそう考えているのか。スポーツ新聞のA記者が語る。

「基本的に長嶋監督を辞めさせられないというのが前提にあるとおもう。長嶋監督が自分でやめるといわないかぎり、まわりから引きずりおろすわけにはいかない。が、長嶋監督は、自分からやめるとは絶対にいわない。ただし、長嶋監督には、目が悪い、耳が遠い、腰が痛い、肩が上がらないという健康上の問題がある。亜希子夫人は、辞めてほしいとおもっている。『これ以上、ユニフォームに固執することはない』と、つねづね親しい人にはもらしているようだ」

午後六時、今季ドーム最終戦となる中日戦がはじまった。

二回表、先発の上原が中村武志に先制の3ランを浴びた。

六回表には、中日が一点を追加し、巨人ファンで埋まったライトスタンドが水を打ったように静まり返った。

巨人打線は、八回までに中日の先発前田を相手に七安打を放ちながらも、なかなか得点を奪えなかった。

四点を追う九回、先頭打者の二番元木がライト前ヒットで出塁した。三番の高橋由伸もライト前ヒットでつづいた。

中日ベンチは、完封目前の前田に変え、守護神ギャラードをマウンドに送った。

四番の松井が痛烈なライト前ヒットを放ちノーアウト満塁となった。

だれしもが敗戦だと思い、胴上げをあきらめていた。それだけにファンのボルテージは最高潮に達した。

迎えるバッターは、長嶋監督をして前半戦のMVPという五番マルティネス。が、あえなくスイングアウトの三振。

ワンアウト後、六番の江藤が打席に向かった。江藤は、ここまで三振、サードゴロ、三振と三打席とも凡退していた。

江藤は、ギャラードが投じた三球目のストレートをフルスイング。白球は、高々と舞い上がり、左翼席に飛び込んだ。

奇跡ともいうべき、起死回生の同点満塁ホームランであった。五万五千人の観衆が総立ちとなった。

長嶋監督は、ベンチ前で背中を二度叩いて出迎えた。

ドームは、まさに興奮のるつぼと化した。

興奮が冷めやらぬまま、七番の二岡智弘が打席に立った。

二岡は、ギャラードが投じた二球目のスライダーを狙いすましたかのようにライトヒッティング。打った瞬間、両手を振り上げ、ジャンプした。ホームランを確信したのだ。白球は、ライトスタンドに吸い込まれた。

劇的なサヨナラ勝利であった。一塁側ベンチから巨人ナインがいっせいに飛び出した。歓喜の輪のなか、長嶋監督の胴上げがはじまった。長嶋監督は、四年ぶりに味わう優勝を噛みしめるように、体全体でVの字をつくった。五度目のリーグ優勝で、はじめて体験する本拠地での胴上げであった。

長嶋監督は、インタビューに答えた。甲高い声がうわずった。

「奇跡に近い。これ以上ない逆転です。もう言葉では表せないですね。本当に監督冥利に尽きるあの一瞬でした。やっぱり野球というのは生きていますからね。理論も何もない。人間のもっている能力そのものが結集した。だから、野球に魅了されるんです。わたしの長い野球人生のなかでもまた教えられました」

長嶋監督の長男でタレントの一茂も、仁子夫人とともに胴上げを見守った。

一茂は、翌二十五日付けのスポーツニッポンでこう語った。

「長かったなあ。オヤジが選手たちの手で宙に舞っているのを見て、僕はつくづく思った。東京ドームに戻ってきてくれたお陰で生で見ることができたオヤジの胴上げ。喜びよりホッとしたというのが実感だ。

何だか感傷的になってしまったけど、それはこの四年間は決して順調ではなかったからだと思う。一昨年のシーズン終盤には去就騒動があった。ひたすら黙って耐え、ファンの温かい声援に後押しされてきょうを迎えたんだ。『強いジャイアンツをつくる』——そのためにオヤジは変わった。最大の変化は勝負への執念。今まで一番気になっていた感情の移入をしなくなった。今シーズン途中、川相選手と村田真選手を呼んで『お前たちでやってみるか』と話したそうだけど、これはベテランへの温情ではなく、落ち込んだチームのバランスを立て直すため。巨大戦力を備えて迎えた今年。評論家の方々は口をそろえて『あれだけの戦力なら勝って当然だ』といっていた。僕は正直、悔しかった。そんなことは絶対にない、と。だから優勝した今こそ、息子としてではなく、一スポーツキャスターとして声を大にしていいたい。あれだけのタレントを使いこなせる監督がほかにいるだろうか。エース級をそろえ、四番クラスを集めた巨人。普通なら不平不満が噴出し、空中分解してもおかしくない。清原選手とマルティネス選手の起用法に代表されるように、オヤジだからこそあの戦力をまとめられたんだ。野球は答えの出ないスポーツ。こうしたら勝てるという答えはない。答えのない道に光を当て、選手をゴールに導いたのは間違いなくオヤジ。強い巨人に進化させて勝ったオヤジに、心からおめでとうといいたい」

次女の三奈も、スタンドで声援を送った。

いっぽう、グラウンドを一周するナインの雄姿を見届けた渡辺オーナーが駐車場に姿を現した。平成八年十二月にオーナーに就任してはじめて味わう優勝である。

取り囲んだ報道陣に、目を潤ませながら語った。

「ドラマチックすぎる。今日は、駄目だとおもった。一生に一度か、二度だけだろう、男が泣くチャンスは……」

　さらに語った。

「長嶋っていうのは、メークドラマな男だなあ。しかし、来年はメークドラマじゃなくて、早く消化ゲームになってもらいたいよ」

# 松井、清原復活へ向けて

宮崎キャンプ入りした平成十年一月三十一日、長嶋茂雄監督は、ナイン三十五人を引き連れ、キャンプに先立ち、宮崎神宮で必勝祈願をおこなった。

その夜の宿舎『青島グランドホテル』でのミーティングで、長嶋監督は、熱く訴えた。

「巨人の置かれている立場はわかっていると思う。全国に四千万人といわれる巨人ファンは、われわれがいかに再起するかに重大な関心を持っているんだ！　巨人が優勝しないと世の中が明るくならない、という声を今年ほど聞いたことはない！　全員が一心同体となって、実りの秋をめざせ。そのためにはまずメンタル面の強化なんだ」

長嶋監督は、翌二月一日のキャンプイン初日、降りしきる雨の中、精力的に動きまわった。

まず、主砲二人。清原和博には、二十分間の直接指導。今年の清原の課題は、内角球克服だ。33番の背番号をつけた長嶋監督が清原に近づく。清原は、内角克服のため、長さ約六十センチの特製バットでティー打撃に汗を流す。ビュッ、ビュッとバットを振り抜くたびに汗が飛び散る。長嶋監督は、かん高い檄を飛ばす。

「短く持ってシャープさを出したほうが打球は飛ぶぞ！」

「基本はできている。あとはシャープさだ！」

チャンスに凡退し、三振の山を築いた昨シーズン、誰にも増して屈辱を感じているのは、清原本人だった。痛いほどそのことがわかる長嶋監督は、主砲の復活を願い、指導にも熱が入る。指導を受ける清原の目は、真剣そのものだ。

「去年教えてもらったことと、同じやけどな」

報道陣には、多くを語らない清原。

長嶋監督も、さらりとかわした。

「ちょっと気になったからいってみました。右肩の使い方がね。短めにバットを持って、右肘を絞ってヘッドが最短距離で出るようにする。内角球克服という大テーマへ向け、基本的な反復練習ですよ」

次は、松井秀喜だ。松井も、決意を語っていた。

「今年はセンター一本で全力投球します。(サードを)やってみたい気持ちはあるが、今季は自覚を持って(センターに)取り組んでいきたい」

松井のホットコーナーはサードである。それをあえてセンターにさせた。松井は、長嶋監督のいうキャッチャー↓ピッチャー↓セカンド↓センターの中央ラインの強化の一翼を担うことになる。愛称〝ゴジラ〟の松井は、吠えた。

「タイトルを獲る。本塁打にかぎらず、すべてのタイトルを狙う」

二年連続ホームラン王のタイトルを逸した。それもともに一本差だった。「今年こそタイトルを」の意気込みなのだ。

この日、松井は、清原とほぼ同数の一千スイングを消化した。右手中指のマメは潰れた。

二人が必死になるのは、もうひとつのわけがあった。

長嶋監督は、宮崎キャンプを数日前に控え、こう発言した。

「オープン戦は三月三十日まで全員にチャンスをあたえます。四番も同じ。清原、松井と交互に試しながら、調子のいい者を最終的に判断したい」

それまでは、昨年末にテレビに出演して「四番・松井」を公言して以来、ことあるごとに「四番・松井」をくりかえしてきた。が、清原の進歩を認め、軌道修正発言をおこなったのだ。

清原は、一月二十四日、初の海外自主トレから帰国直後、川崎市のジャイアンツ球場で早くもマシン打撃を開始した。内角克服のために短いバットでミートポイントを握る練習方法も取り入れた。それを見ていた武上四郎打撃コーチが絶賛した。昨年秋の宮崎キャンプから、武上コーチは、つきっきりで清原の練習を見ている。その武上を唸らせたのだから本物だ。さっそく長嶋監督に報告された。

長嶋監督は、M（松井）K（清原）砲に四番の座を競わせる方針をとった。

長嶋監督は、縁起がいい、といわれるものは、とりあえず試してみる。今年も、秘かに取り入れたものがあるようだ。担当記者に打ち明けたその秘密のものとは、〝長いもの〟らしい。

「長いものに巻かれろ」と御籤《おみくじ》の卦《け》に出たようだ。長嶋監督は、昨年の暮れからこのお告げを守っている。

一昨年は、丸いものにこだわった。丸い水晶の置物。丸いものは和、つまり日本をあらわすのだ、といった。しかし、今年は、その水晶も、長い菱形タイプに替えたのだそうだ。ワイシャツのカフスも、ふつうのサイズより少し長めのグッチ製の細長いもの。金と銀の二種類を買った、という。背広の上着の丈も長くした。ネクタイも、太く短いタイプから長いタイプに替えた。細長い麺類は、もちろん長い。もともと好物な上に、今年はいっそう蕎麦《そば》党になった。

「蕎麦は長寿のもと、長いものは体にいい」

フカヒレ入り中華そばも大好物だ。宮崎キャンプでは、『重乃井』の釜上げうどんだ。

「そうですねぇ、長いもので運を呼べるんでしたら、キャンプではあの釜上げを毎日食べることにしましょうか。そしたらきっと、清原や高橋（由伸）もガンガン打ってくれるんじゃないですか」

長嶋家のおせち料理でも長いものにこだわった。伊勢海老の一番でかいのが毎年盛られている。今年は、それがよりいっそう長かった、という。昆布巻の昆布は、一本丸々使ったようだ。

食事時間も前より長くした。いまは、一時間かけ、ゆっくりと食べるそうだ。平成九年暮れの渡辺恒雄オーナーとの食事会でも、長嶋監督は、渡辺オーナーに食事時間を長くする効用を説いたという。さらに風呂に浸かる時間。毛筆で書くサインも、「長嶋」の「長」の字を長く書く。筆の毛先も、中国の職人に特注したものである。

ドームへ行く道順も、いつものコースではなく、時間がかかる道を行く。そのため、いつもより早く家を出るという。これでもかと〝長いもの〟にこだわった。しかし、長嶋監督のゲン担ぎは、年により、コロコロと変わってきた。

長嶋監督の平成十年のテーマは赤。朝は、真っ赤な苺《いちご》を食べて闘争心をみなぎらせている、という。という。田園調布三丁目の長嶋家には、毎日早朝、藁《わら》で包まれ木箱に入れられた高級苺が届けられる。日本でもそこでしか穫《と》れないという一箱数万円もする通常の苺よりおおぶりの苺だそうだ。

長嶋監督は、巨人担当記者に絶賛する、という。

「ワンパックを一気に食べるんです。すると胃の中まで真っ赤に燃えてくるんですよ」

開幕五連勝の秘密は、この真っ赤な苺を食べたせいだろうか。

しかし、長嶋監督は、なぜか今年は、いきのいいことをいわなかった。

「再来年には自分のチームが完成するんです。高橋が三番、松井が四番。再来年からは不滅の巨人軍の再来です」

長嶋監督は、西暦二〇〇〇年まで監督を勤める気持ちなのだろうか。

平成十年度は、新しく生まれ変わろうとする巨人にとって、超大物ルーキーが入団してきた。

東京六大学のホームラン記録を二十三本と久方ぶりに塗りかえた慶大のスラッガー高橋由伸外野手である。気の早い向きは、キャンプやオープン戦で美しくしなやかなプロ向きの体の動きを見て、「三割、三十本、三十盗塁も夢ではない」、とまで評価する評論家もいた。十年にひとりの逸材であることは間違いなかった。一説によると、十億円ともいわれる契約金も、高橋なら惜しくはないと思わせた。清原、松井のクリーンアップは、どう変貌するか本人次第のようなおもしろさがあるが、まだプロの世界を体験していない高橋は、これからじっくり仕込めば、どのくらい素晴らしい選手になるか、楽しみな部分があった。しかし、長嶋監督は、あえて、放任の姿勢を取った。それだけ、基礎的能力はミスターがお墨つきをあたえたということであった。後は、試合でどのように化けるかである。

松井は、キャンプ中にわかった左膝の棚障害が鍵となることが予想された。これは、のちに松井を苦しめつづける。

清原は、変貌した。二年目でマスコミフィーバーにも馴れただろう。

長嶋監督とオフに食事をし、問題点を二人で探しあった。

長嶋監督が明かしたところによると、清原は悲壮な決意で臨んだのだという。

「このままでは、自分のライフワークに一大汚点を残す。ですから、なにがなんでも今年、つまりこの九八年度の野球では自分のライフワークの集大成を確立したい」

そのためには、弱点であるインコースを克服することが一番だ。そこで、清原は、若手だけでやっている秋の宮崎キャンプに自主的に参加した、という。石井浩郎も参加した。平成九年十月二十六日のことだった。武上コーチが一対一でつきっきりでフォーム改造に取り組むことになった。

「バットを短く持って、内角を振り切る、振り切る……」

振り切ることでスピードを増す。いわば、プライドを捨てて望んだ宮崎キャンプだったのである。

いっぽう、リーグナンバーワンといわれる投手陣。エース斎藤雅樹を筆頭に、バルビーノ・

ガルベス、槙原寛己、桑田真澄、岡島秀樹、河原純一、疑問符つきのエリック・ヒルマンといる。しかし、スタミナ不足とか怪我を抱えている。ガルベスをのぞいて、完投は危うい。相変わらず、中継ぎ、抑えに人材不足を露呈している。オリックスから移籍してきた野村貴仁がいるていどだ。入来祐作は、明確にリリーフ専門にしたほうがいいのだ。

長嶋監督は、平成十年のペナントレース開幕直前、今年の戦力を、年来の友人である深沢弘アナウンサーに語った。

「去年に比べると、戦力が膨らんできた。見てのとおり一ポジションに二人いる。ポジションをひとりで独占しているのは、清原と松井のみ。あとは全部競争相手がいる。セカンドには仁志（敏久）、元木（大介）、（マリアノ・）ダンカン。サードは石井、ダンカン、後藤（孝志）。ショートは川相（昌弘）、元木、川中（基嗣）。外野にしても松井を筆頭に広沢（克）、清水（隆行）、新人高橋。高橋がすぐ使えそうなプレーヤーだけに定員三人のところに四人有力なプレーヤーがいる。定位置確保が内外野ともに大変ですよ」

――やはり、一番心配なのは、斎藤雅樹ですか。

「そうだね。去年なんかに比べると肩の調子もいいようだけど、どうだろう。もう三十三歳になりますか。大黒柱にはちがいないんだが、酷使はできないね。監督を引き受けて五年たったけど、そのうちの二シーズンは二〇〇イニング以上投げさせている。少しセーブしてやらないといけないだろうね。ベストピッチができるのは七イニングかもしれないね。ただ、いまの状態そのものが悪いというわけではないんですよ。斎藤というのはご存じのように意のままにボールを操れる。だから一三五から一三七キロの速さでいいからコントロールよくそれを使えば、まだまだいけるとは思うけどねぇ……」

――もうひとりの柱である桑田もつかみ切れないところがある。

「そうなんだ。オープン戦では悪くはないんだがシャキッとしなかった。どうしてなんだろうねぇ。いろいろ考えているみたいだけど、こまかいことを考えるより、どうしたら斎藤にかわってエースになれるかということを考えてほしいね」

――二人に比べると槇原がそれなりにキャンプからよかった。

「マキ（槇原）は順調だったね。でも、安定はしていたけれど斎藤、桑田を抜いてということになると、それは無理な話だ。本当なら今年あたり年齢的にピークを過ぎた斎藤、槇原あたりが、どちらかというと脇役にまわるくらいの投手陣ができると最高だったんだけど、肝心の若手も伸びてこない」

長嶋監督は、順々に投手陣、打撃陣のかかえている問題点を指摘していったという。深沢アナだから気を許したのか、こんなことをいっていいのか、と思うほど細かい点も話した。

河原は、ハワイのウィンターリーグでアメリカ流のチェンジアップを覚えてきた。このわずか一球が、河原の人生を変えるかもしれない。

ガルベスは、問題なし。

ヒルマンは、わからない。

入来は、キャンプ、オープンと良い。本気でローテーション先発入りも考えた。しかし結局リリーフに決めた。ロングリリーフも考えている。体がないから、昨年のように使えない。

岡島は、期待外れ。左の先発で期待していたが、キャンプ、オープンで進歩なし。スピードは昨年のほうがあった。コントロールが改良されていない。

趙成珉《チョ・ソンミン》は、抑え。野村もいるが、趙は去年のスピード、コントロールが見られないので、突貫工事をした結果、間に合うかどうか。

投手陣は、暗くなる。

打撃陣は、五点打線が期待できるが。すると、ピッチャーが、プレッシャーが少なくなる。

清原は、よくなった。ボールを強く叩けるようになった。脆《もろ》さが消えた。期待してよい。

松井は、今年はなにかタイトルを獲れる。左膝に確かに不安はあるが、トレーナーの話では、多少違和感はついて回るが、これ以上悪くなることはない。風格が出てきた。大人の、本当のプロになった。

高橋は、新人としたら文句なし。技術よりむしろ精神が強い。だいたい慶応から来た選手は線が細く神経質なのが多いけれど、高橋はいいタマだ。プロの選手としては大きな武器を持っている。

仁志は、トップバッター。彼が一試合に二度出塁すれば、得点チャンスが広がる。定番のように二番川相バントではなく、エンドランを使ったり活発にやりたい。しかし仁志が出ること。四回に一度の出塁では複数点が取れない。

ダンカンは、三月二十日ごろからよくなってきた。実績があり、明るい選手だから、いいムードメーカーになってほしい。

キャッチャーは、杉山直樹がよくなった。村田真一を抜いたかなというところだ。開幕試合のマスクは杉山かもしれない。もう単調なキャッチャーじゃない。修羅場をくぐって成長することだ。

今年は、チーム打率二割六分台にすると、五点ゲームも多くなる。

開幕のヤクルト戦で三連勝した。十五年ぶりの開幕五連勝でスタートした長嶋巨人は、そのうちの四試合が逆転勝利である。しかも三点、四点差をはねかえしてのものだけに価値があった。

四連勝をした日には、渡辺オーナーが、長嶋監督と堀内恒夫ヘッドコーチの家に電話をかけた。そして、長嶋監督を励ました。

「過去八回、四連勝したときは全部優勝してる。今年ももう間違いないから、自信を持って指揮をしろ」

渡辺オーナーは、週刊文春（98・5・21）の『阿川佐和子のこの人に会いたい』で、阿川にこう質問されている。

**阿川**　長嶋監督は今季が終わると、一応契約満了ですが、その後は、オーナーとして何かお考えがおありなんですか。

**渡辺**　彼は大変な人気があるし、人間がいいしね。問題はどういう参謀がつくかなんです。それで、ぼくはまず堀内に期待して、その周りに土井（正三）とか武上、池谷（公三郎）らを集めて、彼らがいろんな情報をインプットして、長嶋監督にちゃんとした決断をさせるようにしなければならないと。長嶋君が、カンピュータや閃《ひらめ》きだけでは優勝が難しくなるという自覚を持ってくれたら、永久に監督でもいいんですよ。

**阿川**　自覚はおありになると。

**渡辺**　現在は、七回くらいまでは、ちゃんと堀内以下のいうことを聞いてるらしい。だけど、八回、九回になると、突然、カンピュータが作動しちゃって、閃き野球になる恐れがまだ残ってる、ということだな、正確にいうと（笑）。

しかし、大砲松井が絶体絶命のピンチに陥った。心配されていた左膝の棚障害のせいだろうといわれた。大腿骨と膝の間で炎症が起きるのだ。左膝内の軟骨破損の疑いも出てきた。棚障害なら手術でなおる。軟骨破損は、筋力トレーニングやストレッチで膝のまわりの筋肉を強化するしかない。松井は、自分からは休むとは決していわない選手なので、どのくらいのていどなのかわからなかった。はっきりしているのは、フォームが乱れていることと、数字が上がらないことだった。

四月を終えて、打率一割九分五厘。ホームランはたった二本。ついに四番を降格させられた。休んで手術を受けさせるか、つづけさせるかを早く決断すべきだった、との批判が、首脳陣に飛んだ。

長嶋監督は、渡辺オーナーの危惧《きぐ》していたとおり、五月六日の横浜戦で、奇妙な投手起用をおこなった。調子のよかった野村に代え、金石昭人を投入した。日本ハムを解雇された三十七歳の超ベテラン投手である。案の定、九回に三ランを打たれ、逆転負けを喫した。

そのうえ、九回裏、二死で走者は一塁に松井。バッター清原。長嶋監督は、松井に二盗をさせた。これは、佐々木主浩―谷繁元信の横浜バッテリーの知るところとなり、刺された。ゲームセットだ。清原が、悔しがった。なんで、おれの打席を邪魔するような盗塁をするんや、といいたかったにちがいない。

松井は、ベンチにもどってきたとき、あわてて、「サインです、あれ」と断っておいた。そうしないと、はっきり清原に恨まれることになるからだ。まったくギクシャクとした気持ちでおたがい顔を会わさなければならないだろう。長嶋監督は、まだ懲りていないのだろうか。

松井のバットが絶不調で湿っていたが、清原、高橋は好調なスタートを切っていた。五月十一日の時点で、清原は三割二分九厘、ホームラン四本。高橋は二割八分、ホームラン四本である。高橋の場合、おどろくことに、足を使った二塁打の数は、昨年の盗塁王である広島の緒方孝市とならぶリーグトップの九本も打っている。

長嶋監督は「高橋には教えることがなにもない」とまでいう。選球眼のよさ、左投手を苦にしない、初球ヒッティングの積極性、おまけに抜群の守備範囲の広さ、肩の強さ。どこに非があるのかと思うほどの完璧性。高橋が打席に立つだけで、なにかをやってくれるのでは、との期待を抱かせる。その涼しそうな眼に反比例するようなガッツあふれるプレー。長嶋茂雄とまではいわないが、そのひとつひとつのプレーの流れるような連続性には、美しさを感じさせる。いままでの新人にはない非凡な才能だ。それでも、高橋の左手首の骨にはヒビが入っている、との疑問があった。そんなヒビが入っているのにこれだけの成績を上げるとは、高橋おそるべしだ。

しかし、打線は希望にあふれていたのに反して、投手陣は、ガタガタであった。もともと、巨人には、先発投手が一番、リリーフ投手は、先発より一段格下だという伝統的な考えが支配していた。だから、先発できない投手が中継ぎに回っていた。しかし、現在の野球理論では、先発は先発、中継ぎは中継ぎ、抑えは抑えときちんと分担されているのだ。しかし、巨人の投手起用は、いまだに古臭い考え方をどこか捨て切れていない。そこで勢い使い方が雑になるのだ、という。リリーフ陣も、中継ぎ―抑えと二枚、あるいは三枚ストッパーが固定されていれば、なんの不安も抱く必要はないのだ。

六月十日、巨人は、甲子園の阪神戦をガルベスの完投で勝ち、五十四日ぶりに首位に立った。翌十一日の阪神戦も、ダンカンの八号三ランなど先発全員安打を記録し、十四対一の大差で圧勝した。巨人独走か、の声もあった。

しかし、指揮官だけは、きわめてクールであった。

「独走なんて無理ですよ。そこまでのチーム状態にはなっていない。この時期の首位なんて関係ありませんよ」

長嶋監督のその言葉は、当たった。

六月十二日からの東京ドームでのヤクルト三連戦を一勝二敗と負け越した。十三日の元木のサヨナラ二ランが出なければ、三連敗もあった。六月十六日からの首位攻防、東京ドームでの中日三連戦。三連勝も可能な流れなのに、結局一勝二敗と負け越した。リリーフが崩壊したのだ。終盤リードなのに、野村―三沢興一のダブルストッパーが守り切れなかった。十六日の敗戦で二位に転落。六日で首位をすべり落ちた。十七日は、桑田の完投勝利でふたたび首位。十八日は大乱戦を八対十で落とした。一気に三位となった。長嶋監督だけは、よくわかっていた。

「どこのチームも決め手がないんです」

そういう長嶋監督は、どこか元気がない。防御率一点台と非のうちどころがない成績をおさめた一五〇キロの本格速球派の木田優夫をオリックスに放出してまでも、オリックスの野村貴仁を獲得したのはなんだったのか。本格派の左腕ストッパーを取って、後ろのイニングを磐《ばん》石《じゃく》の抑えにしたいからである。平成八年の日本シリーズで、松井を完璧に抑えた野村の左腕は、長嶋監督の脳裏に焼きついていた。そのイメージだけが増幅して残った。だが、野村は、巨人での起用法に疑問を抱きつづけた。

「前のチームとちがい、起用パターンがまったく読めない。どのタイミングで肩をつくればいいのだろう、このチームでは」

野村は、ずっと悩んだ。野村だって、ばんたび、日本シリーズのような投球ができるとはかぎらない。長嶋監督には、いいときの投球しかインプットされていなかった。

六月十八日の中日戦で、野村は、終盤の勝負処で、山崎武司に三ランを浴びた。

「当分、プレッシャーの少ない場面で投げさせるしかない」

首脳陣のこの言葉は、中継ぎ降格の示唆《しさ》とも取れた。

逆転負けがつづくと、投手と野手の間が気まずいムードになる。投手陣の間にも先発とリリーフのいきちがいが生じる。チームががらがらと崩れていくパターンだ。

長嶋監督は、じっと耐えている。

大本命などとファンはかまびすしいが、長嶋監督の心は、泣きたいほどではないのか。

六月を、長嶋監督みずから〝キー・マンス〟と名づけた。

六月二十二日、首位中日との差は一・五ゲーム差の三位。そんなチームの足並みがそろわないころ、コーチと選手の間に決定的な溝をつくる事件が起きてしまった。七月八日、札幌遠征の広島戦が雨で中止になった。激しい雨だった。それにもかかわらず、選手たちは雨中でのランニングを強制された。清原が、スチールパイプの椅子を持ち上げ、放り投げて荒れた。

「なにを考えとンや！」

そのことで、選手会長の川相が、宿舎でのミーティングの後、堀内ヘッドコーチに聞きに行った。

「なんで、こんな練習をするんですか。説明してください」

堀内は、逆上して、川相を張り倒した、という。川相が蹴り飛ばした椅子が長嶋監督を直撃した。長嶋監督は後ろを向いていてなにもなかった。が、このことに堀内ヘッドコーチが逆上した、ともいわれている。意味もなく雨の中を走っても、体にいい点はない。なにか理由があるのか知りたいと思うのは当然であろう。理由を知らされないまま張り倒されたのでは、事は簡単にすませられない。ちゃんと肉体を管理してベストな肉体でプレーをし、お客さんに見てもらうプロなのである。黙って殴るなどという子供だましみたいな仕打ちは許されない。

真相はわからないが、一説には、長嶋監督本人が、記者のネタ用に「試合が中止で練習もないでは、記者も記事を書くのに困るだろう」との配慮で堀内ヘッドに命じたともいわれる。それが本当ならば、長嶋監督のサービス精神が、裏目に出た形だ。

じっさい、そのことがあって以降、堀内ヘッドコーチと選手との間には薄ら寒い隙間風が吹いているというのだが……。

長嶋監督であるかぎり、いつでも起こりうる事態だともいえる。あまりに説明を省略してエッセンスだけを伝えるため、長嶋監督本人は、ちゃんと考えた結果でも、コーチは、ちがった取り方をする。よほど長嶋監督の思考回路に習熟した人間でないと、参謀には難しいということになる。

長嶋監督と選手の間に立つコーチの苦悩がわからぬでもない。いつも〝長嶋茂雄〟のせいにできなくさせてしまうほど明るくまぶしい存在とはなんであろうか。光輝くがゆえに、眼を射ぬかれるほどのタブーになってしまう存在が〝長嶋茂雄〟なのだろうか。

選手とコーチの間に、そんな衝突が起こっていることを知ってか知らずか、長嶋監督は、その夜、札幌市内の料亭で、テレビ・ラジオ・新聞各社の巨人担当キャップを招いて、懇親会を開いていた。もちろん長嶋監督主催で、おごりであった。

長嶋監督は、チームの状態が悪いのに、妙に明るかった、という。

「一昨年《おととし》は、札幌から反撃が始まったんですよね」

大逆転Vの勝利の余韻を思い出しているかのようだった。

そういえば、長嶋監督は、この数日、おもしろいことをいっていた。

「思い切ったことをしますよ。はい、思い切ったことをです」

一昨年は、〝メークドラマ〟だったが、今年は、どうなるのだろう。さすがに長嶋監督はいわなかったが、〝メークドラマ・アゲイン〟なのか、〝メークドラマチック〟なのか。

長嶋監督は、すでに清原に飽きたのではないか、ともいわれている。

確かに、松井が主砲として着々と伸びている。考えすぎる点を直して集中すれば、大打者への道を目指すだろう。

それに高橋だ。まさに長嶋野球の申し子で、長嶋が長い間、探し求めていた選手だった。〝走・攻・守〟三拍子そろった未来の巨人軍のスターだ。ミスターは、自分のことのように高橋を見ているのではないか。高橋、松井、清水で、当分安泰だ。清原は、たしかに、脇にまわってしまう。

今年の巨人のターニングポイントとなったのが、七月十五日の横浜スタヂアムでの横浜戦である。

前日十四日、八回裏に大魔神佐々木を打ち込み七対七の同点としながら、結局七対八で接戦を逃がした巨人は、十五日は負けられない試合であった。

つけ、九対六。しかし、それでも横浜は、その裏追いついてしまう。九対九で同点とされた八回表、高橋が十一号三ランを放った。十二対九。これでどうだ、といわんばかりの止めの三点リードかと思わせた。勝負あり、誰しも高橋のヒーローインタビューを予想した。

　記者席からは、

「八回裏は、やはり槙原だ。チョーさんも出し惜しみせず、早く槙原を出せばいいのに」

　槙原は、すっかりストッパーとなって、巨人の大魔神といわれていた。その期待にたがわず、長嶋監督は、槙原を投入した。が、槙原は一点を奪われた。これで、二点差。いやな予感がした。流れは、ふたたび横浜に傾くのか。佐伯貴弘を外野フライに打ち取った。誰もがチェンジと思った瞬間、痛恨のボークを取られた。槙原はボークの後、精神の集中が切れた。佐伯に二ランホーマーを浴び同点に追いつかれた。離しても離しても、影のように追いついてくる。十二対十二。執拗な横浜打線に、巨人の打者は、ついに勝ちをあきらめたかのような九回表の〇点。

　その裏、二死二塁。槙原の渾身の力で投げた球を、波留が一振りすると、打球はセンター松井の頭上を超えた。十三対十二。両手、両足を大きく広げ、バンザイをする松井の背中は、口惜しさを通り越しているようだ。

　横浜のサヨナラ勝ち。両チーム合わせて四十安打の乱打戦だった。巨人は、松井・清原・高橋のそろい踏みMKT砲の炸裂。ストッパー槙原が締めくくる。最高の勝利の方程式だ。しかも勝利打点を上げるのは、十年にひとりの逸材高橋である。大袈裟にいうと、これで新生巨人を派手にアピールできた試合だったのだ。これ以上のお膳立てを、どうつくれというのか。それでも、長嶋巨人は、勝てなかった。

二試合連続の劇的なサヨナラ勝ちに、横浜権藤博監督は信じられないような顔で唇をふるわせた。

「もののけにとり憑かれたみたいだ。向こうはハードパンチャー。こっちはピストル。そのピストルがよく打った」

長嶋監督は、質問に答えられない。

「うーん……」

といったまま、激しい疲労がドッと肩に落ちてくるような感じで、長嶋監督は車の中に消えた。

この横浜との二連戦をサヨナラ負けしたことで、巨人のペナントレース全体に張りつめていた緊張が、ぷっつんと切れた、といっても過言ではない。

九回表二死、一、二塁で三振に倒れた清原は、力なく答えた。

「疲れたな。横浜の勢い？　すごいな」

そういうのがやっとであった。

またぞろ、ポスト長嶋監督の声が、かまびすしくなってきた。七月十七日、巨人軍最高経営会議メンバーのひとり氏家斉一郎日本テレビ社長が、長嶋続投のことを訊かれ、答えた。

「結果次第だ」

この言葉の真意をめぐって、読売新聞社グループ、スポーツマスコミ、野球ファン、長嶋茂雄ファンを巻き込んだ大騒動に発展することになる。

ポスト長嶋は、元西武監督の森祇晶か、日本テレビ解説者江川卓か、NHK解説者原辰徳か……。

しかし、それぞれ、事情を抱えていた。江川は、もっとも人気が高い。わかりやすい野球解説、明晰な理論。若者の中には、江川の解説を聞いて野球のおもしろさに目覚めた者もいるという。この人気と明るさは、他の追随を許さないキャラクターで、巨人軍監督の条件にピッタリだった。

だが、江川には受けられない事情があった。平成九年九月三十日の日にもどろう。この日の午後九時四十五分ごろ、中華料理店から出てきた渡辺オーナーを二十人あまりの記者が取り囲んだ。最初は、雑談で笑いながら受け答えしていた。渡辺オーナーが、読売新聞部数一〇〇〇万部突破を記念したカーナンバー1000番の愛車ベンツS600に向かって歩き出したときだ。ひとりの記者が、そのころ話題になっていた桑田真澄投手の大リーグ入りを話題にしたときだった。

――桑田の残留は五分五分ということですが。

渡辺オーナーは、やおら振り返った。ものすごい形相になった。いきなり早口でまくしたてた。

「桑田がメジャー入りをちらつかせてるって？　それならおれが肩代わりしている十七億円の借金はいったいどうなるんだ。それをクリアにしてからだ。十七億円をどうにかしてから考えろ！」

秘密事項になっていた桑田の借金の額がばらされてしまった。

巨人番担当記者は、眉を顰《ひそ》めた。

〈そこまでいうか〉

桑田のプライバシーもなにもあったものではない。それに、「おれが肩代わり」などと、さも自分の金のようにいう神経をうたがう。とても大新聞社の社長とも思えぬ暴言。だが、記者たちは、その桑田の借金の額を聞いて、初めて江川の借金の額がおぼろげながら見えてきた。「江川は桑田の倍」というのが巨人番記者の間でささやかれていた数字だったからである。

渡辺発言は、思わぬところで、もうひとりの財テクタレント江川卓の秘密の一端も暴いてしまった。バブル全盛のころ、江川のスポンサーは、第一不動産の佐藤行雄社長といわれていた。江川は、第一不動産の広告塔ともなり、第一不動産がスポンサーとなるゴルフトーナメントなど、さまざまなイベントに顔を出し、せっせと蓄財に励んでいたのだ。ところが、第一不動産が事実上倒産し、佐藤社長は、失墜した。江川の財テク人生も、挫折した。江川は、必死になってCMに出演、テレビに出演、考えられるあらゆる金儲けに顔をつっこんだ。

「あいつもついてないよな。あんなに手を広げなければよかったんだ。おそらく計画していた将来の生活設計は、これでオジャンだな。借金返却のために一生働くことになるんだ。そして、一生働いても返せる見込みはないという額らしい」

十七億の倍＝三十四億。なんともすごい額である。巨人軍の監督になったりしたら、とても定期的に払えるような額ではない。江川は受けないな、と巨人番記者は読んだ。すると、ポスト長嶋は、森か原か。あるいは……。

## ガルベス事件で丸刈りのミスター

平成十年七月二十一日、セ・リーグは、前半戦を終了した。長嶋巨人軍は、七十九試合を消化し、四十一勝三十八敗の三位。勝率五割一分九厘、首位横浜とのゲーム差七。一昨年のメークドラマの大逆転の折り返しのときと、試合数・勝ち数・負け数・順位・ゲーム差、なにからなにまで同じだった。ちがっているのは、中身であった。あのときとは、勢いがまったくちがっていた。

この日、渡辺オーナーは、腹心の山室寛之球団代表を呼び、緊急会談をおこなった。渡辺オーナーは、山室に、いつものように早口でまくしたてたという。

「昨年の戦力にくわえて、高橋や趙《チョ》が台頭してきている。これだけの選手がいて、なぜ勝てないんだ。選手の使い方に、問題があるんじゃないのか」

長嶋監督のベンチでの表情がテレビの画面に映る。立ち上がることもなく、じっと座っている。眼も遠くなっているのだろう。試合の戦況をはっきりと見たいのだが、ベンチで老眼鏡をかけるわけにはいかない。長嶋茂雄のダンディズムが許さない。ぼーっと影が動いているようにしか見えないのだろう、と担当記者はいいあっている。勢い、どこを見ているかわからないような表情をしている。そして、ワーッと歓声が起こったとき、初めて試合を見る。

〈なに、なに、なにが起こったんだ〉

というようにコーチや選手たちの視線の先を追う。惜しくもファウルだった。なんだ、がっかり、というような顔をしてまた座る。今シーズンは、こういう長嶋監督のベンチでの姿を見ることが多い。

今年六十二歳になる長嶋監督は、ベンチでは、衰えが隠せないが、試合前、昔ともに戦った野球評論家や、古い担当記者などが訪ねてくると、ニコニコ愛想がいい。オヤジギャグなどいいあい悦に入っている。つくり笑いが結構多い、ともいう。ひょっとしたら、本当は、監督という稼業が、ものすごく辛いのではないか、とベテラン記者などは、かわいそうになることがある。しかし、お客さんが抱く〝長嶋茂雄〟のイメージを崩したくないので、自己を演出せざるをえない、ともいう。

だから、中日・ヤクルト相手に三連敗した七月二十七日の試合前は、「いやー、まだまだ」などと強がりをいっていたが、ベンチでは辛そうだった。ベンチの中は、シーンと静かでまるでお通夜のようだ。試合後のミーティングもなく、選手もコーチもちりぢりばらばらに帰って行った。堀内ヘッドコーチも、いままでは、長嶋監督のそばではなく、少し離れた後ろのほうでじっと戦況を見ているだけだ。ヘッドコーチというのは、他のチームでは、たいがい監督のすぐ横にひっつくようにしている。監督とコーチが離れているのは巨人だけだ。長嶋監督が、ハッと閃いたとき、これでは、なにも反応できない。

渡辺オーナーのいうように、長嶋監督が終盤になって閃きの暴走をさせないため、お目付け役としているよう念押しされているはずなのに、これでは、簡単に暴走させるようなものだ。最初、長嶋監督は、堀内ヘッドコーチのいうようにさせていたが、いまでは、堀内ヘッドコーチは「黙っとれ」といわれれば、シュンとなってしまう。

巨人担当記者がいう。

「だいたい、この球界というのは、監督になって一国一城の主になれば、選手時代のことなんか関係なく、いいたいことをいいあうように見えるでしょうが、そうじゃない。武上コーチや土井コーチは、監督経験者ですから、長嶋監督に自分の経験したこととか、いいたいことをいいそうですが、いえないっていいますね。長嶋監督が、黙っとれといえば、なにもいえないんだそうですよ。そのくらい、選手時代の格というものが、ずっと影響するんだそうですよ。ましてや堀内ヘッドコーチなんか、長嶋さんに恐れ多くてなにもいえないんですよ。渡辺オーナーは、なんにも知らないから、ただちょっと口が立つというくらいで堀内コーチを、お目付け役にとか思うんでしょうけど。ミスターに対等でものがいえるのは、金田正一さん、死んだ青田昇さん、それと立場はちょっとちがいますが、関根潤三さん、こんなとこですよ」

七月三十一日の甲子園球場。対阪神戦の六回裏、巨人ガルベス投手は、新人王争いの一角に食い込んでいる坪井智哉に六点目となるホームランを喫した。そのホームランの前の一球に対する審判の判定に不満のガルベスは、ついに激昂した。

平成十年のシーズンにのぞみ、堀内ヘッドコーチは、超短気なガルベスをキレさせないため、ガルベスに般若心経を読ませることを思いついた。そしてガルベスに勧めたところ、ガルベスは、わかったのか、わからないのかフムフムとうなずき、しきりに読経の真似事をしはじめたという。だが、その激しすぎるカリブのガッツは、なまなかに拭いされるものではなかった。ガルベスは、審判に暴言を吐き、罵倒した。退場をいいわたすため、近づいてきた審判に摑みかかろうとした。吉原孝介捕手が、止めに入った。しかし、ガルベスは、吉原を肘で突き飛ばした。

長嶋監督は、すぐに飛んできた。

ガルベスの体を押さえつけようとした。しかし、長嶋監督の体は、ふっ飛んでしまった。長嶋監督は、グラウンドに倒れてしまった。なんとも弱々しい初老の男の姿が露呈された。観衆は、誰も見たくはないものを見たような気がしていた。ガルベスの暴走よりも、長嶋茂雄が脆《もろ》くも地面に倒されてしまったことのほうが衝撃的であった。そこに、はっきりと、初老になった長嶋茂雄の体力の衰えを嗅ぎとってしまったからである。触れてはいけない神聖なる御神体が、荒々しいなにものかによって脆《もろ》くもくずおれてしまったような錯覚を抱かせた。

長嶋監督は、降板を告げるためにガルベスに近づいて行った。

興奮の極みにあったガルベスは、押さえつけようとする長嶋監督の手を振りほどき、羽交い締めにする吉原からも逃れようとした。興奮しすぎて、誰のいうことも聞かないと判断した長嶋監督は、かつて見たこともないような憤怒の顔を見せ、ガルベスの体を摑んだ。

「おっらぁー、ガル、行くんだぁあ！」

テレビ画面では、そういっているように見えた。それは、年老いた老獣が、傷つき血まみれになった若い猛獣が興奮しておさまらないのを決死の形相で沈めようとしている姿にも似ていた。ボス長嶋のあまりに物すごい形相に、さすがのガルベスも「わかった、わかったよ、ボス」というような、外国人特有のジェスチャーをし、長嶋監督にうながされて、ベンチに下がろうとした。

ホッとしたのか、長嶋監督が、ガルベスから目をそらした瞬間のことだった。ダンカンと並んでベンチにもどろうとしたガルベスが、なにを血迷ったのか、手にしたボールを、渾身《こんしん》の力をこめ、ピッチャースマウンド近くにいた審判めがけて投げたのだ。明らかに、審判にぶつけようとして投げたのだった。よほど判定に不服だったのだろう。長嶋監督は、一瞬、しまった、というような顔をした。長嶋監督は、ガルベスを、ベンチに引きずりこんだ。そして、ボールを投げてしまう前に「おれがベンチまで引きずりこめばよかった」と悔やんだ。

ガルベスを、一度も責めなかった。ガルベスの行為は認められないが、ガルベスの激しい闘争心は、誰よりも買っていたからだ。

ガルベスは、平気でボールを当てにいく投手だそうだ。もちろん、味方の四番がビーンボールまがいの球で狙われたらであるが。しかし、長嶋監督は、野球はそんな気持ちで行かないといけない、という。ぶつけたらいけないが、内角のデッドボールすれすれの厳しい球は、勝負しないといけない、という。そういうアグレッシブな気持ちが大切なのだ、と。「目には歯を」が長嶋茂雄のフレーズであることを忘れてはなるまい。

ガルベスは、「ミスター長嶋のためには体を張る男」といわれている。平成八年の宮崎キャンプの最中、ドミニカ生まれのテスト生としてやってきたのがガルベスだった。アメリカのマイナーリーグからメキシコ・台湾と渡り歩いてきた投手だ。平成八年に十六勝して、一勝十四セーブのマリオとともに、巨人大逆転ミラクル優勝に貢献したのだ。ボールは幸い審判には当たらず、事なきをえたが、事態を重く見たセ・リーグでは、ガルベスを今季の出場停止処分とした。巨人も無期限の出場停止処分を下した。

八月二日、その前代未聞のガルベス暴挙の余熱がさめやらぬ甲子園球場の巨人対阪神三連戦の三戦目。

甲子園球場は、またも乱闘場と化した。発端は、八回表二死三塁、阪神吉田豊の投げた球が、バッター高橋由伸の右手甲に当たった。

高橋は、もんどりうって倒れた。激しい痛みに顔が歪んだ。その瞬間、巨人ベンチから飛び出してきたのは、〝ケンカ四郎〟と異名をとる武上コーチだ。捕手の矢野輝を小突き退場処分となった。その裏、巨人は、四点を奪われ、三対六と逆転された。槙原は、完全に緊張の糸が切れた。次の打者は、矢野輝捕手。さきほど武上コーチが小突いた相手だ。

槙原の投げた一球目は、矢野の背中を直撃した。のけぞった矢野が、苦痛に顔を歪めた。槙原は、大きく両手を広げ、故意ではないことをアピールした。その直後、三塁コーチャーズボックスから阪神の大熊忠義コーチが、マウンドの槙原めがけて飛びかかった。飛び膝蹴りを槙原の右膝に蹴りこんだ。羽交い締めにされた槙原は、そのままくずおれた。そこへ両軍ナインが入り乱れた。その輪の中の大熊コーチめがけ、ショートの川相が飛びついた。もう収拾がつかない。大熊コーチが退場処分を受けた。槙原も、故意死球と看做《みな》された。その後は、警告ゲームとなった。

長嶋監督は、終始無言であった。

ガルベスの審判への事件から始まった三連戦は、最後に後味の悪い結果を残してしまった。巨人は、この試合を三対六で落とした。首位横浜に八・五ゲーム差をつけられてしまった。重苦しい空気だけがのこった。

その翌日の四日正午すぎ、長嶋監督は、渋谷にあるなじみの理髪店『文化理髪店』を訪れた。長嶋監督は、ペンギンマークのある庇《ひさし》のついたゴルフ用のキャップを目深にかぶっていた。

「いらっしゃい」

店主の吉田明は、なにか異変を感じた。なんで帽子をかぶっているのかな、と思った。そのうえ、ミスターの顔は、ものすごく険しい。吉田は、ミスターを、いつもの奥にある特別室に案内した。前回やってきたのは、七月三十日。甲子園に遠征に行く直前だった。わずか五日前のことだった。しかし、多いときは、週に二度も訪れるミスターのこと。とくに気にもならなかった。ミスターは、座った。しかし、調髪に入ろうとして、鏡に映ったミスターの顔を見て、吉田は、おやっと思った。いつもと様子がちがう。

ミスターは、いった。

「吉田くん、じつは相談があるんだよ」

「はい」

鏡の中のミスターの顔は、いつものミスターではない。こんな眼は、見たことがなかった。ものすごい眼だった。

「三分か？　五分か？」

「はぁ!?」

眼光にだけ気を取られていたので、なにをいっているのか掴めなかった。

「丸坊主になるのに、三分か、五分か、な。どっちがいいかな」

「えっ!?」

おどろいた。なにをいいだすのか、と思った。少しの間を置いて、その意味を察した。でもなぜ、と思った。

「あのガルベスの件で、監督としてケジメをつけようと思ってるんだ」

吉田は、なんともいえない気持ちになった。なんでミスターが、そんなことしなくちゃいけないんだろう、と思った。

「わかりました」

吉田は、自分でも声が上ずっているのがわかった。よほどの覚悟なんだろう、と思った。

吉田は、ミスターに訊いた。

「あまり短くしすぎても……」

「そう？」

吉田の提案で、五分刈りにすることにした。約九ミリだ。いつも鋏《はさみ》なのだが、バリカンを手に取った。吉田は、まだためらいがあった。長嶋監督に、ここまで思いつめさせるなんてひどいじゃないか、と思った。

バリカンのスイッチを入れた。ブゥーン、ブゥーンとバリカンが動きだす。あらかじめ髪は湿らせている。もうだいぶ白髪も増えたミスターの頭の右側、耳より少し顔寄りの鬢《びん》のあたりからバリカンを入れた。

バリカンを入れた瞬間、涙が出そうになった。

いつもなら、ゴルフ誌や経済誌などをペラペラめくりながら、吉田に任せきりになっているミスターだった。野球の話などしない。

だが、この日ばかりはちがった。ミスターは、ジッと鏡を見続けている。

そして、ミスターは、自分のほうから切り出した。

「おれがさ、早くベンチの中まで入れてしまえばよかったんだよ」

「ええ」

「ボールが見えなかったんだよ。持ってるのがね。知ってればなぁ……。知ってれば、おれが取り上げてたんだけどなぁ」

断片的に、ポツリ、ポツリと、本当に悔しそうに話した。

吉田は、いろいろなことを思い出しながらミスターの頭を当たっていた。

巨人軍監督をクビになったときの昭和五十五年は、その二日後に来た。眼が真っ赤だった。監督復帰が決まった平成四年は、あっちこっち剃刀《かみそり》の切り傷だらけの顔で現れた。

朝、髭を当たるとき、よほど興奮して、気合が入ってたんだろうと思った。

日本一が決まった平成六年。椅子の中で、いまにも躍りだしそうな表情をしていた。

それから四年、今年の長嶋監督は、笑顔が消えた。やってくるたびに、鏡の中で、笑顔の練習をしていた。落ち込んだ顔を見せたくないのだ、と察した。大変な苦労を背負っているのだ、と思った。そんなミスターを見てきただけに、バリカンで、みるみるうちに丸坊主の頭になっていく姿を見るのは辛かった。

その間二十分。ミスターの頭は、きれいに丸くなった。

蒸しタオルを顔にかけ、髭を剃った。

「お疲れさまでした」

声をかけると、ミスターは、鏡の中を見た。くりくり坊主になった頭を見て、やっとミスターが笑った。晴々とした顔をしていた。なんだかとても照れくさそうにいった。

「吉田君、こりゃ学生だね。ひさしぶりに思い出すなぁ」

あのいつものカン高い声で、やっと店内の空気がパァッと明るくなった。いつものミスターだった。やはり、ちょっと恥ずかしいのだろう。キャップをグイッとより目深にかぶってミスターは出ていった。

「また、来るから」

その夜、巨人は、東京ドームで広島を迎え討つことになっていた。

長嶋監督は、午後二時前、いつものように東京ドームに入った。愛車のベンツを降りた。頭には文化理髪店でかぶっていたゴルフ帽をかぶったままだった。担当記者たちには、ただ一言。

「いやぁ、暑いからねぇ」

誰もが、長嶋監督の異変に気づいた。

試合前のミーティングで、選手・コーチを前に長嶋監督は帽子を取った。全員「アッ」と声をのんだ。長嶋監督は、くりくり頭で本心を語った。

「巨人ファンは、四千万人といわれるが、そのファンの皆さんが心配してくれている。坊主頭になることは私にとって大したことじゃない。ただ、批判をきっちり受け止めるということで形にあらわした。きょうを再起への第一歩としようじゃないか」

一回裏から、巨人は燃えた。一死一塁から、松井が右翼線へ先制の二塁打を放った。さらに清原は、左中間へ十五号二ラン。

さらに、五対三とリードされた八回裏、新人の高橋に打順がまわった。右翼線二塁打の仁志を二塁に、二死から四球で歩いた清原を一塁に置いて、高橋は、広島大野豊投手の渾身の一球を、しなやかにミートした。センターバックスクリーン左に叩き込んだ。初対戦であった。高橋は両腕を高く広げて絶叫した。大野は、がっくりと肩を落とした。四十三歳、数々の名勝負を演じてきた大野投手に引退を決意させた快心の十二号三ランであった。巨人は、この高橋の一撃で、長嶋監督の決意に応えた。全身にあふれるようなよろこびをあらわし、二十三歳のルーキーがダイヤモンドを一周してもどってくる。ナイン全員の祝福のハイタッチの向こうに、四十近く歳の離れた指揮官の姿があった。長嶋監督は、両手を広げ、抱きすくめるように高橋を迎えた。

高橋は、試合後のお立ち台で、インタビューに答えていった。

「監督さんの姿を見てびっくりしました。まだまだあきらめちゃいけない、何か変えなきゃ、何かやらなきゃと思いました」

泣かせる一言に、熱狂的な拍手が湧いた。

高橋は、このところどん底だった。プロ初の三試合連続無安打。試合前には、二十五分間の早出特打ちをした。逆転打は、プロ入り初めてだった。

長嶋監督も、この高橋の一発で報われた。

「よう打った。完璧だったな……」

清原は、武骨に語った。

「ああいう試合のあとやから、何とかかえ試合を見せなあかんと思うとったし、監督の頭を見て、もっと気合が入ったわ」

松井は、松井らしくおどけて見せた。

「びっくりしたけど、けっこう格好よかったよ。いや、ほんとに。あれで髭生やしたらすごい格好いいよ。ぼくも切りますよ」

翌日の新聞は、こぞって、この長嶋茂雄の丸刈りを事件にした。日本中が、〝丸刈りショック〟で蜂の巣をつついたような騒ぎになった。

スポーツ紙は、報知をのぞいて、すべて一面トップは、チョーさんの〝丸坊主〟だった。報知だけは、高橋の逆転スリーランを一面に持ってきた。一般紙全紙が社会的な出来事としてあつかった。

毎日新聞は、一面の『NEWSLINE』で『長嶋監督、丸刈りでカツ』と打った。社会面では、『刈った 勝った 不祥事続き 巨人長嶋監督』と見出しを打ち、球場を後にする長嶋監督の写真を添えた。

朝日新聞は、社会面で報じた。なんと六段あつかいで「髪」と「神」をひっかけ、『髪よ許したまえ』との見出しを打った。

読売新聞は、社会面の、ど真ん中に丸刈り写真を掲載。『ミスター〝謝罪の丸刈り〟』として、スポーツ面では『監督〝丸刈り〟斎藤雅KO……窮地に燃えた! 高橋8回2死起死回生3ラン』とはしゃいだ。東京新聞も社会面であつかった。

『チョ〜さん超反省』

産経新聞は社会面ではないがスポーツ面で『長嶋監督けじめの丸刈り』の大見出しを打った。日本経済新聞でさえスポーツ面でトップのあつかいである。

あらためて、長嶋人気のものすごさを知らされた形となった。

いっぽう、サンケイスポーツは、長男の一茂、二女の三奈のコメントを取った。

一報を聞いた一茂は、ビックリ仰天。

「丸刈り頭なんて想像できませんよ。これまで髪を短くしたことなんかない。何十年と変えてないでしょう。僕も生まれてから、今までの髪型以外は見たことないですね。指揮官にとって、チームのことは自分の責任でもあるってことでしょうね。でも、そう思う人はいくらでもいるけど、やる人はそういませんよ」

テレビ朝日社員でスポーツキャスターの三奈は、テレビ朝日の高校野球特別番組『熱闘甲子園』の取材のため、巨人と入れかわるように大阪入りしていた。

「しばらく会っていないんですけど、そんな父のイメージは沸きませんね。普段、洋服はあれこれ考えても、頭は気にしてないようなんですが……早く見てみたいです!」

三奈は、そういってうれしそうに笑った、という。

スポーツ紙元巨人番デスクは、長嶋茂雄のパフォーマンスをこう見た。

「あれは、いかにもミスターらしいパフォーマンスです。おれがなにをしたら皆さん方によろこんでもらえるか、ミスター流のショーマンシップです。天性のショーマンですから、ミスターは。でも、ミスターにすれば一大決心でしょう。清水の舞台から飛びおりるにも値する大決心ですよ。そうでもしないことにはケジメがつかないというミスターの純な心があったんだと思う。この試合勝ってなかったら、ミもフタもなかった。勝ったからよかったよ。負けてたら、ミスターかわいそうだった。新聞は、丸刈り効果なしって書いただろうしね。やはり、あそこで勝っちゃうとこが、ミスターのミスターたるゆえんですね。阪神の吉田(義男)監督とか横浜の権藤(博)監督とかが丸刈りしたって、なんでぇ、あんなもん、となる。長嶋さんがやるから、大騒ぎになる。みんな納得だものね。チームの中に喝を入れる意味、不成績に対するお詫びの意味、甲子園三連戦のケジメの意味、いろいろな意味に取れる。だから、長嶋さんらしいといえば長嶋さんらしい。六十二歳になるお爺ちゃんが、あんなことしたって普通は受けないんだけどね。きょうは、帽子はかぶらないっていってたね」

この長島監督の涙をさそう仰天パフォーマンスにも、ヤクルトの野村克也監督は、ニコリともせずにいった。

「向日葵《ひまわり》が花ビラを散らすと、また日本中が注目するんやろ。目立つからな……。サッチーの水着姿の百万倍も効果ありやな」

ご存じ〝サッチー〟こと野村沙知代夫人の豊島園の水着CMと引っ掛けた。

翌日の八月五日、巨人は、仁志の同点三ランで追いついたが、必死の抵抗むなしく七対九で敗れた。さすがのミスターマジックの神がかりもここまでか、と思われた敗戦だった。五時間を超える壮絶な戦いだった。

渡辺オーナーも、東京ドームに顔を出して戦況を見守った。超強気な剛腕発言でおなじみのオーナーも、敗北宣言を発した。色濃く疲労を顔ににじませたオーナーは、穏やかな口調ながら、怒気をはらんだ声でしぼり出した。

「追いついたけど、またやられたな。メークドラマはもうない。あるのはミラクルだけ。メークミラクルももうない」

一月に前立腺ガンの手術をしたオーナーは、七十三歳。長嶋監督よりは一回り上だ。長嶋監督の丸刈りについて訊かれたオーナーは、かすれた声でいった。

「かわいそうだよ。涙が出るくらいかわいそうだよ。連勝がつづけばよかったが……」

そういって声を詰まらせた。

「二、三年かけてじっくり永遠の巨人をつくるさ」

そして、ついに再建スタッフの名前まで口にした。

「原君の解説はわかりやすいな」

東京ドーム観戦に訪れた高円宮《たかまどみや》殿下の解説役をつとめたNHK解説者の原辰徳についてのコメントが、渡辺オーナーの脳裏の来季スタッフ構想に原が入っていることを暗ににおわせた。

真夏の敗戦。総力戦であった。

五点リードされた九回裏。仁志が同点三ランを放ったときは、もうムードに乗ったかと思った。十回途中から、甲子園の乱闘の傷も癒《い》えない槙原を投入。十二回まで踏ん張りに踏ん張った。しかし、今度は打線がピタリと止まる。そして、十三回、槙原の代わりに岡田展和を投入。じつに八人目のピッチャーだった。もうあとは奈落の底である。槙原が踏ん張ってエンドにしないといけなかった。ドラマにならなかった。長嶋監督は、口惜しさを噛み殺すように語った。

「よう九回に追いついた。あとひと押しで……。九回に五点差を追いつくなんて、めったなことじゃありません。槙原はあれ以上投げたらつぶれちゃいます。投げているうちに点を取りたかった。また明日いきましょう」

この日の渡辺オーナー発言をめぐって、またさまざまな憶測、推測が乱れ飛ぶことになる。

ベテランスポーツ紙デスクが語る。

「あのナベツネさんの発言は、いかにも政治記者をしてた彼らしい発言ですね。どうとでも取れるんですよ。渡辺さんは、中曽根（康弘）手法を真似してるんですよ。風見鶏でしょ。バタバタバタバタ動いて、どっちとも取れる発言をするんです。つまり、二、三年かけて新しい人を（監督に）取ってくるという意味にも取れるし、長嶋さんに、二、三年やらせるっていう意味もあるし。ようするに、巨人ファンに希望を持たせないといけないから、ああいう言い方をしたんだろうと思いますよ。おおかたの人は新しい巨人というふうに思ってるかも知れないですね。でも、（来季の）監督は、（いま）誰に決めるつもりなのかは、まだ、全然わからないですね。でも、いまはいくら読売の中を取材しても、長嶋さんをクビっていう話は出てきてませんから。迷ってる、迷ってる。ものすごく迷ってる。あの人は、下手にクビ切れないんです。下手にクビ切ったらえらいことになるんです。前（昭和五十五年の長嶋監督解任）のときは、百万、読売の部数が落ちたって噂だったけど、ま、今回は、そんなこともないとは思うんですがね。ほら、日本人て、すぐ掌《てのひら》返すじゃないですか。無能だとか、長嶋辞めちまえとか。でも、なんだかんだいったって、クビ切られると、なんてことするんだ、読売は。そうなるに決まってる。われわれマスコミだってそうなるからね。それが、読売は怖いんですよ。だから、もうね、ほんとは辞めていただきたいんですよ、長嶋さんに。円満にね。でないと、お金使っちゃうばかりでしょ、あの人。読売の中でも、いま労組がすごく強くて、組合からの突き上げもすごいんですよ。ジャイアンツにあんなに金かけて、どうするつもりなんだって。何十億と金使って。それで優勝もできなくて、どうするんだって。すごく批判されてるんです」

二年前、エリック・ヒルマンの年俸を、ある社が『三億』と書いた。これは、常識外れのすごい数字だった。それを読んだ球団首脳が激怒して、いった。

「なんてこと書くんだ。そんな銭払ってるわけないじゃないか。そんなこと書かれたら、うちは困るんだ」

デスクはつづける。

「だから、ほんとは長嶋さんみたいに、バカスカ金使うような人じゃなくて、きちんとチームを建て直せるような人がほしいんですけどね。長嶋さんに、突っ走らさないように堀内さん置いたんだけど、最初だけ。長嶋さんにものいえる人はいません。だから、いまごろになって、金やん（金田正一）入れろ、とか、関根だとか、わけわかんないこといってる。ああいうミスターのような人は、誰もモノいえないんです。王（貞治）さんでも監督のときそうでした。堀内さんが投手コーチで、王さんに具申《ぐしん》したら、王さんは『ホリ、おまえ、そんなことやりたかったら、おまえが監督になってやれ』って。それで、堀内さんと王さん、亀裂入って駄目になった。長嶋さんも同じ。自分でなんでもかんでもやらないと気がすまない。いくつになっても変わらない。長嶋さん、二度目に監督復帰したとき、殊勝にも『わたしは、血が変わりました』っていってたんです。『浪人中にいろいろなスポーツを見てきました。陸上競技、ＮＦＬ（アメリカンフットボール）、ゴルフ、なにからなにまで見てきて、勝負の奥の深さだとかタイミングとかを、わたしは摑みました』なんて変身をアピールしてた。なぁに、やらせてみたら、まったく変わってなかった。いまね、森祇晶が、巨人を指揮していたら、巨人なんか、ぶっち切っていますよ。貯金三十くらいつくって、百勝しますよ、ヤンキースみたいに。森さんじゃなくても、堀内さんがやっても、土井さんがやっても、高田（繁・二軍監督）さんがやっても、ふつうにまともなことやってたら、勝ってますよ、ぶっち切って。今年は、故障が多かったから、あれエクスキューズになってるんでしょうけど。長嶋さん、降りていただくというのは、もう決まってたことなんですよ、とっくに。でも、いまは、五分五分かな。長嶋さん、もういいかげん、巨人軍、読売のために尽くしてくれました。もう、どうかお休みください、なんですよ、本音は。もう好き勝手に六年やったし、もういいだろう長嶋よ、というところですよ。いいでしょっていっても、本人はそう思ってないですけどね。来年もやる気満々でしょ。横浜高校の松坂（大輔）獲れなんていってますよ。『松坂いいですね。いいですね』なんていってんだから。下手したら、イチローも、大魔神佐々木（主浩）も、野茂（英雄）も欲しいなんていいだしかねない」

「そうやって超大物を獲っておいても、すぐ飽きる。だから、すぐに『おっ、野村（貴仁・投手）いけ、野村いこう』ってなるんです。おもしろがって、オモチャみたいに、抑えに使うんです。オモチャですよ、野村なんて。いま腐ってますよ。もうオモチャ飽きちゃったから、ポイですよ。だから、ミスターもそうだけど、オーナーも悪いんです。オモチャ買いあたえてるんだから、子供に。清原だ、広沢だ。あれ欲しいといえば、ホイホイ買いあたえちゃってるんだから。それと対照的なのが、ヤクルトのノム（野村克也監督）さんですよ。家に金がないから、ヤクルトに金がないから、我慢しろっていわれて、そのへんに捨ててあるオモチャかなんかを自分で拾ってきては、自分でせっせせっせとつくってね。公園の片隅で雨に濡れて壊れかけたオモチャをせっせと拾ってきては、一生懸命自分で配線組み替えて、使えるようにして遊ぶ子供なんですよ。長嶋さんはちがう。お父さん、あれ買って、これ買ってって買ってもらって。買ってもらったはいいけど、それを全部使いこなしていない。飽きたらポイですよ。清原なんてそうですね。高橋が伸びたから、もう高橋に関心がいっちゃってる。広沢だってそうですよ。欲しい、欲しいって獲ったはいいけど、全部そうですよ。FAで。チーム内の土台そのものがおかしくなっちゃってるんだから、巨人は。だから、このさい徹底的にね、仕組みを変えてもいいんですよ。でも、下（ファーム）にろくなのがいないからなぁ、巨人は。巨人のスカウトも困ってるんじゃないですか。監督が、誰になるか決まってないと。ドラフト指名、ピッチャーにいくかどうかもわかんないんだから。巨人は、大阪体育大の上原浩治投手と法政大の矢野英司投手の二人を、一位、二位で獲る肚《はら》なんですよ。ピッチャーいないですからね、巨人は。もちろん、松坂もアリですよ。その場合は、また作戦変化するでしょうけど」

## 長嶋監督解任騒動で揺れる巨人軍

渡辺オーナーは、平成十年八月五日につづき、翌六日も東京ドームに足を運んだ。長嶋監督の動向が気になって仕方がないのだ。だが、前日につづき、またもや巨人は、広島に敗れた。貯金は、ゼロ。首位横浜は、沈没する巨人を尻目に、四番ロバート・ローズがサヨナラ三ランを放ち、延長十四回を制した。これで、横浜との差は、絶望的な十・五ゲームと開いた。自力V消滅。ガルベスも趙《チョ》もいない。渡辺オーナーは、眼も虚ろにつぶやいた。

「娯楽じゃない。おれには拷問だ。松井は十三打席ノーヒットか。もっと気楽にやればいい。どうせ優勝はないんだから。来年の練習のつもりでな。せめてホームラン王はな」

このころから、長嶋政権の崩壊は、すでに既定事項のように語られるようになる。そして、もう来季は、森祇晶で仕方がない、との空気で、読売も、マスコミも、おおかたの球界関係者も認識していた。

だが、ただひとり、そんな風潮に真っ向から立ち向かう人物がいた。長嶋監督の長男一茂である。

八月十六日、東京ドームでの巨人対阪神戦の試合前。週刊読売の名物コラム『長嶋パパラッチ』の筆者であり、ラジオ日本キャスターの岩田暁美は、通路を歩いていた。と、後ろから声をかけられた。

「岩田さん、何、険しい顔してるの？　駄目よ、信じなきゃ。おれたちだけでも」

声の主は、長嶋一茂だった。一茂は、フジテレビ深夜のスポーツ情報番組『プロ野球ニュース』の土・日担当キャスターである。いっぽう、岩田は、巨人番記者なら知らない者はいない巨人担当の名物女性記者である。長嶋茂雄のそばにピタリと貼りつき、長嶋監督のどんな発言も聞き逃すまい、とメモを取る。長嶋の行くところ、つねに岩田ありといわれる人物だ。

当然、超のつくほどの長嶋マニアだ。そんな岩田を知っている一茂が、巨人の低迷のためしょんぼりと元気のないように見えた岩田に声をかけたのだろう。じっさいは、寝不足のせいだったのだが、それにしても、一茂は、異常に明るい。

「この二日間の選手の動き、見た？　もう、完全に開き直ってるよね。清原の一発なんて、力みもないし完璧よ。行くね、巨人。優勝できるよ。大丈夫だよ」

巨人は、その日現在、首位横浜ベイスターズとは、九・五ゲーム差。さすがの岩田でも、うーんと唸りたくなる数字。Vラインの七十七勝に到達するには、残り試合を二十七勝十敗で乗り切るしかない計算だ。

だが、一茂は、止まらない。

「おれさ、スキー複合の荻原兄弟に話を聞いたことあるんだけど、ファンの声援が風を起こしてくれるときがあるんだって。いや、まじで。浮かび上がるんだ。だから、岩田さんが『もう駄目だ』なんて思っちゃ駄目。おれは信じてる。やれると思う。ここに来ている関係者が全員、それを否定してもおれは信じる。だってまだ横浜の胴上げ、見てないんだよ。結果は神様しか知らない。野球なんて人間のやってること。だからミラクルが起きるんだ。ミラクルは巨人にしか起こせないんだ。もう、横浜には起こせない」

岩田は、おどろいた、という。一茂のいうこととほとんど同じことを、ついさっき長嶋監督から聞いたからだ。

「いまの野球は、本当にわからないんだ。一カ月で五ゲーム、六ゲーム差なんて、あっという間にひっくり返される。ベイ（横浜ベイスターズの長嶋的略語）だって、優勝を意識し始めれば本来の野球ができなくなる。おれは諦めてない。本当だ。まだまだ、わかりませんよ」

岩田は、長嶋監督があきらめてない証拠として、長嶋監督が、その日の午前十一時からの巨人対横浜の二軍の試合を観戦していた事実を指摘している。相変わらず長嶋監督の動向を接写ならぬ〝接取〟していた岩田は、長嶋監督のこんな言葉を耳にしている。

「野村がよくなってるな。球にキレが出てきたもの。金石の状態ももどってきたし。広沢の足も回復してきたというじゃないか。役者がそろってきたな」

その日、巨人は、阪神に十対二で大勝した。二点リードされた二回裏、一死二、三塁で、キャッチャー村田真一が逆転三ランを放ち、これが決勝点になった。ジャイアンツ今年三度目の四連勝である。三沢投手は、プロ入り初先発勝利を飾った。

「あさってから大勝負、大勝負だ」

いよいよ首位横浜との三連戦が、八月十八日から始まる。

八月十三日から八月十八日まで、なんと巨人は、破竹の五連勝と気を吐いた。清原は、この間、四割四分四厘、十五日の阪神戦には、サヨナラホームランまでかっ飛ばした。

ここまではよかった。

しかし、天王山の横浜との初戦の十八日に勝って勢いづいた巨人に水をさすような事件が発生した。三連戦のど真ん中八月十九日の試合に、なんと四番の清原が欠場してしまったのだ。原因不明の右手炎症。清原は、試合開始後、ベンチにも入らず球場を後にした。

原因がわからないので、さまざまな憶測をよんだ。

「朝まで飲み明かしたんだろう。失恋のうさばらしに、酔って暴れて右手を痛めたんじゃないか」

八月十八日に出た写真週刊誌に、清原が惚れ、結婚まで考えた女優が、別の男とデートする写真がすっぱ抜かれた。そのことが荒れた原因ではないか。そして、誕生日に飲んで荒れて手を痛めたのではないか、と。清原は、そのことについては、なにも語らず、姿をくらました。

清原の欠場には、同情する者は、ほとんどいなかった。

八月十九日の、横浜決戦第二戦は、あっさり完封負けを喫してしまった。

だが、『長嶋続投なし、来季は森祇晶』などと過熱する報道を横目に、長嶋監督に、またまた追い風が吹き始めた。

経過を追うと、まず、丸刈りになった四日から一週間後に〝日米野球ファン投票〟の結果が発表になった。第一回の集計では中日の星野仙一監督に離された二位だったのに、第二回のその集計では、長嶋監督は、トップに躍り出た。読売グループが主催する『日米野球』の監督をつとめる人物は、通例からいうと、来季の巨人監督がなる。

長嶋シンパで知られる広岡達朗元西武監督が、週刊誌上で「長嶋は悪くない」と長嶋監督擁護論を展開した。広岡は、巨人低迷の原因は「〝投壊〟に尽きる」として「最も重い責任は、堀内、池谷といった投手担当コーチであるのは明らかです」と切り捨てた。

そして、「巨人を見ていると、長嶋監督だけが〝必死の形相〟でやっているが、今のコーチ陣の中で、命を賭けてやっているのが何人いるのか」とした。「継投策が間違っているなどというのは、長嶋野球に失礼ですよ。なにが今季かぎりですか。ファンが許すわけがないでしょう」と熱っぽく語った。

後に九月十二日午後の『渡辺・長嶋続投記者会見』の席で明かされることだが、じつはこの八月十九日に、長嶋監督は、渡辺オーナー宛に辞表を提出していたのだ。

その会見で渡辺オーナーが明らかにしたところによると、長嶋監督は、八月十九日、渡辺オーナーに会った。

「六年の契約が切れるので……」

そういって、長嶋監督は、辞表を提出した。

渡辺オーナーは、断った。

「ぼくの一存では受理できない」

渡辺オーナーは、ここで受理すると、長嶋監督は、完全に辞めてしまう。そうすることは避けたい。いろいろな混乱が発生してしまう。

また、受理するかしないかは、自分の一存で決められない。そう思ったのだろう。

長嶋監督と渡辺オーナーは、今後の巨人軍の戦力など、詳しい話をした。

長嶋監督は、オーナーに自信満々に熱っぽく語った、という。

「若手が、どんどん育っていってます……」

渡辺オーナーは、その長嶋監督の自信満々の話を聞くうちに、まだまだ優勝の可能性があるように感じた、という。

しかし、この〝退任届〟は、ガルベス事件を管理できなかった詫び状だった、という説も強い。

八月二十七日、日米野球の『スーパードームシリーズ』の全日本監督に長嶋監督が決定した。巨人の親会社読売新聞社主催の大イベントである。投票総数二十二万三千三百七十四票中、全日本監督に長嶋茂雄を推したのは、七万三千四票、二位の星野監督の二倍であった。

今年、契約書では、長嶋監督は、巨人監督六年契約の最後の年である。だから、契約期間満了で、辞任となって、なんら不思議はないのだ。だから、長嶋茂雄巨人軍最後の花道〝日本一勇退〟を飾らせようと、戦力も長嶋監督のいうとおり補強してきたのだった。だからこそ、渡辺オーナーは、「これで優勝できなければ永遠に優勝はない。あとは采配だ」とはっきりいったわけである。そのうえ、今年は、日米野球の監督を選ぶのに、初の試みであるファン投票制を導入した。従来どおりなら、今年の全日本監督は、昨年の優勝チーム・ヤクルトの野村監督が指揮を取るはずだった。その方式を変えてまでも投票制にしたのは、〝最後の花道〟を思ってのことだった。人気投票なら、長嶋監督が選ばれることは明らかである。だから、万が一優勝を逃しても、長嶋監督を全日本監督の雄姿で勇退させることができるのだった。しかし、V逸はほんの少しの可能性のはずであった。

だが、まさかのまさかが起きた。こんな超豪華なドリームメンバーを揃えても、なおかつ優勝できなくなりそうなのだ。筋書きが、微妙にちがってきた。こういう厳しい結果で優勝を逃せば、監督責任問題になり、長嶋監督の性格からして、本人が責任を感じて「辞めます」といいだしかねなくなった。

となると、読売新聞社の難しいところは、長嶋監督本人から辞表が出たにしても、傍目から見ると、かならずや〝解任〟、つまり長嶋茂雄の失敗の責任を取らせ読売がクビを切った、と取られることなのだ。そうなると、日米野球の全日本監督を辞退となる。ファン投票で選んでおいて監督がいないというのは、いかにもしまらない話だ。というよりも、読売にとって大きなダメージになる。長嶋監督だから売れるのであって、他の監督で長嶋監督以上のお客を集められるとは思えない。

弱ってしまった。長嶋茂雄のためを思い、よかれとやったことが、巨人優勝消滅により、仇《あだ》となった。かえって読売新聞社首脳部の巨人軍最高経営会議が、悪者になる可能性だってある。また、あの昭和五十五年の解任騒動の二の舞いだ。そのうえ、ここにきて、長嶋監督の能力だとかならずV逸、したがって巨人Vのためには長嶋茂雄以外の人物が必要だ、とする論理の必然性が崩れる。故障者続出の事実が、エクスキューズとなり、今年のV逸の理由を絶対的に長嶋監督の能力のなさに求められなくなった。長嶋擁護→続投に傾いていく。

せっかくの長嶋監督円満勇退から、V奪還の最後の切り札、森祇晶新監督の図式が、崩れてしまう。それもこれも、みな、長嶋茂雄のおそるべきスーパー人気のせいなのであった。

長嶋監督は、日米野球の全日本監督に選ばれた感想を述べた。

「この日米決戦という大きなテーマの下、日本代表として指揮を執りますことはまことに光栄でもあり、何とかベストを尽くして戦いたいと考えております」

長嶋監督は、目を爛々と輝かせて決意のほどを披露した。

「やるからには勝つという全国のファンの願いもあるでしょうし、ファン投票で選ばれたということを充分自覚しまして、何といっても成績重視と。特に時代はかなりその一、日米の力の差はなくなりつつあり、特に投手は野茂、伊良部（秀輝）、長谷川（滋利）がメジャーで充分やっているという、そういう力の差は歴然としております。結果として勝利に直結するという結果を出してくれれば、日本の野球もメジャーに勝つ、勝てるんだと……」

大時代的なものいい、言語が感情の跳躍に追いつかないための論理の飛躍は、いつもの長嶋茂雄調であるが、今回は、優勝が相当厳しくなり、ひょっとしたら、来季はユニフォームを脱ぐ決意をしなければならない瀬戸際ゆえ、日米決戦たる日米野球の全日本監督に選ばれたことを素直に身を引き締めてよろこんだのだろう。

思えば、昭和六十三年のオフ、当初は日米野球で指揮を執るつもりでいた王貞治巨人監督（現・ダイエー監督）が、公式戦終了間際に解任を通告されて、その日米野球全日本監督を固辞した。そのため後任の藤田元司監督が引き受けざるを得なくなった。さらに、平成四年オフ、浪人中だった長嶋茂雄は、藤田監督の後を継ぎ、自身第二期目の巨人軍監督になった。その直後におこなわれた日米野球で、やはり新任監督である自分が、全日本監督のユニフォームを着た。このように、少なくとも、現役監督が日米野球の全日本監督を引き受ける、という過去の前例から照らしてみても、シーズン終了間際までは、自分の〝クビ〟の去就騒動は沈静化していてくれる。そして、わが野球人生、最後の総決算ともいうべき、本当のラストのカウントダウンまで、一戦、一戦、火の玉となって試合を戦い、玉砕していくことができる、と本気になってよろこんだのかもしれない。

そうすれば、優勝しようがしまいが、ファンは、長嶋茂雄のラストプレーを永遠に胸に焼きつけていてくれるだろう、と。そのため、この日の決意表明を聞いた記者の中には、おそるべき闘志を燃やす長嶋茂雄の目を見て、来季も巨人の監督をやるんだ、という決意表明なのではないか、と勘ちがいした者もいた。

しかし、本当は、長嶋茂雄は、野球を全身全霊を賭けて楽しめれば、これ以上のよろこびはないのだ。そして、自分が育てた若手選手たちが、次にバトンタッチする新しい時代の監督の指揮によって新生ジャイアンツの素晴らしいプレーを披露してくれれば、野球人ミスター長嶋茂雄のよろこびこれにすぐるものはない、と思っていたのだ。

八月二十九日の土曜日、東京ドームでの巨人対阪神戦に、日本テレビの氏家斉一郎社長が姿を見せた。長嶋監督の来季続投ありやなしやでかまびすしいなか、マスコミがその一挙手一投足に注目する要注意人物である。

氏家の発言は、ときとして仲のいい読売のドン渡辺恒雄読売新聞社社長の意見も反映することが多い。渡辺社長は、いうまでもなく、巨人軍オーナーであり、最高経営会議の議長として、長嶋茂雄の去就に最終的な決定権を持っている人物だ。

氏家社長は、当日こう語った。

「要は、長嶋監督の気持ち次第。長嶋監督のケジメの問題だよ。ぼく個人としては彼しかいないと思っている。彼が来年もつづけるつもりであれば、彼しかいない」

この発言を受けたスポーツ新聞各紙は、翌三十日、いっせいに『長嶋続投』か『長嶋に進退一任』と報じた。氏家の発言を、長嶋監督がやりたいならやってもらう、という意味に取った結果である。

しかし、これを読んだ氏家社長は、三十日の夜になって態度を一変した。前日に引き続き、東京ドームに現れた。囲まれた報道陣にいった。

「新聞読んだけど、おれはケジメなんて言葉は使ってない。一言もいってない。(長嶋監督の)気持ち次第だといったのは、(こちらが)一方的にやってもらいたいっていったって、それだけじゃ駄目だろ。それが一般の常識だろ。そういう一般論を話したんだよ」

ハイヤーに乗り込むとき、質問を受けた。

「次期監督に人気は必要と考えますか」

「ないよりあったほうがいい」

といってドアをバタンと閉めた。

氏家が、三十日の自分の発言の捉えられ方にあわてるように補足した裏には、そうやって世論の動向を見ようとしているのだ、という見方もなされた。そして、最終的には、昭和五十五年の〝長嶋解任〟のときと同じように、長嶋監督に責任を取らせる形でクビを切るのでは、という見方もされた。「外堀を埋めて本人にケツをまくらせるやり方」と評した者もいた。まさに氏家がおそれたようなさまざまな解釈のされ方をした。各スポーツマスコミは、なんとか明確な言質を取りたいため、渡辺、氏家はじめ、読売首脳の後を追った。ときには、カーチェイスになることもしばしばだった。

じっさい、読売首脳の発言は、くるくる変わった。氏家は、ころころと発言を変えた。

「優勝監督なら続投だな」

といってみたり、

「そんな前提はない。今は結果待ち」

といったのは、つい七月のことだった。

まだまだ、様子を見ていたのだ。

八月二十八日、氏家は、静観の構えを見せていた。

「今の時点ではなにもない」

渡辺オーナーの発言も、ころころとよく変わった。

振りかえれば、年明けから、渡辺オーナーの発言は、きまぐれであった。

三月十七日の財界の巨人軍長嶋茂雄ファンクラブともいえる『燦々会《さんさんかい》』で、

「今年優勝できなかったら永遠に優勝はないだろう」

と長嶋監督を追い詰めた。

が、開幕五連勝と絶好のスタートを切るとみるや方向転換した。

「この勢いなら優勝だよ。優勝！」

ところが、前半戦で失速し、後半戦でも低迷をつづけると、また変わった。

「二、三年かけて永遠の巨人軍をつくる」

体制一新を示唆して混乱させた。

二人とも、どっちもどっちで、いったいどちらの意見を信用すればいいのか、マスコミも迷いに迷った。

しかし、単純に解釈すれば、二人とも、ただ巨人軍の勝ち負けに一喜一憂していたのかもしれない。それを、二人とも立場が立場だけに、マスコミがその言葉の一言一句も聞きもらすまいと注意深く見守っているため、言葉のひとつひとつがさまざまな解釈を呼ぶのだろう。

そのうえ、二人は、東大同期の、しかも、同じ『新人会』という左翼サークルの仲間である。情報リークなどお手のものじゃないか、という書く側の思い込みもある。それが、その発言を必要以上に〝有意味化〟させてしまうのだろう。

じっさい、「二人は、『長嶋辞任は既定の事実』で同意しており、次の候補だけが、確定していない」との見方もあった。

そうだとすると、二人とも、その路線で見ていただけであり、優勝して花道勇退を飾らせたいミスター長嶋茂雄のラストイヤーの采配をハラハラドキドキ観ているただの巨人軍長嶋茂雄ファンの老人二人というだけのことなのかもしれない。

ところが、二十九日に、氏家の発言が、突然具体性を帯びたため、渡辺オーナーの態度が一変した。渡辺オーナーは、九月二日、東京都内幸町の日本プレスセンターでおこなわれた日本新聞協会の会合後、長嶋監督の去就問題にふれてコメントした。わりとまとまった長いコメントであった。

集まった報道陣は、通常なら十人だが、なんと百人を超えた。ふだんこうした取材にはほとんど動かないNHKでさえ取材に来た。

あわてた読売新聞社は、広報担当を派遣した。注目の一問一答が始まった。

――長嶋監督の来季去就についてですが。

「長嶋監督というより巨人軍だよ。ヒルマン、ガルベス、河原、趙と四人が故障してだな、先発がバッタバッタやられて、これで勝ったらおかしいですよ。野村さん（ヤクルト野村克也監督）が監督をやったってだな、誰がやったって、今年勝つってことは容易じゃない」

――開幕前のオーナー発言は？

「最初にこの戦力で優勝できなきゃ永久に優勝できないっていったのは『この戦力が生きて

る』という前提でいったのであって、それがバッタバッタと壊滅しちゃったんだから……。八割方壊滅してね、それで勝てるのなら、どこだって勝てるんじゃないかね。だから（長嶋）監督の責任ではない。はっきりいえる」

――先日は、二、三年かけて永遠の巨人をつくると話されましたが。

「ある意味では先発が壊れちゃったために、若手が出てきただろ？　小野（仁）、入来、岡島、三沢とか。こういう連中を育てて二、三年たてば、いまのレギュラーと同じくらい活躍できるだろう。そうなりゃ、永遠の巨人になるだろう」

――八月二十八日からの広島三連戦中に、氏家社長が、長嶋監督の意思を尊重すると発言されたことについては？

「おれは忙しいし、口を滑らせてばかりいるから、氏家に記者会見のほうはよろしく頼む……としゃべってもらったんだ。まだ最高経営会議を開くにいたっていないが、夏休みで一堂に集まることができない。電話で次（の監督）は誰にしようと決を取るわけにいかないから。いろいろな事情を考えて、長嶋君に相談しないと。それから結論を出すべきものであって、彼の意思も聞かずにではな」

――いつごろ、長嶋監督とはお会いになりますか？

「監督の判断だな。まだミラクルの可能性がわずかでもあるときに、こちらの都合ばかりいうわけにはいかない。しかし、十一月の日米野球の監督もやってくれるし、かつて（昭和五十五年の解任劇）のようなことはないですよ」

――つまり続投ということですか？

「続投といってるわけじゃない。それは最高経営会議で決めるべきもの。任期切れなんだから、任期後の監督をどうするかは重要な問題。ひとりの意見をすべらせていうべきもんじゃない。わが社は独裁じゃないよ」

――今季の成績が来季の去就に直結はしないということですね。

「直結しないで考えられるでしょう。監督の意思も聞かなきゃ。ぼくらより野球がわかってんだから……」

――オーナー個人の意向としては続投ですね。

「おれが個人で感想をいっちゃいけないんだよ。何度も独裁者とか、ドンだとかいわれてだな……」

――長嶋監督が続投を望んだ場合は？

「本人がいえば、そりゃ……。本人がいえばそう（続投）なる。本人の意思が最優先だよ。おれに聞いてもしょうがない。本人に聞いてくれよ」

またもや、本人の意思次第を強調した。

しかし、長嶋監督が続投を望んだ場合はどうするのか、との質問には、一瞬、間があった。そんなことはありえない、と思っていたので、虚をつかれたのだろうか。

長嶋監督本人が「辞任します」といっているものを、いまさら撤回するはずがない、と思ったのか。そこで、本人に確認せよ、といった。しかし、これは、本人の自由を尊重しているようでいて、じつは、ものすごく長嶋監督の神経を逆撫でする言い方だろう。長嶋監督が、このコメントを読むということを前提にしてしゃべっているだろうから、これは、新聞を通じて「いいな、わかったな。よーくいうけど、辞めるんだぞ」との念押しなのだろう。

渡辺オーナーは、長嶋がそういうふうにいわれて、絶対前言をひるがえすような人間ではない、と信じているのだ。しかし、この時点で、長嶋監督本人が渡辺オーナーに会って、〝辞表〟なるものを提出していることを知っているものは、おそらく少なかったようだ。

長嶋監督の〝辞表〟提出のこと。あるいは、そのことを周辺から聞いて、間違いない事実だと睨んだマスコミは、当然、この渡辺発言をちがうふうに取るだろう。

渡辺オーナーの発言は、そのどちらのマスコミにも、それなりの推理の整合性を持たして記事を書けるような言い方をしている。

事実、ただ一社だけが、この発言の翌日、『長嶋辞意』と打った。日刊スポーツである。

見出しにつづけて、日刊スポーツは、書いた。

『近く直接会談　退団申し入れへ』

その本文は、次のように始まっている。

『巨人長嶋茂雄監督（62）が、2年連続V逸の責任を取る形で周囲に辞意を漏らしていることが2日、明らかになった。また、渡辺恒雄オーナー（72＝読売新聞社社長）はこの日、都内で、進退は同監督の意思次第、と明言しながらも、明確な「続投発言」はなかった。近日中にも直接会談で意思確認し、巨人の監督人事を決める最高経営会議に諮る。同監督は、現状では渡辺オーナーとの会談で「辞任―退団」を申し入れ、今季限りでユニフォームを脱ぐ公算が大きい。』

同紙によれば、長嶋監督は『六月十五日に、読売本社を訪れたさいに優勝を約束した』という。そして、ガルベス事件が起こったころ、『時期を同じくして周囲の親しい関係者に、今季限りでユニフォームを脱ぐ意向を漏らしている。』

そして、『功労者であるからこそ渡辺オーナーは擁護したが、しかし、続投を望む発言は最後まで口にしなかった。惨敗した昨年は最高経営会議を前に今回とほぼ同時期の9月4日の段階で「長嶋監督の下で来年は勝てます」と、「続投」を示唆した。が、今回は辞意の意向を固めつつある長嶋監督にゲタを預ける形で、読売グループの総意を示したと考えられる。』

日刊スポーツは、長嶋監督にも、確かめた。

渡辺オーナーが進退を一任し、本人に聞いてくれと矛先をかわした点について、同紙が確かめると、長嶋監督は、こう答えた、と書く。

『聞いてくれっていったって……。今は優勝争いしている大事な時期だから。いずれ近いうちに(渡辺オーナーと直接会談が)あるでしょう』

長嶋監督は、たしかに嫌悪感をあらわしている。それは、そうだろう。本人がすでに〝辞表〟を提出しているのに、そんな言い方をされては……。

他社は、おおむね、渡辺オーナーの発言を善意的、好意的に解釈し『長嶋続投』と報じ、よろこんだ。

三日の夜、渡辺オーナーは、都内ホテルで会見に応じた。

「あと一週間は何もない。それから一週間、また何もない。そういう順序で話が進んでいく」

今後一週間おきに、大きな動きがあることを示唆した。

そう気を持たせるようなことをいっておいて、渡辺オーナーは、長嶋監督の気持ちは、痛いほどわかる、というふうに正義づらして見せた。

「いまは試合をやっている。一生懸命にやっているのに、それをディスターブ（邪魔）することはしない」

その舌の先も渇かないのに、また、

「まああと五敗、六十敗したら危ないだろうな。でも、一週間もすれば有望か絶望かわかるだろう。そうしたら行動を起こして、それが第一段階だ」

一週間後を強調してみせた。

監督問題は、一週間後に、なんらかの進展があるのだと思わせた。

しかし、まずは情報を集めて、という渡辺オーナーの心は、長嶋監督本人とではなく、取りあえずは、最高経営会議のメンバーと個別に話し合い、意見を集めるようだ。

最高経営会議のメンバーの意見を踏まえて早い時期に長嶋監督との直接会談に臨む可能性が高い。

その長嶋監督との会談の時期は、渡辺オーナーの話から推測すると、二週間後の九月中旬すぎには、第二段階の行動を起こす構えでいることが確実、という。

トップ会談は、十日以上早まる可能性がある。

この日、日刊スポーツが報じた『長嶋辞意』報道について、渡辺オーナーは、次のように語った。

「いまは、そうした流言飛語が流れる時期だ」

とだけいった。

報知は、こう書いた。

『しかし、トップ会談が早まる可能性が出たことで、続投にしろ、辞任にしろ、長嶋監督の決断時期も早まることだけは間違いなくなってきた。』

九月三日の朝七時、長嶋監督は、トレーニングウェアで自宅を出た。多摩川沿いをジョギングした。去就問題を、待ち構えていた記者に聞かれ、二日と同じようにコメントを控えた。

「まだ、この時期ですから、コメントできない」

翌九月四日からは、ヤクルト三連戦が始まる。

この日からの巨人の対戦相手は、九月四日〜六日がヤクルト三連戦（神宮）、九月八日〜十日が広島三連戦（東京ドーム）、九月十二日〜十三日が中日二連戦（東京ドーム）、九月十五日〜十七日が横浜三連戦（東京ドーム）。いよいよ首位横浜との決戦だ。このとき、今季の巨人の行方が決まるだろう。

長嶋監督の去就が決まっているのだろうか。巨人ファンのみならず、全国の日本人が、注目するまでになってきた。

ヤクルト戦が、午後六時二十分から開始される九月四日の朝十時三十分すぎ、各紙長嶋番記者は、いつものように田園調布の長嶋家の自宅前の路上で張り込みをつづけていた。早朝からの取材で、それぞれ食事をしに行ったり、トイレの休憩に散っていった。長嶋監督は「おれは逃げない。その時になったらきちっと話す」という。発言は、この朝である。

九月四日の試合前、長嶋監督は、ミーティングで選手にきっぱりといいきった。

「ぼくの去就が報道されているが、気にするな。野球をするのは君たち選手なんだから。選手が何よりも一番なんだ！」

巨人は、二対一でヤクルトを下した。ルーキー高橋由伸は、腰痛で、八月三十日から試合に出ていない。

西山一宇投手は、長嶋監督への気持ちを素直にコメントした。

「ぼくは、（長嶋）監督さんに獲ってもらったんです。やめてほしくない。ぼくが抑えることが（続投に）つながるなら、いくらでも抑えてみせますよ」

九月五日、ヤクルト第二戦。長嶋巨人は、五対三。連勝した。試合後、長嶋監督は、ジャイアンツファンがひしめく左翼スタンドに、ボールを投げ入れた。

大歓声が湧いた。

「シゲオ！　シゲオ!!」

『長嶋続投』のボードが掲げてある。その下を六十二歳の長嶋監督が走り抜ける。

「辞めるな!!　シゲオ！」

「シゲオ!!」

長嶋監督は、淡々とコメントした。

「六十勝到達？　ええ、ええ。ペナントはまだまだ最後までわかんない。だから、きちっと最後までベストを尽くして戦わないといけないんです。優勝ラインも七十五か、七十四か。あと十五勝、いや十四勝すれば……」

なんとかなる……のだろうか。

九月六日、巨人は、ヤクルトにまた勝った。松井の三十号がついに飛び出した。清原も二十一号を打った。松井は打点も七十八と稼ぎ、ただいま二冠王だ。

腰痛のため八月三十日から戦線を離脱していた高橋は、また欠場した。これで六試合連続だ。長期離脱もありうるという。

長嶋監督は、入来、三沢、小野と三人の若手投手で三連勝したことが、なによりうれしかった。投手陣の不振、リタイヤが、今年のガンだったからである。

試合後、長嶋監督は、クラブハウスに向かう通路で、左手に握りしめていた直筆サインボールを、ファンの中へ投げ入れた。こんなことは、就任以来、初のパフォーマンスだ。長嶋監督の一挙手一投足を見ている記者たちには、ちょっとした変化が、なにかの予兆のように感じてしまうのだろう。

長嶋監督は、その意味を訊かれ、さらりと答えた。

「心境の変化？　そんなんじゃないよ。勝ちゲームはプレゼントするんだ。負けたらあげないけどね」

その翌日の九月七日、長嶋監督の肺腑《はいふ》を刺し貫くような記事が載った。

『長嶋退団』

スポーツニッポンだ。昭和五十五年にも『長嶋解任』をスクープした社だ。

他紙は、すべて『黒沢死す』であった。一紙だけ打ったということが嫌だった。

自信満々の書き方だった。わざわざ〝クロサワ〟がトップと思っている裏をかいての『長嶋退団』だ。『森新監督』の文字が左肩に打ってある。

スポーツ紙の激烈なスクープ合戦が、こういう打ち方をさせる。抜き打ち。スポニチは、前回、九月三日に、日刊スポーツに遅れを取った。打てなかったのだろう。摑んでいたのに、先に打たれた、という無念が、打ち勝ったという誇りに躍っているような書き方だ。今回は、しかも、もっと正確に摑んだ、という書き方だ。

『巨人・長嶋茂雄監督（62）が今季限りで退団することが6日、本紙の取材で分かった。同監督は8月下旬に東京都内で渡辺恒雄オーナー（72）＝読売新聞社社長＝と会談し「任期満了に伴う退団」の意向を伝えた。同オーナーもこれを了承し、長嶋監督は延べ29年間にわたるユニフォーム生活にピリオドを打つことになった。読売首脳は直ちに後任監督候補を前西武監督の森祇晶氏（61）＝現評論家＝に一本化、既に水面下で交渉に入っており、同氏の新監督就任は決定的になっている。』

そして、『渡辺オーナーと長嶋監督のトップ会談が行われたのは巨人が名古屋遠征（8月25

〜27日）を終えて帰京した先月下旬。』と断定した。

渡辺オーナーが、これを了承し、十一月六日から始まるメリルリンチ日米野球の監督を務めるようあらためて要請し、長嶋監督が了承した、と書いている。時期も内容も断定している。渡辺オーナー、あるいは渡辺オーナーサイドから出なければ、どこから出るのか。明らかに、なんらかの意図が感じられる。が、長嶋監督は、発言しない。みずからの〝退団〟後、誰が監督を引き継ぐかに、最大の関心事があったからだ、と見るのが妥当であろう。それを、読売がはっきり確約しないかぎりは、心おきなく退団できない。監督の座などには、さらさら未練はないのだ。未練があるのは、残していく選手たち、スタッフたちが、本当に心おきなく仕事ができる場なのだ。環境なのだ。条件なのだ。長嶋茂雄は、そう叫んでいるように見える。

長嶋監督は、森監督では選手が最高の状態でプレーできるのか大いに不安なのだ。

森祇晶をよく知る、スポーツ紙ベテランデスクが語る。

「もし、いまの巨人選手の陣容で、長嶋監督以外だったら、来年は見込みあるでしょうね。森さんなんか『わししかおらん』なんていいふらしてるみたいですよ。森さんの最終目標は、ジャイアンツの監督ですからね。あの人は、巨人軍には複雑な思いを抱いてる。だって、V9時代の功労者っていったら、長嶋、王、キャッチャーの森なんですからね。森さん、次期指揮官として川上（哲治）さんに帝王学を授けられたんですから。手取り足取りね。それが、いつまで経っても森さんの名前が出てこないんですよ。本人はおもしろくないわけですよ。おれはこれだけの貢献したのにって。だから、犬猿の仲の広岡さんでさえも、巨人の監督になれなかったでしょ。だから、森さんは、『巨人の監督になって、広岡さんに一泡吹かせてやる』っていうのが、あの人の人生目標ですから。ましてや西武監督で優勝したときでさえ『西武を三年連続優勝させるよりも、巨人を三年にいっぺん優勝させたほうが、まだ価値がある』っていったんだから。西武で九年やって八回リーグ優勝ですよ。その八回のうち、六回日本一ですよ。すさまじい実績ですよ。ナンバーワンですよ。広岡さんにいわせりゃ、『誰がやっても優勝できる。おれがつくりあげたチームだから』っていってますがね。そんな川上V9以外、誰にも真似できないような実績を西武で残してさえ、そういう思いがある。そのくらい巨人の監督をやりたいんですよ、森さんは。去年（平成九年）だって、森さんは、横浜から誘われて断ってるでしょ。そして、読売首脳は、九月になったら、原辰徳に二軍監督を要請するらしい。森新監督の下で、原を鍛えるってことなんじゃないですか。原は、『指導者になるんだったら、ファームの監督でじっくり基本をやりたい』なんて、調子のいいことといってね。よくいうよね。だったら黙って、森さんの下でコーチでもやって勉強すればいいんですよ。長嶋さんの下でやるよりも、森さんの下でやるほうが、よほど勉強になると思いますよ。原には、いろんな意味で勉強を積ませたいというのが球団の考え方ですね。去年も誘った。でも、原も、びっくりしちゃってね。こんなに早くくるとは思ってなかったようですよ。時期も尚早ということで断った。でも、本音は、長嶋さんといっしょにやりたくなかった。要は、晩年の確執がある。自分の打席で、一茂に替えられたっていう屈辱があるから」

原辰徳は、現役を退いた平成七年オフに、こう発言した。

「解説者の仕事（NHK解説者）は、三年から五年と考えている。現場にもどって、まず二軍の指導から始めたい。選手たちといっしょに泥まみれになる必要があると思う」

スポーツ紙デスクはつづける。

「原は、爽《さわ》やかスマイルでやってるけど、意外に頑固で強情。人のいうこと聞かないし。おまけに勉強不足です、いまは。基本的にはクレバーでないからね。NHKの番組見ててもわかるじゃないですか。NHKだって、困ってるようよ。オーバーアクション、オーバー言語で、アピールをしていますけどね。『わっ、すごいですねぇ』とかいってんだけど、なにがすごいのか、なぜすごいのか、どうしてなのかってことの説明がないから。ものすごい勉強してる森さんなんかから見たら、ケッ、この青二才がってなるわけだ。それでいて、NHKの待遇は、森さんよりいいっていうんだ。おもしろくないと思いますよ。でも、巨人の監督になって、下につくっていうのなら、別に関係ないでしょうけど。そんなこと戦いに関係ないって人でしょうからね」

〝長嶋茂雄〟は、一連の報道合戦で、商売のダシに使われていた。長嶋神話が、まだ生きていることを証明している。長嶋茂雄で、もう一部でも、もう百部でも売りたい、という執念が見える。先に打った日刊スポーツでも同じ思いだ。

九月七日、巨人は試合がない。長嶋監督は、オフだ。長嶋監督は、親しい画家と、ホテル・ニューオータニで会食する予定になっていた。会食は、突然キャンセルされた。

ぜひ監督の声を聞こうと、各紙の古株の長嶋番記者たちが、田園調布の長嶋邸の前で、長嶋を張った。すると、めったにないことだが、突然、亜希子夫人が、インターホン越しに発言した。

「この時期はノーコメントです。こちらに取材に来ないでください」

九月七日の夜、品川区内の森祇晶の自宅マンション前で、ちょっとした一悶着があった。

朝の報道で、森のコメントを取るため各紙記者が集まっていた。

記者団に取り囲まれた森は、まず報道陣を牽制するようにいった。

「わたしは何も読んでいないんだ」

スポーツニッポンを読んでいないことをいい、つづけて、スポニチ報道を否定した。

「要請は、一切ない。交渉などあるはずもない」

そして、おざなりの社交辞令を述べた。

「シーズン中であり、巨人の優勝が遠ざかったわけでもない。頑張っている長嶋監督以下選手たちに迷惑であろうし、わたしにとっても迷惑だ。もちろん野球は好きだが、こういうことがあると、(ユニフォームを)着たくなくなるよ」

森は、おだやかな笑みを浮かべ、肩をすくめて見せた。

ところが、その場に、夕刊フジの記者がいることを発見した森は、とたんに声を荒らげた。

「夕刊フジ？　好き勝手を書いているな。江尻(良文・夕刊フジ編集委員)が書いているのか。広岡大先生だろう」

夕刊フジが、森の過去のスキャンダルや、森巨人新監督就任の場合の問題点を書いてきたため、癇《かん》にさわっていたのが爆発したようだ。

ヤクルト・西武時代、コーチと監督の間柄で、森の上司であったロッテGM時代の広岡達朗が、夕刊フジで森批判を書いたため、森批判記事がすべて広岡の情報リークだと断定したわけだ。

森は、おさまらなくなり、爆発した。

「おれにはわかっているんだ。ひとつだけいっておくが、むやみに人を傷つけるものじゃない。広岡にいっておけ」

そして、他紙の記者のほうを見ていった。

「一番好き勝手書いているのは、ここや」

図らずも、森の性格の一端がほとばしり出てしまった一席となった。

渡辺オーナーは、翌九月七日夜、スポニチ報道についてコメントした。

「八月下旬に会ったことはありません！　また一説によるとゴールデンウィークの後に森さんと（自分が）三度会ったとか書いてあったが、それもない。一昨年《おととし》か去年、結婚式で会ったことはあるが、それ以来全然会ったことはない。どうして、ああいうでたらめを書くのか。もし会ったという物証があったらおれは坊主になってみせるよ」

――後任監督候補という意味から、森氏とも会ってないということですね。

「おれは忙しいんだ。何で読売の社長が、朝から晩までプロ野球のことを考えてないといけないんだ？　ファンのためのサービス精神はないといかんがね」

——三日に長嶋監督の去就問題について「一週間後が第一段階」と発表されましたが。優勝の可能性がある限り監督問題で動くことはないという考えに変わりはないのか。

「あのときの勝敗を見ればそうだろ。四勝一敗か三勝一敗でいったら優勝の可能性はある。優勝したらどうするんだ。勝負の世界で長嶋監督が一生懸命やってんだ。勝負そのものの展開で監督の心境だっていろいろ変わるかも知れんし、いろいろあるだろう。おれは監督より野球を知らない。だから、一番知っている監督に話を聞きます、意見を聞きますというのは当たり前じゃないか。あたかも物事が決まったかのように報じるのはどうしてだ」

——優勝の可能性があるうちは監督問題に着手しないということですね。

「そりゃ、そうだろう。この前は針の穴（の可能性）といったが、新宿のトンネルを、おれのベンツで通れるくらいになったんじゃないか。渋滞しているかしてないかも、あるがな。勝ち負けの展開で長嶋監督の心境も変わるだろうし……。もちろん、（あとで）いろいろ意見を聞きますよ」

——長嶋監督とも、まだ一度も来季についての話はされてないのですね。

「来季の話をしたことはない。こういう（優勝の可能性が残された）段階で来季どうしますか、あなたどうしますか、なんて失礼じゃないか」

——社長が会わなくても、読売幹部が森さんに就任要請をすることはあるんですか。

「読売新聞はおれが最高決定してんだ。おれの決定なしに誰かが勝手に辞令を出すなんてあり得ない。勝負も決まらないのに人事が決まったように書く、なんでそうなるんだ。おれは役員会の前日まで誰を常務にするとかはいわん。人事なんていったらおしまいだ。長嶋監督は最大の功労者じゃないか。最大の功労者の意見を無視しておれが決められるか。巨人軍に対する功労は渡辺恒雄より長嶋茂雄のほうが一万倍も大きいんだ」

契約切れで、長嶋監督が辞意を申し出たらどうするのか、と問われるといいきった。

「そりゃ慰留するよ、当然慰留する」

翌九月九日のスポーツ報知の最終版一面トップには、右肩に、赤い文字で『長嶋』、それに、ど真ん中の天から折り返しまでにも達する大文字で『勇退』と打たれた。

『長嶋勇退』

報知が、巨人軍の人事記事で、一面に打ったときは、確定情報とのスポーツマスコミにおける暗黙の了解がある。しかも、『後任に森祇晶氏要請へ』と打ってある。じつに異様な華々しさであった。マスコミ各紙も、「これで決まった」と観念した。それで騒動は一応の決着をみたかに思えた。

しかし、よくよく書いてある記事を読んでみると、その記事は、ちょっと異常なほど、パセティックかつヒステリックであった。

『ミスターが自らの去就に決断を下した。辞意か、続投か。長嶋監督が悩みに悩んで出した結論はユニフォームを脱ぐことだった。その答えは、ミスターが大事に思っていたナイン全員へ東京ドームで最初に伝えられることになった。(中略)この間、様々な憶測が飛び交ったが、十日にその胸中を明かす運びとなった。』

そして、長嶋監督の功績を型どおり讃えた後、突然結ぶ。

『今後は辞意表明を受け、渡辺オーナーが慰留に全力を傾けることになるが、その意思は固いものと見られ、そのまま勇退となる可能性は高い。その際には後任人事に着手。森氏の招へいとなりそうだ。』

内容は、なんの新規ネタもなく、ただ、長嶋の〝勇退〟の文字をこれでもかとばかりに強調したかったためとも取れる。しかも、どうしても、この日でないといけないような打ち方なのだ。そのスポーツ報知の記事に、渡辺オーナーが、激怒した。

# 長嶋、あと一年続投の記者会見

長嶋監督は、平成十年九月九日午後二時、東京ドームに入った。

これまで「辞任」「続投」、どちらとも明言しなかったスポーツ報知が、ついに『勇退』と打ったことで、ドームに入った長嶋監督の周辺は、さっと緊張した空気が流れる。

明日十日の広島戦の試合前に、長嶋監督から、全ナインに伝えられるというのだ。

長嶋監督はいった。

「本当に結論は出ていません。あしたの表明？　えっ？　あしたになってみればわかるよ。その話が本当かどうか」

長嶋は、それよりも、いま四連勝しているチームの勢いに目を向けてくれよ、とばかりに訴えた。

「まだ、何パーセントか（優勝の可能性が）ある、と口をすっぱくしていってるでしょ。だから、選手も頑張っている。あした、どうのこうのできる？　まだ名古屋もあるし。ベイもある」

松井は、スポーツ報知の報道に、相当にショックを受けていた。そのことを伝えると、

「嘘でしょ!?」

としばらく絶句した。

そして、滔々《とうとう》とまくしたてた。

「(長嶋監督の野球への)情熱はまだ衰えていないはず。試合や練習を見ていればわかるよ。プロ野球はもちろん勝つことは大事だけど、それだけでは駄目。球界を繁栄させるためにも、(長嶋)監督はいなくてはいけない人だと思う」

松井は、長嶋監督とは、運命的なものを感じているようだ。

神田錦町の巨人軍球団事務所の電話は、午前十時の始業前から、ひっきりなしに鳴り響いていた。ここ数日一日百件を超える電話がかかって来た。すべて、長嶋監督退団報道の確認と、「長嶋監督を辞めさせないでくれ」との悲痛な声がほとんどだ。球団職員は、長嶋茂雄の人気のものすごさを思いしらされていた。

森祇晶は、自宅前で、こう語った。

「監督就任要請? 知らない。何もないし、みんなが下にいると管理人さんに聞いたから降りてきただけだ。新聞? 読んでいない」

九月九日夜、渡辺オーナーは、都内ホテルでの会食後、報道陣を前に、吠えた。渡辺オーナーは、長嶋監督去就の決定権を持つキーマンゆえ、連日、報道陣の格好のターゲットにされた。ナンバー1000をつけた渡辺オーナーのベンツは、きわめてわかりやすい。すぐに取り囲まれる。この夜は、さすがに疲労の色が濃かった。渡辺オーナーは、まず、いきなり、胸ポケットから用意してきた〝文書〟を配った。

「きょう、おれは一切しゃべらんから、プリントにして原稿を配る」

そういって、報道陣に配られた文書には、こう書かれてあった。

『最近、スポーツ紙のみならず、夕刊紙その他のマスコミで、長嶋君の第一次監督時代、その〝解任〟によって、読売新聞が20万部、50万部、いや100万部減ったので、今回も読売経営陣は、部数激減を恐れている――との報道が繰り返されている。これは、読売新聞のみならず、新聞の報道に対する信頼性に関する大変な無理解により発する誤伝であります。

新聞は、政治、経済、国際、文化、社会、スポーツ等の全社会事象に関する客観的報道と、社説を含む高度の評論によって、読者の信頼を得、かつ販売店とそのネットワークによる読者サービスの努力によって部数が増減するのです。

1980年長嶋監督が辞任したのは10月21日ですが、翌11月の読売新聞全国部数の減少は対前月比で、わずか3704部であり、さらに12月には1万1139部増加しております。これは日本ABC協会発表の公知の部数であります。ちなみに、1980年11月に朝日新聞は、長嶋監督辞任とは何の関係もないのに、同2万7131部減となっています。

また報知新聞の年間平均宅配部数の推移を見ると、長嶋監督が1975年に監督に就任した年は、セ・リーグ最下位で前年比2万5000部減少したが、翌76年優勝して以来上昇しています。

ついでに日本テレビの巨人戦の年間平均視聴率を見ると、第一次長嶋監督時代の1978年の最高は25・1%、王監督時代の最高は25・3%、第一次藤田監督時代は1983年の26・9

％が史上最高であり、第二次長嶋監督時代は、1994年の23％が最高で、昨年は20・8％でありました。

この間、巨人が優勝したり、1978年の王選手800号ホームラン、1983年の原選手の打点王、槇原投手の新人王など、スター選手が活躍した年は高い視聴率を上げています。以上のデータに疑いがあるなら、いかようにでもご調査下さい。

これは要するに、新聞部数は巨人監督人事の影響を全く受けておらず、TV視聴率は、優勝または選手個人の活躍の影響を受けていることがわかります。

長嶋監督の存在は、プロ野球振興上、不朽の功績をあげています。しかしその人事は、新聞経営――特に販売部数とまったく関係がありません。

今回の監督問題では、私は、長嶋監督の意思を尊重します。万一辞意を伝えられても慰留につとめますが、これは直接会わずとも他の手段で可能なので、私を朝晩追っかけるのは、記者諸君のエネルギーの浪費になるので、やめることを切望します。

読売巨人軍オーナー　渡辺恒雄』

渡辺オーナーは、配布した後も、やはり気になるらしく、補足的にしゃべりはじめた。

「あれ（今朝の『スポーツ報知』の記事）はいんちき。これで報知と読売がニュースの面では何の関係もないことがよくわかっただろう。報知新聞も、反省したまえ」

なんと身内のスポーツ報知批判を展開しはじめた。

「報知新聞は機関紙じゃない。最終決定はおれがする。おれの辞令を勝手に書くなんて僭越至《せんえつし》

その場にいたスポーツ報知の記者を捕まえ、いった。

「ああいう大誤報はいかんよ」

そういってはいたが、本当に怒っているようには見えなかった、という。

巨人は、この日も広島に勝ち、とうとう五連勝、貯金も八となった。横浜まで七ゲーム。まだまだ、直接対決が控えている。ひょっとすると……。

森の人気のなさにもかかわらず、「長嶋退任、森新監督」の図式は、もうゆるぎがなく、長嶋監督の運命は、すでに風前の灯《ともしび》かと思われた。

翌九月十日朝の各紙報道では、すでに新生森監督の下でのコーチ陣の組閣が進んでいるという記事が載った。黒江透修ヘッド、張本勲打撃、広野功打撃、辻発彦守備、森繁和投手、などコーチ陣の名前が上がった。

九月十日午後、渡辺オーナーは、読売新聞社から、四谷にある日本テレビに車を飛ばした。日本テレビ社長の氏家斉一郎と会うためであった。いつもなら、氏家社長のほうが読売のほうへ出向いて行くところだが、今回は、渡辺オーナーが、直々におでましだった。なにかよほどのことでもあったのだろう、と噂された。

会談は、一時間。向こう一週間は、誰にも会わない、などといっていた。よほどあわてていたのだろう。

二人の首脳の話の内容は、確かではないが、伝わるところでは、この会談で、「長嶋続投」

が決定した、という。

さて、長嶋一茂は、長嶋監督引退報道の渦中、ずっと沈黙を守っていた。しかし、ついに重い口を開かされた。

九月十日午後二時に、赤坂のＴＢＳで十月十一日日曜日から始まる青春ドラマ『なにさまっ！』の制作発表記者会見がおこなわれた。一茂も、このドラマに出演するので、当然この場にいた。一茂は、元ラガーマンで野球もうまいという会社員役だ。

記者会見が、一茂に対する質問に移ると、いきなり長嶋監督の去就から始まった。

一茂は、苦笑いしながらも逃げなかった。

「うーん、その質問は一七〇キロ近い直球だね。うちの家庭は奔放なんで、ぼくや妹がなにをやっても、いいとも悪いともいわれない。今回のことも父の人生だし、ぼくがどうこういうのも……やはり本人次第ですね。辞めたければ辞めればいいし、やりたければやればいい」

質問は、つづく。

――息子さんとしては、監督をつづけてほしいですか？

「あまり話したくないので……」

――親会社のやり方に疑問は感じますか。

「ちょっと答えられないですね……本当はいいたいことがたくさんありますよ。でもいまは……まだ残り十何試合かあって、全部勝ったらわからないでしょ。すべて終わってからじゃないですか」

——お父さんと、なにか話しましたか。

「今シーズンは、ほとんど言葉を交わしてないです」

九月十日の東京ドーム、広島三連戦の最終日。長嶋監督は、入来を先発に持ってきた。広島の先発は、巨人の天敵山内泰幸だ。

試合はシーソーゲームとなった。四球で出た清原が、元木の二塁打で、一塁から全力疾走。まるでなにかに憑き動かされているかのように巨体を躍らせて走る。走る！　走る!!　ついにホームベースまで走りこんだ。

ナイン全員ベンチで眼を丸くしていた。

「あいつ、足悪いんじゃなかったっけ」

清原は、今年の八月二十一日の広島戦で、走塁中に右大腿前部を痛めていた。まともに走れないはずだった。その清原が、ここ最近見たことのないようなガッツプレーを披露した。

そのガッツがナインを奮い立たせたのか、二点リードを八回表に追いつかれたが、その八回裏、後藤、松井の連打で執念の一点をもぎ取った。これが勝ち越し点となった。

今季初の六連勝で、貯金も最大の九。首位横浜とは六ゲーム差となった。

長嶋監督は、鬼の首を取ったようにはしゃいだ。

「きょう取ったら（ペナントレースが）急変する。（横浜が）いよいよ射程内に入ってきた。わかりませんよ。残り試合数（十六）からいって、おれたちの計算からいって一度引きかけた潮が満ちてきた！」

九月十一日深夜、激震が走った。

森祇晶が、NHKの『ニュース11』の取材に対し、爆弾発言を放った。

「仮に巨人から正式に監督就任の要請があっても、わたしは受ける立場にない」

読売から森に何らかの形で「辞退してくれ」との依頼があったと読むのが筋だろう。

巨人の監督問題では、球団史上例のない騒動に発展した。

森が正式に固辞した結果、翌九月十二日午後一時十七分。長嶋茂雄監督の逆転留任が決まった。長嶋監督は、その間、平静を装った。日本テレビ・シナリオ登龍門優秀賞ドラマの『SPECIAL』の放送中にも関わらず、突然、生放送の記者会見がセッティングされた。よほどの緊急決定だったことは、間違いない。

長嶋監督は、グレーのスーツにピシッと身を包んでいる。スーツ姿のこんなに似合うプロ野球人は、やはり長嶋茂雄しかいない。ブスッとした表情のままの渡辺オーナーとは対照的に、長嶋監督は、なにか肩の荷が降りたような表情をしていた。

記者会見が始まった。

――ここまでの経過について渡辺オーナーから……。

**渡辺**　八月十九日に長嶋監督とお会いしまして、監督のほうから「六年の契約が切れるので」ということで、辞表を受け取りました。しかしわたしとしては受理するわけにはいかないと。「最高経営会議の議題でありまして、ぼくの一存で決めるわけにはいかないし、これは受理できない」ということで今後の巨人軍の戦力などについて詳しい説明を聞いていて、その時のとおり、現在なっているわけです。監督はその時から非常に自信を持っておられた。若手はどんどん育っていくという心強い話を聞いて、そういうことならば、優勝の可能性もまだあるな、とひそかに思っていたわけです。そこで、昨日、昼ごろ監督に電話して、「最終的に明日、発表したいから、よろしくお願いします」という電話をして快諾を得て「じゃあ明日、読売本社で、十一月に日米野球もありますし、来季の戦力整備についても細かい話を聞かせてください」ということでお話しました。まあぼくと長嶋監督は三十年来の家族的なつきあいをしてますので、電話でもいいんですが……。

一昨日《おととい》(十日夜)皆さんにプリントを配りましたが、(読売新聞の)販売部数どうこうで決めたわけじゃないんです。若い選手が育ってきた、特にピッチャーが。今年は桑田を除いて(投手陣は)壊滅したんです。どうなることかと思っていたが、その若いピッチャーたちを育ててあげて常勝巨人軍、永遠の巨人軍をつくるために「何とかもう一年、監督、面倒見てください。そして若いピッチャーが完成するのを見届けてくださいよ。とにかくあなたしか今の若い選手たちを育てる人材はいないんだから、お願いします」ということを申し上げて、快くあと一年やっていただくことになりました。監督という職業は大変な苦痛な労働だと思うんですよね。勝負の中で采配をふるうということは、大変な労働で、まことにその点じゃあ、恐縮でありますう。しかし、とにかく、もうちょっと頑張っていただきたいということで、決着というかすべてが終わったわけです。以上。

――では、長嶋監督、お願いします。

**長嶋**　ただいまオーナーからお話がありましたように、結論から申しますと、来季続投という形にはなったんですけども、すでにご承知のとおり、六年前にオーナーから要請を受けたときに、いくつかの事項があったんですけども、来季に向けて次のステップとして若い人材を育成しながら頑張ってほしいという、その要請のもとに六年が経過しました。今年で契約満了の年でもあります。そういう年に当たりまして、まあスタートから中期、後期に入っておりましたわがチームというのはやはり、これだけの全国津々浦々からのファンの方々からの期待は何といっても栄光というか優勝の二文字であるということは私も長い間、巨人にお世話になりまして充分、自覚どおり戦ったんですが……。

何といっても今年、甲子園でのガルベスのあの暴挙の事件が気持ちの上では非常にきっかけになりまして、それからまもなくオーナーにお時間をいただき退任願を提出いたしました。

しかしそのときオーナーは「一応、預かる、という形にしてまだまだ残されたスケジュールも充分あるし、とにかく全力をもって勝敗の指揮を執ってもらいたい」ということで逆にお願い、激励をされまして、その場の会見（話し合い）は終わったんですが、まあこうやってペナントレースも終盤を迎えまして、確かにベイとの差は六ゲーム差、当面（二位）の中日の一・五という今の、現時点においてもまだまだ数字的には不可能な数字でもありませんし、充分奇跡を生む可能性はあります。ベストを尽くして指揮を執らせてもらうと、そういうことをいちずにやってきましたが、この十日から二週間にかけまして報道合戦がいろいろ、あちらこちらに報道され、多くのファンの皆さんにご心痛とご心配をおかけしまして、自分としましてもオーナーにゲタを預けた以上は、オーナーとのお話をもって最終的な結論を出そうという形でやってた折りに、オーナーから昨日昼すぎにお電話をちょうだいいたしまして、オーナーが今、皆さま方にお話したとおり、せっかく今、ここまできたんだから、君の意思を尊重し、そしてかねがねコメントしているように来季、もう一度頑張ってもらいたいという、その情熱と誠意あるコメントに私も感動いたしまして、オーナーの指示に従いますということで昨日、お話しました。

そして何といっても六年前にオーナーから要請を受けた恩義と温かい温情ある励ましがいまだにつづいている限り、野球人として大変ぼくはうれしく思いますし、そのオーナーの温情に対してきちんと報いることのできない、この今の成績をオーナーに済まないという気持ちをかねがね持っていましたが「もう一季頑張れ」といわれて、必ず来年、その期待に応えるべく、集大成のつもりでオーナーのため、読売関係者のため、そして全国のファンの皆さまのために頑張り抜くことを、オーナーにお約束すると申し上げました。

――この時期の続投の発表となった大きな理由は。

**渡辺**　ひとつは報道が過熱して監督やぼくも非常に迷惑しているということ。それからきょうになったというのはだいぶ前に考えていたんであって、そのペナントレース中であって、まさに佳境にいるときに、監督にこうやって時間をつぶしてもらうわけにはいかないと。しかし、できるだけチャンスがあれば来季の話をしたかったんですよ。十月三日（最終戦）が終わってからでは、遅すぎるんで来季のことも十一月の日米野球のことについても、監督といろいろ協議しなきゃならない。まあ電話では細かいところまではできないから、そういう意味できょうが一番都合がよいと思ったわけです。

その前提として（十日に）ああいうプリントも配った。つまり読売新聞の商業的な販売部数の増減を考慮してお願いするんじゃなくて、永遠の巨人軍をつくるため、常勝巨人軍をつくるため、そのためには長嶋監督にもうひと苦労してもらわなきゃならない、ということだけを考えていたんですよ。部数がどうのこうのなんてケチなことでね、プロ野球のたくさんの何千万というファンに対してケチなこと考えちゃ申し訳ないと思ったからああいうプリントを配ったんです。

——長嶋監督、今の心境を。

**長嶋**　心境ですか？　もちろん現時点では残されたあと十六試合をどうやって良い勝率を残し、少しでもこの優勝戦線に仲間入りできるかということだけで頭の中はいっぱい、というのが現状であります。

——このところのチームの戦いぶりについては。

**長嶋**　この終盤のあの勢いが、恐らく今の勢いが一番じゃないかと思います。そのくらい選手諸君の闘志とゲームに賭ける集中が、これほどかみあった時期はありませんし、非常にうれしく思います。ただ、これだけ追いつめられたとはいえ、まだまだ何パーセントかも残されている確率がある場合は、一戦一戦すべてを集中し、そして勝利に導くように指揮を執っていきたいと思います。

——若手投手が良い活躍をしていますが。

**長嶋**　オーナーが冒頭にお話しましたように、投手スタッフが崩壊し、一時的にはローテーションがどうだとか、中継ぎがどうだとか、日程的にはどうだとか、そういう理想論がいえないところまで追いこまれていたんですが、やはり若手がああやってチャンスをあたえますとやっぱり登板するたびに力がつきますし、同時に自信を生み、それが勝利に直結するという光景を目の当たりにしますと、監督としてもうれしいし、貴重な体験と経験が大きく羽ばたくということを確信できます。

——オーナーから続投の話を聞いたときの気持ちは。

**長嶋**　こういうペナントレースの最中に退任届を提出したというのは無調法かもわかりませんけども、しかし、勝負の世界では何といってもチームの責任は監督たるものが……。

オーナーに余計なわずらわしい心痛を与えるようなことは極力避けなきゃいけないという形で、自分としてはそういう形でゲタを預けたんです。切れることなく、最後の最後まで集中して一試合でも多く勝てるように、優勝が駄目ならAクラスという気持ちでずっと戦って参りました。残り試合、そして来季へ向けて頑張っていきたい。

**渡辺**　来季に完成させるということ。常勝巨人軍の基礎をそのための勝利の方程式をそのために完璧なものにするということであって、今年優勝する、しないというのは別。しかし、（残り十六試合）十勝六敗でも優勝するかも知れないし、十四勝二敗なら確実に優勝するという状況になっている。だから留任ということじゃありませんよ。来季のことを考えたんです。桑田をのぞいてピッチャーが総崩れじゃあいかんともしがたいということですよ。誰が監督であろうとね。だから長嶋監督には本当に同情していた。事故ですから。しかしそれをはねのけてね、若手を育ててここまで来たっていうのは、やっぱりメークミラクルということが不可能じゃないということですよ。来年にはミラクルじゃなくてね、ドラマでもなくて、堂々と優勝する。それで不動の巨人軍の基礎をつくる。勝利の方程式は完成するということになると思う。

長嶋監督の続投決定記者会見は、ちょうど土曜日であった。土曜日がフジテレビの『プロ野球ニュース』出番の一茂は、さっそく、その夜のプロ野球ニュースで、父親の巨人軍続投決定を伝えた。

その眼には、ホッとした安堵の色が見えた。二女の三奈は、夏休みを取って、十六日まで行方がわからなかった。

長嶋家の人々は、それぞれに、いまから来季に向けて、躍動しはじめたのである。

平成十年、巨人は、七十三勝六十二敗・勝率五割四分一厘で三位に終わった。いっぽう長島監督の天敵野村監督率いるヤクルトスワローズは、六十六勝六十九敗・勝率四割八分九厘で、巨人に七ゲーム差をつけられ四位に終わった。二人に取って、ともに苦いシーズンとなった。

野村監督は、平成十年をもってヤクルト監督の座を若松勉に譲り、来季はＮＨＫ解説者の道を歩むかと思われていた。しかし、阪神タイガース球団上げての監督就任要請を受け、ついに十月二十五日、引き受けた。平成十一年度もまた、執念のように長嶋監督の前に立ち塞がる。今度は、伝統の巨人対阪神戦で、タイガースの縦縞のユニフォームを着て、ふたたび向日葵《ひまわり》長嶋茂雄との名勝負を繰り広げることになる。天敵の再出現により、長嶋監督は、ますます燃えさかることになるだろう。

## 待望のミスター二世誕生

長嶋茂雄は、結婚する前から、親しい記者に自分の子供に対する夢を熱っぽく語っていた。

「おれは、子供は都会では育てない。子供は、農家に里子に出すんだ。何をやるにも、根源的な力、精神力、気力、体力が必要だ。それは、都会では、培《つちか》いづらい。だから、田んぼの畦道《あぜみち》を、トンボをすばしこくとったり、フナやエビをうまくとったりすることが必要なんだ。印旛沼で、カッパになることが必要なんだ。土の上で、生きて、育って、呼吸しているという人間じゃないと、駄目だ」

長嶋番の記者は、長嶋の口から「里子」という言葉が飛び出してきたので驚いた。里子なんてことは、下村湖人の『次郎物語』で終わりと思っていたのである。

長嶋は、さらにいった。

「おれは、男の子が欲しいな……」

それから、ぽつりといった。

「おれは、顔がよくないからな」

「いやぁ、チョーさん二枚目だよ。豹のように見えることがあるよ」

「馬鹿いうんじゃないよ。おれは、よく見たら団子鼻だし、顔は四角いし、駄目だよ。典型的な日本人の悪い顔だよ。ただな……」

長嶋は、得々としゃべりはじめた。

「おれは、眼が大きいのと、ほら、顎のここが割れてんだよ。カーク・ダグラスのようなこの顎の感じは、受け継いでもらいたいんだよ」

昭和四十年一月二十六日、長嶋は、東京五輪コンパニオンの華といわれた西村亜希子と結婚した。長島が二十八歳のときであった。


長嶋は、昭和四十一年の正月には、伊豆の大仁ホテルの『富士の間』に立てこもり、トレーングをつづけていた。『富士の間』は九つある離れの間のひとつで八畳、四畳の二間があり、庭に面して濡れ縁がしつらえてある。晩年の梅原龍三郎画伯が、ここにこもり終日富士を眺め、富士山の絵を描き続けて飽きなかったという部屋であった。

長嶋は、子供の誕生の日を、いまかいまかと待ちわびながら、正月を過ごしていた。

長嶋の後見人ともいうべき宮本卓も、一月二十日に大仁ホテルを訪ね、いっしょに温泉につかり、子供の誕生の日を待ちつづけていた。母親のちよと、宮本の母親とが従姉妹《いとこ》という関係で、父親の利の死後、宮本は、ちよから、「茂のめんどうを見てやってくれ」といわれていた。

宮本は、この時、台東区柳北小学校の先生をしていた。

長嶋は、風呂に入っていても、落ち着かず、すこしもじっとしていなかった。

一月二十六日の朝、長嶋は、朝食をすませると、宮本を誘った。

「先生、富士山を見に行こう。きょうの富士は、素晴らしいぞ」

サンダーバードのアクセルを踏む長嶋の表情は、いつになく生き生きとしていた。

宮本は、思わず訊いた。

「何か、きょうはいいことがあるのかい？」

「きょうの日を忘れては、困りますね。一年前のこの日を……」

長嶋は、にやにやしながらいった。一年前の昭和四十年一月二十六日、カトリック渋谷教会で、亜希子夫人と華燭《かしょく》の典を挙げていた。

宮本も、すぐ思い出した。

「そうか。きょうは、きみたちの結婚記念日だったな」

十国峠からの富士の眺めは、絶景であった。風花《かざばな》というか、小雪がかすかに舞っているのに、富士山の山巓《さんてん》あたりは晴れて、黄金色に光っていた。初々しいまでの富士山であった。

長嶋は、富士山を仰ぎながら、あらためて父親利の遺言ともなった言葉を反芻《はんすう》していた。

「茂雄、富士山は、日本一の山だ。おまえは、富士山のようになれよ。大学へ行ったら、日本一だ。そしてプロへ行って、日本一めざせ。男は、富士のように、日本一にならなくてはいかん」

長嶋は、富士山を仰ぎつづけるうち、確信に近い予感を持った。

〈よし、生まれるのは、結婚記念日のきょうだ〉

長嶋は、宮本にいった。

「先生、このまま、東京へ車を飛ばしてみましょう」

「えっ!?」

「ぼくの予感では、きょう生まれます」

「よし、わかった。行こう」

〈間違いない、男の子が生まれる。その子も、富士山のように育ててみせるぞ……〉

長嶋は、口にこそ出さなかったが、やはり確信していた。

亜希子夫人の入院している新宿区下落合にある聖母病院に車を走らせるや、茂雄の予感どおり、男の子の長嶋二世が誕生していた。身長は、五十一センチ、体重は、三千七百三十五グラムとふつうの子より大きかった。手も足も大きい。

長嶋は、息子を見てはずんだ声を出した。

「体としては、スポーツ選手に申し分ない。もし野球センスがあれば、やらせてみたいね……」

長嶋は、その夜、浮き浮きして、原宿のローヤル飯店で、宮本にいった。

「先生、問題は、息子の名前だ。茂之、茂一、茂行、茂樹……いろいろと考えてみたんだがね……」

「茂之とか、茂樹とかつけると、シゲ、シゲとみんなに呼ばれることになるな。子供のことを呼んでいるのか、おまえさんのことを呼んでいるのか、区別がつかなくなるぞ」

「うーん、それもそうだな」

「それなら、日本一の富士の一をとって、一茂にしてはどうだい」

「そうだな、一月に結婚し、一月に生まれた、一番目の男の子、という意味もあるな。よし、一茂にしよう。一茂、うん、いい名だ。一茂、うん、いいねぇ……」

長男の名は、その場で、「一茂」と決定した。

一茂が幼い頃は、子育てのことで、長嶋は、亜希子夫人をよく叱っていた。

一茂が、庭を走って泥足で家に上がったり、落書きしたり手に負えない。亜希子夫人が、たまりかねて叱った。

「馬鹿やろう！」

ところが、逆に、長嶋が、一茂を叱る夫人を怒鳴りつけたのだった。

長嶋は、

「いいんだ、いいんだ。子供は、そのままでいいんだ。おれは、子供は、のびのびと広いところで、裸足で遊ばせるのが一番だと思っているよ。おれを見てみろよ」

長嶋は、一茂を自分の育ってきたのと同じ育て方をしようとしていた。印旛沼の近くの田んぼや川で泥だらけになって遊んでいたのと同じようにである。

長嶋は、遠征で旅館に泊まっても、狭い部屋が嫌いであった。だだっ広い和室の十畳の部屋で、万年床を敷き、ゴロゴロしてるのが好きであった。なんでも広いところが好きであった。

そのため、息子にも窮屈にさせたくないのである。

が、長嶋は、亜希子夫人を「馬鹿やろう！」と怒鳴っても、面と向かって亜希子夫人と喧嘩はしない。第一、喧嘩にならない。長嶋は、いいたいことだけいって、あとは、逃げてしまう。子供のことは、夫人に任せっきりであった。長嶋は、親しい記者にいっていた。

「男はな、スパッといいたいことをいって、自分が納得すればいいんだ。あとは、女房に任せとけばいい」

長嶋は、子供たちのしつけに『三禁の原則』を持っていた。

一、嘘をつくこと。

二、無駄遣いをすること。

三、途中でやめること。

以上の三つを厳しく禁じ、亜希子夫人はもちろん、お手伝いさんにまでこれを徹底させる以外は、夫人に任せっきりであった。

一茂が、いよいよ小学校へ入学することになった。

亜希子夫人は、何よりも慶応幼稚舎入学を望んでいた。自分の弟が、慶応義塾大学で野球部にいた。そのせいもあり、一茂も、ぜひ慶応へ入れたかった。

「何より、慶応は、一貫教育でいい。一茂も、余計な受験勉強の心配をする必要がないわ。一茂のような子には、一番いい……」

いよいよ、幼稚舎の試験の時がきた。

面接のとき、舎長が、質問しようとした。ところが、その前に、一茂のほうから聞いた。

「おじちゃん、おじちゃんと、うちのお父さんとどっちがえらいんだ」

舎長は、苦笑いしてすぐには何もいえなかった。

一瞬考えて、一茂にいった。

「あのね、きょうは、おじちゃんが聞くんだよ。きみがおじちゃんに聞くんじゃないんだ」

そのあと、また問題がおきた。

今度は、簡単なテストがあった。紙に書いてある人間の顔の絵を一茂に見せた。その顔には、片方の耳が書かれていない。

試験官が、一茂に質問した。

「この顔で、どこかおかしいところありませんか、長嶋君」

「ないよ」

「どこか、あるでしょう。よく見てごらんなさい」

「ううん、ない」

「どこか、欠けているところかなんかないですか」

「うん、どこかな、あっ、耳がないよ。でも、耳のない人だっているんでしょ。だからおかしくはないよ」

これには、質問の先生も困ってしまった。

一茂は、試験の間も、机の上に裸足で乗っかったりして、試験をする側からみれば、どうしようもない子に映った。が、長嶋家では、一茂を、フルチンで、しかも裸足で走りまわらせている。だから靴をはいて、洋服着て、試験場で畏《かしこ》まってじっとしているなんてことは、できない。

一茂の口から試験の結果を聞き、長嶋は、明るく笑っていった。

「そうか、一茂、よく頑張ったな。慶応は駄目かもしれないが、なにも学校は慶応ばかりじゃないぞ。気にするな」

長嶋は、一茂を慶応に入れることには、まったくこだわっていなかった。

が、亜希子夫人は、まだあきらめきれないようで無念そうであった。

「あなた、そんなことをいったって」

長嶋は、そんな妻の心配をよそに、思っていた。

〈一茂は、おれの子だよ、亜希子。おまえに似れば、成績はよかったかもしれんが、おれに似たな。しかし、おれも立教へ入れたんだ。立教という手もあるさ。心配するな〉

長嶋は、男の子は、勉強なんかできなくたっていい、という考えだった。一茂が、むしろヤンチャに育ってきたことに満足さえしていた。

「ほんとに、しょうがない子……」

亜希子夫人は、あくまでもあっけらかんとした父と子を見て、ようやく笑顔をとりもどした。

一茂は、慶応幼稚舎の試験に落ちて大喜びであった。慶応へ入っていたら、どんなに窮屈であったか、子供心にもよくわかっていたようだ。

「ぼく、お勉強きらいだよ」

そういって一茂は、四歳ちがいの弟正明（のち正興）や、二、三歳ちがいの妹の有希や三奈たちと、裸足になって庭へ飛び出して行った……。

亜希子夫人は、それでも心配だった。

〈父親のように野球をやりたい、などといいだしたらどうしよう。心配だわ。あの子に父親の真似をしろといっても、無理だわ。あの子は、慶応へ入れて、ふつうの社会人に育てたかったのに……〉

一茂が、昭和四十七年四月に田園調布小学校へ入学してまもなく、担任の先生が、母親の亜希子を呼びだして注意した。

「お母さん、おたくの一茂君は、教室ですこしもじっとせず、騒いでばかりいるんですよ。もうすこし躾《しつけ》をきちっとなさってください」

それを聞いた亜希子は、憤然としていった。

「うちの一茂の教育は、自分のやりたいようにやらしているんです。上から押さえつけるつもりはないので、いまのままでやらしてください」

長嶋家は、父親の長嶋も、母親の亜希子も、教育ママ、教育パパには、批判的であった。子供に関しては、二人とも、悪くいえば、したい放題、良くいえば、本人の個性をのばすために何でもやらすという方針であった。

一茂は、なにしろ、学校で桁外れの腕白ぶりを発揮した。一茂のクラスである一年二組の教室は、給食の真っ最中であった。大食漢の一茂は、あっという間に、食パン二枚と、副食のクリームシチューをたいらげた。牛乳など、一息に飲みほした。

「あーあ、腹へった、腹へった」

一茂は、そういいながら、教室の中を歩きまわった。残している者がいないか、さがすためである。

「何だ、きょうは、みんな食べたんだ」

一茂は、一年二組に残りもののおかずがないのを確かめると、給食当番の子にいった。

「ちょっと、これ貸してよ」

一茂は、給食のおかずを入れてあった底の深いずんどう鍋を持ち、廊下に出た。

隣のクラスである一年一組に入って行き、

「おかず、ないか、ないかぁ」

と物色しはじめた。

「かっちゃん、まだ食うのかよ……」

みんなは、一茂のことを「かっちゃん」と呼んでいた。

「うん、腹へって、たんないんだ。これに入れてくれよ」

さいわい、一組には、見たところ、七人分の副食が残っている。

一茂は、ずんどう鍋に残ったおかずを入れ、二組に戻った。

席につくや、一茂は、うれしそうに大声をあげた。

「おーし、食うぞぉ」

あっという間に平らげてしまった。

一茂は、食パンもついでにかき集めてきていた。五枚も、新たに食った。

「あぁ、やっとすっきりした……」

一茂の顔は、じつに満足そうであった。

大食漢の一茂だから、腕力も、なみ外れて強かった。しかし、それにも増して、すばしこかった。

一茂は、そのころ、空手家で『国際空手道連盟極真会館』館長である大山倍達や、格闘技マーシャルアーツのチャンピオン、ベニー・ユキーデや、アメリカの黒人で、二メートルを超す極真空手の選手ウィリー・ウィリムスに憧れていた。

「おれは、強い男になるんだ」

それが一茂の口癖であった。

一茂は、学校の授業中は、つまらなさそうにしているのに、大山倍達の話をするときは、別人のように生き生きとしていた。大山の伝記も、繰り返し読んでいた。

特に、大山が牛と格闘して、一撃のもとに牛を倒したくだりを話すときなど、身振り手振り、で、話す。いや、話すだけではない。これ以上ないと思われるすさまじい力で、聞いている友達の体を、どこということなく、空手チョップでぶんなぐった。

「かっちゃん、痛いよ、やめろよ……」

しかし、長嶋茂雄も、母親の亜希子も、息子のそういういたずらを、温かい眼で見守りつづけた。

一茂が、一年生のとき、ラジオ局のアナウンサーが、形態録音機、いわゆるデンスケを担いで長嶋家を訪ねた。暮れのことで、来年のお正月用の録音どりをしていた。アナウンサーが、長嶋に、

「じゃあ、音録りしましょうか。いいですか。『あけまして、おめでとうございます』」

というと、興味をもって応接間を覗いていた一茂が、いきなり飛び込んできていった。

「わぁい、おかしいよ。まだお正月になってないじゃないかぁ」

すぐ中断であった。ふつうの父親なら、客が来て仕事をしているんだから、「おい、あっちいってろ」とか「おい、黙ってなさい」とか注意する。

が、長嶋は、口をおチョボロにして、クスクスと笑い、カン高い声で、

「いやあ、子供だからしょうがないですね。一茂、あっちへ行ってなさい」

と笑いながら、じつにやさしい調子でさとすようにいう。

一茂はじめ子供たちのために、家の庭から室内へ入る境は、ほんの十センチ室内が高くなっているだけであった。長嶋は、記者に説明した。

「こうしておけば、子供が、自由に、部屋の外から中へ入ってこれるでしょう。子供のために、こういう設計にしたんですよ」

ふつうの家は、たいてい、縁側と、庭との高さの差が三十センチから、高いところだと、一メートル近くはある。ところが、長嶋家は、じつに子供中心の家づくりをしていた。

したがって、一茂は、二百五十坪もの広い庭で、飛びはねて遊んだのち、裸足の足を拭うこともなく、庭からそのまま家の中に駆け上がった。

夏など、小さなビニール製のプールを庭に持ち出し、バシャバシャと音をたてて遊ぶや、濡れたまま庭をかけずりまわる。妹の有希や三奈らと鬼ごっこをやる。

そのまま応接間へ駆けこみ、疾風のごとく父親のインタビューしている応接間を走りぬけ、そこから二階へ駆け上がっていく。そのあとの応接間は、泥だらけであった。

長嶋番の記者の間では、いつの間にか言い合わせができあがっていた。

「3番の家に行くときには、白い物は着て行くなよ」

白いズボンでもはいて長嶋家にインタビューにでも行こうものなら、帰りは、真っ黒であった。

長嶋番の記者が、インタビューの最中、一茂は、応接間のベージュ色の壁にクレヨンをつけ、勢いよく走る。長嶋は、何もいわない。亜希子が出てきて、「そういういたずらは、いけませんよ」とも注意しない。一茂は、まさに自由奔放、天衣無縫であった。

記者が、ある日、応接間にかけてある林武の『舞妓』の絵を見て、おや……と思った。一瞬、見間違いかと思った。『舞妓』の絵の帯に、スッと何か条のような跡がある。なんと、一茂がつけたクレヨンの跡であった。が、長嶋夫妻は、一茂が、そのような名画に落書きしても、けっして怒らず、にこにこして見守っていた。

一茂が、小学校三年生の秋、長嶋茂雄は、現役を引退した。長嶋家の子供たちは、よろこんだ。一茂は、そのころ長嶋家の知人に、そのよろこびを目いっぱい伝えた。

「これで、お父さんと遊べるぞぉ」

しかし、知人は、静かに諭した。

「一茂、そうかなぁ、お父さんは、忙しいぞぉ、一茂と遊んでられなくなる」

「どうしてだ」

「お父さんは、一茂のお父さんだが、日本全国の一茂の友達の憧れの人でもあるんだ。だから、一茂のお父さんであって、そうでもないんだな」

「何だぁ、つまんねぇの」

一茂は、がっかりしたようにいった。その思いは、弟や妹たちも同じであった。父親は選手をやめて帰ってくるはずなのに、家にはいられないほど忙しい。

昭和四十五年生まれで一茂より四歳下の次男の正明は、不満そうに、父に尋ねた。

「お父さん、どうして家にいて遊んでくれないんだ。つまんないなぁ」

「正明、おまえ、まだわからないのか。お父さんがこうやって忙しく働いているから、おまえたちは御飯が食べられるんだよ。そんなこと、わかってくれよ」

正明は、それでもなかなか納得しなかった。

一茂は、そういうことを父親にいう子供ではなかった。

昭和五十年九月七日の日曜日、目黒区碑文谷にあるサレジオ教会グラウンドで、『目黒クリッパーズ』の入団テストがおこなわれた。一茂は、そのテストに合格し、『目黒クリッパーズ』

の一員になった。小学校四年、九歳のときであった。

長嶋は、一茂が目黒クリッパーズに入団する二年も前の四十八年から、目黒クリッパーズの大山忍監督に頼んでいた。

「いずれ、うちの坊主が野球をやりたいといったら、チームに入れてくれないか」

長嶋は、一茂が野球をやってくれることを望んでいたが、それを一茂に強いるのではなく、あくまでも自分からいいだすのを待っていた。

昭和五十年の九月に入ったばかりのある日、亜希子夫人から、大山忍監督に電話がかかってきた。

「一茂が野球をやりたいといっております。つきましては、入団テストのことについて教えていただきたいのですが……」

入団テストは、九月七日に、目畢区碑文谷にあるサレジオ教会グラウンドでおこなわれた。三十メートルのダッシュ、キャッチボール、バッティング、軽いノックをやらせ、みんなといっしょにやっていける体力と運動能力があるかどうかテストをした。

当時は、百五十人から二百人もの入団希望者が集まった。その中で合格するのは、五分の一の三十人から四十人だけであった。一茂は、文句なしで合格した。

大山監督の眼に、一茂の体は、小学校四年生と思えないほど骨太でがっしりと映った。特に肩がよく、相手の胸元に正確なボールを投げていた。手首も強く、小学生としては、かなり速い球を投げていた。内股であったが、走るのも速かった

〈腕っぷしが強く、馬力のある少年だな……〉

一茂は、入団すると、大山監督に、希望を申し出た。

「背番号は、90番にしてください。守備位置は、サードにしてください」

もちろん、父長嶋茂雄を意識してのことである……。

一茂は、グラウンドに出ると、大きな声を出し、元気に動きまわった。その生き生きした姿を見て、大山監督は感心した。

〈一茂は、本当に野球が好きなんだな……〉

目黒クリッパーズは、九歳から十二歳の少年だけが参加するリトル・リーグでは、城南ブロックの名門チームであった。選手は、百三十人もいた。そのうえ、その百三十人が、アメリカの大リーグなみに、A・B・C・Dのランクに分けられている。Aはいわゆるレギュラー、Bは準レギュラー、C・Dはその予備軍であった。A・B合わせて五十人、C・Dで八十人もいた。

一茂は、入団すると、予備軍を一足飛びに越え、B、つまり準レギュラーのどん尻につけ足された。

一茂が、Bランクから、約二十人のAランク、つまりレギュラークラスに入ったのは、五年生の夏であった。

夏休みに入ると、静岡県の伊東市営球場で合宿がおこなわれた。一茂は、合宿で、ボールを恐がり、顔をそむけてボールを捕るようになった。

大山監督は、一茂に特訓をした。みんなの練習が終わった後で、一茂ひとりだけグラウンドに残し、キャッチャーのプロテクターをつけさせ、ノックの雨を浴びせた。

「一茂、いくぞ!」

「なんだ、そんな球を捕れないのか!」

相手は子供だ。ときには冗談をいったりしながら、十メートルぐらいしか離れていないところから、三百本近くも一茂にノックをつづけた。

一茂は、途中から涙をポロポロ流しながらも、一球一球「来い!」とか、「もう一本!」とか声を発しながら、ノックを受けつづけた。一茂には、負けず嫌いで頑張り屋のところがあった。

プレーも、

〈やはり、長嶋茂雄の子だな……〉

なんでもない正面のゴロをトンネルしたかと思うと、三遊間や三塁ベース寄りの難しいゴロを、勘よくさばいてみせた。

ゴロを捕球してから、ちょっとサイドスローぎみに投げるスローイングも、長嶋にそっくりであった。長嶋のように、ドラマチックな活躍をしたことも何回かあった。

ところが、一茂は、六年生の終わり、突然目黒クリッパーズをやめた。

その日、チームは、朝の八時半から、多摩川河川敷の日本ハム・グラウンドで練習していた。何いつもなら練習に遅れたりしない一茂が、その日に限って、二時間も練習に遅れてきた。何か元気がないので、大山監督は、「どうしたんだ」と訊いた。

一茂は、小さな声でいった。

「ぼく、クリッパーズをやめます」

大山監督は、おどろいて理由を訊いた。

が、はっきりといわない。事情を訊くために、その日の夕方に田園調布の長嶋邸に行った。

母親の亜希子は、退団の説明をした。

「まだ子供なのに、たくさんのマスコミに取り上げられるのは、教育上、一茂にとっていいことではありません。野球をやめさせるのはかわいそうですが、どこか落ちついて勉強やスポーツに打ちこめるところに行かせたいと思っています」

亜希子の耳にも、一茂へのやっかみの声が入ってきていた。

「一茂、おまえばかり写真に撮られ、おれたちは、まともに練習もできねえじゃねぇか」

陰では、もっと露骨な一茂批判をしていた。

「一茂は、長嶋の子だから、特別に抜擢される。監督も、何かというと一茂を重宝がり、いいポジションにつけたり、いい打順につかせる」

一茂が、そういう声に平然としていられない性質であることは、母親の亜希子が誰よりも知っていた。一茂は、長男のせいもあるのか、そのような声に、気を使いすぎるくらい気を使う。親の眼から見て、一茂が苦しんでいるのがよくわかった。

亜希子は、若いときアメリカに留学している。アメリカ流の合理主義的教育、いいかえれば、個人のプライベートなことは、いくら子供であっても、その子供のプライバシーを尊重しなければいけない、という考えの持ち主である。一茂も、自分の口から「やめたい」といったのである。

長嶋も、一茂の目黒クリッパーズ退団には反対しなかった。

「あんなに騒いだんじゃ、倅は野球どころじゃない。スポイルされてしまう」

つまり、野球のことだけではなく、学校や社会生活にも影響をあたえる、と判断したのである。

# 長嶋一茂の少年時代

長嶋一茂は、昭和五十三年二月一日、立教中学を受験した。立教中、立教高、そして父茂雄の母校である立教大学に進むためであった。立教中学に入ってしまえば、よほどの問題を起こさないかぎり、エスカレーター式に大学に上がれる。高校、大学と二度も受験の苦しみを味わわなくてすむ。

しかし、期待も虚しく、一茂は、落ちてしまった。

そこに、白根開善学校への入学の話が持ちこまれた。

昭和五十三年春に開校予定になっている白根開善学校は、群馬県吾妻郡六合村の山奥にある。白根山、赤石山、大高山に囲まれた標高千二百メートルの高原に位置している。

この山奥の全寮制の学校は、頭の善し悪しに関係なく、山の厳しい自然の生活に耐えながら、善くなりたいと思うものがあれば、誰でも入学できる学校ということであった。

その話は、亜希子の母親が、同じ教会に通うクリスチャン仲間から聞いてきたことであった。

亜希子は、白根開善学校に興味を抱き、五十二年の暮れから、五十三年の春にかけて、横浜市港北区日吉にあった白根開善学校校長の本吉修二の自宅をわざわざ何回も訪ね、学校の内容をくわしく聞いた。

ときには、彼女の両親までともなって訪ねた。

一茂が年中マスコミに監視され、のびのびとした子供らしい生活ができないことに心を痛めている亜希子は、本吉校長に訴えた。

「一茂には、都会を離れて自然の中でのびのびと勉強も遊びもやらせたいんです。都会にいると、有名人の子というのでいろいろな方にチヤホヤされます。まだ子供なのに、長嶋茂雄の名前を背中に背負って歩いているようで、かわいそうです。一茂は、大自然の中でのびのびやらせるのが一番いいと思っているんです」

本吉校長もいった。

「白根開善学校は、これからみんなの力でつくっていく学校です。公立でも私立でもありません。いわば、父母立の学校なのです。いまの子供たちは、競争の中でのびやかさを失い、押し潰されそうな状況の中にあります。勉強というのは、本来は楽しんでできるものなんです。ところが、子供たちは、試験に追いまくられる生活の中で、頭でっかちの人間になるばかりです。もっと、彼らの自由な心、やさしい気持ち、素直な心を大切に伸ばしてあげる学校があってもいいのではないでしょうか。自然の中でのびのびと、勉強や遊びをやらせる学校があってもいいのではないでしょうか。ですから、わが校には、入試もありません。一週間体験入学をしてみて、どうしてもこの学校に入りたい、と思う人だけを集めます」

亜希子は、話に引きこまれた。本吉校長は、自分の理想を語りつづけた。

「人間というのは、年齢に応じて、そのときそのときにやっておかなければならないことがあると思うんです。六十歳になって恋をするのもいいことです。しかし、十代のときに恋をしたほうが、もっと素晴らしいのではないでしょうか。人間は、その年齢に応じて悩んだり苦しんだりしておかなければならないこともあると思うんです。子供のときに、のびのびと遊び、体を鍛えることもやっておかなければなりません。ところが、ただ出世のパスポートを手に入れるために、ひたすら受験勉強にあけくれる生活を子供に強いることは、子供にとってかわいそうなことだと思うのです。年齢に応じたのびのびとした教育は、都会の中ではできません。都会の生活を忘れるには、わが校のような、人里離れた、ここでやるしかないという覚悟のできる場所でないと、なかなかできないと思うのです。イギリスでもアメリカでも、これはという教育をおこなっている学校は、人里離れた山の中にあるんです」

亜希子は、昭和三十三年三月に、雙葉学園中等部を卒業後、アメリカへ留学し、インディアナ州ココモ高からミネソタ州聖テレサ大学と、通算六年間の留学生活を送っていた。子供の教育に関しては、本吉校長と同じような考えを持っていた。

亜希子は、一茂を白根開善学校に入学させ、寮へ入れることに賛成した。

一茂も、はっきりといった。

「山の学校に、行ってみたい」

ところが、長嶋は反対した。

「ちゃんと地元に学校があるのに、なんでわざわざ山奥の学校へやる必要があるんだ」

自然の中で子供を育てることには賛成していた。が、すでに中学に入るまでに成長したこの時期にそのような山奥へ入れることには反対であった。

長嶋は、一茂に、父親として説得した。しかし、一茂は、頑強にいい張った。

「そんなに、お父さんが反対するんなら、学校なんか、やめてやる!」

一茂は、いったんいいだしたらきかないところがある。長嶋は、亜希子夫人の説得もあり、しぶしぶ白根開善学校へ行くことを許可した。

一茂は、白根開善学校が昭和五十三年の四月に開校と同時に、中等部に入学した。

白根開善学校での一茂は、マスコミに追われることもなく、じつにのびのびとした精神状態で生活した。学校生活は、学校もできたばかりで、東京のように先生も生徒も取りすましてはいられなかった。天気がいい日は、授業中でも、みんなで外に出て、布団を干すための杭を打ったり、ゴミを捨てる穴を掘った。草むしりも、石拾いもした。

食事当番になると、一茂は、湧き水をくみに行った。朝五時に起きて、炊飯器にスイッチを入れた。

みんな泥んこになって勉強したり、遊んだりするので、同時に四人入れる大きさの風呂は、底に泥が溜まり、入らないほうがましなくらい、すぐ真っ黒になった。

一茂は、学校生活の感想を、

「こんなにおいしい水を飲んだのは、生まれて初めてです。とても東京では、飲めません」

と手紙に書き、田園調布の両親に送った。

一茂は、生徒の中でも人気者だった。本吉校長が、その理由をある生徒に訊くと、その生徒が答えた。

「一茂君は、絶対に人の悪口をいわないんだ。だから、みんなに好かれるんです」

父親の長嶋が、人の悪口をいうのを聞いた者がいない。長嶋は、悪口をいわないばかりでなく、他の者が誰かの悪口をいい、その場にいあわせ、相槌を求められても、絶対にコメントはしない。みごとなほど徹底していて絶対にいわない。黙ってしまう。どうこういわず、黙って知らんぷりをしている。そういう父親の姿を見て育った一茂も、絶対に他人の悪口はいわなかった。

一茂は、草野球も、みんなとよくやっていた。一茂は、いつもキャッチャーをやっていた。大きな声を出し、まわりの者を元気づけていた。

勉強も、自分から進んでしていた。白根開善学校は、山奥なので、四月、五月でも、夜になるとかなり冷えこむ。一茂は、夜になると、寮から三百メートル離れた学校まで行き、ひとり寒い教室で勉強していた。

ところが、

「白根開善学校は、県知事の認可が取れていない学校だ。もし認可が得られないと、開善学校で学んでいた期間は、空白期間ということになる。欠席しているのと同じことになる。二年に進級できないことになる。へたすると、高校にも行けなくなる」

という噂が耳に入り、長嶋と亜希子は、あわてた。

長嶋は、シーズンに入っていたが、息子のことを考えると、試合中も、気もそぞろになることがあった。試合が終わり、一番最初にダッグアウトから飛び出ると、電話ボックスに走った。亜希子に白根開善学校の認可について確認を取った。

「白根開善学校の件は、どうなった」

「やはり、認可が取れていないそうです」

「ええ!! それじゃ、一茂は、どうする。出席日数はどうなる。連れもどすしかないな」

もし認可が取れないなら、一年間が無駄になる。一日も早く、他の中学に転校させねばならなかった。

六月のはじめ、赤坂の料亭『山崎』で、長嶋は、白根開善学校の本吉校長と会った。後楽園球場から駆けつけた長嶋は、あいさつを交わすや、いった。

「先生、わたしは、行ったことがありませんが、先生の学校については、家内からよく聞いております。わたしも、先生の学校のような山の学校が好きなんです。うちの坊主も、そういうところでのびのびとやらせたいんです」

学校の認可問題についても、不安そうに訊いた。

「先生、学校のほうは、本当に認可になるでしょうか……」

本吉校長は、答えた。

「ええ、大丈夫です。学校は、まだまだ完全ではありませんが、ようやく認可の見通しがたちました」

長嶋は、いった。

「そうですか。先生も大変ですな。とにかく、頑張ってください」

しかし、長嶋の耳に、認可はやはり取れないかもしれない、という情報が入った。長嶋家では緊急会議がひらかれ、一茂を、ついに山の学校から降ろすことが決定した。

長嶋は、男が一度やりはじめたことを途中でやめるのは嫌いであった。が、今回は、仕方がない、という断を下した。

六月二十八日、白根開善学校に車が横付けされた。長嶋の知り合いの者が、一茂を車に乗せて、山を降りた。そのとき、一茂は、知り合いの者に訊いた。

「どうするの？」

「お父さんが、帰ってこいといっている」

すると、一茂は、「はい」と返事をし、従ったのであった。

運命は、皮肉なもので、白根開善学校の認可は、一茂が山を降りた三日後の七月一日に下った。一茂が、もし三日後の七月一日まで白根開善学校にいたら、別の人生を歩んでいたろう。すくなくとも、プロ野球選手としての一茂は、なかったのではないか。一茂は、プロ野球選手になるよう運命づけられていたのかもしれない……。

一茂は、急遽地元の田園調布中学に入学の手続きをとり、小学校時代の仲間たちとふたたび机をならべることになる。

一茂は、昭和五十三年に行ったフジテレビ主催の『父と子　アメリカ大リーグ観戦ツアー』

に参加したことが刺激となり、ふたたび野球をやりたい、と思いはじめた。

目黒クリッパーズ時代の仲間は、ほとんどがシニアに進んでいた。一茂も、目黒クリッパーズ時代は、大山監督にいっていた。

「シニアに行っても、サードを守りたい」

一茂は、サードを守ると、左右のゴロには強いが、真正面のボールをトンネルしてしまう。シニアに入ったら、そのような欠点も克服しようと思っていた。

ところが、一茂にふたたび点火した野球熱に、水を差すことが起こった。

一茂が、いざボールを投げようとすると、右肘に痛みが走った。

一茂は、母親に右肘の痛みを訴えた。

亜希子は、一茂を連れ、さっそく、横浜市鶴見区にある片山整形外科記念病院を訪ねた。院長の矢橋健一は、プロ野球選手のスポーツドクターとして診察をおこなっていた。巨人軍の選手は、長嶋をはじめ、篠塚利夫、中畑清、山倉和博、江川卓らの診断をおこなっていた。特に長嶋は、矢橋院長の師である片山良亮先生時代から、懇意にしていた。

亜希子は、矢橋先生に訴えた。

「息子の一茂が、ボールを投げるとき、右肘を痛がって、どうしようもないんです。主人に相談しましたら、先生のところへ行きなさい、といわれました。診ていただけませんか」

昭和五十三年の秋であった。

矢橋は、つい長嶋の体と比較しながら、一茂の体を診察した。

長嶋は、非常に均整の取れた、芸術品のような体をしていた。引き締まり、バネがありそうな体であったが、余裕をもった柔らかい筋肉をしていた。四百勝投手の金田正一の筋肉と似たところがあった。長嶋の筋肉は、怪我をすることの少ない筋肉だと感じていた。

一茂の体はたしかに同年齢の子と比べると大きいが、少年期特有の、まだ未発達の体をしていた。

診断の結果、〝離断性骨軟骨炎〟にかかっていることが判明した。腕のつけ根から肘までの間の上腕骨の下端にある骨質が壊れるために起こる軽い炎症である。少年が発育期にあるときに、あまり熱心に野球をやりすぎると未発達の筋肉組織の発育の速度が、筋肉の行使に充分に対応できないために起こる症状である。矢橋は、一茂から話を聞いて、結論を下した。

「小学校高学年のリトル・リーグで、カーブやシュートの変化球を投げたために、無理がいったと思われますね」

この症状は、三十歳代の漁師にも見られる。特に、しらす漁で網を引くとき、右、左の腕を内にまわしながら網をひくため、無理がおこる。一茂の右肘は、それとそっくり同じ症状である。その漁での腕の使い方は、投手が、変化球を投げるときの腕の使い方と同じなので、同じ症状になる。

矢橋は、亜希子と一茂に、アドバイスした。

「半年間は、野球をやめたほうがいい。ボールも、バットも握らないほうがいい」

そのとき、亜希子は、少しもあわてなかった。

「ああ、そうなんですか。おっしゃること、よくわかりました。帰って主人とも相談しまして、よく徹底させます」

亜希子は、つぎに一茂の説得にかかった。

「一茂、先生もああおっしゃってるんだから、少し野球をやめなさい。わかったわね。別の運動もあるんだからね」

一茂にとって、せっかく野球をやりなおそうと思ったところへの不運である。一茂は、なんともいえない顔をした。矢橋の眼には、ちょうど遊びを禁じられた子供がするような、ちょっとすねたふくれっ面に映った。しかし、一茂には、拒否するような姿勢はなかった。

医者から当分野球をやめなさいというと、ふつうのスポーツママは、心配してオロオロし、「もう一生、野球ができないんじゃないでしょうか……」とうろたえたりする。が、亜希子は、まったく平気であった。亜希子と一茂は、家に帰り、その夜、長嶋と相談した結果、野球を見合わせることに決定した。

矢橋は、治療法として、母親の亜希子と一茂に、すすめた。

「骨を発育させるホルモン剤を服用することと、くれぐれも、右腕を休ませることですよ。休ませるだけでなく、右腕への温熱療法もしてください」

半年後、亜希子と一茂は、ふたたび片山整形外科記念病院を訪ねた。矢橋は、一茂を診断した。ほとんど治っていた。矢橋は、一茂にいった。

「もう大丈夫だよ。バットもボールも、握っていいと思う」

一茂は、目を輝かせてよろこんだ。

が、亜希子は慎重であった。

「わかりました。ありがとうございます。結果を、主人にも知らせまして、一茂のことをどうするか、相談したいと思っています」

その夜、長嶋、亜希子、一茂の三人で家族会議が開かれた。

その席で、長嶋は決断した。

「一茂、人生は長い。いま無理をして体を壊すより、中学校の間は、野球をがまんしろ。体が完全にもとにもどり、そのときなお野球をやりたければ、それからだって、遅くはない」

長嶋は、自分の息子だからといっても、一茂を、ひとりの野球選手になる可能性を秘めた子供として冷静に受けとめていた。一茂の将来を考え、無理な筋肉使いをすることを禁止したのである。

長嶋は、一茂にいいふくめた。

「若いときは、総合的な体力をつけることが重要だ。総合的な体力をつけるには、野球だけじゃない。水泳や、陸上だって、何でもあるぞ……」

一茂は、その直後、総合的な体力をつけ、いつの日かに備えるため、陸上部に入部した。

しかし、陸上部といっても、遊びみたいなものであった。みんな、自己流で練習をしていた。

練習といっても、田園調布中学の運動場は、大田区内の中学で一番小さいので有名であった。

トラック一周は、百三十メートルしかない。縦に百メートルコースがとれるのがふつうの学校の運動場である。

そのような狭い運動場なので、一度にさまざまな体育クラブがグラウンドを使えない。月曜日は、陸上部、火曜日は、バレー部と決められていた。その決められた日以外は、グラウンドで練習ができない。田園調布中学は進学校なので、部活動には、力を入れていなかったのである。一茂は、そのため、練習のできない日は、練習がわりに陸上部の仲間と鬼ごっこをしていた。速くなるわけがない。

一茂は、ビニール裏の汗とりがついたスウェットスーツを着て走った。やはり、体重を気にして絞っていたのである。

一茂は、長距離は、すぐにばてて駄目だが、短距離は、速かった。しかし、最高記録十二秒六であったから、大田区内の中学校でも、そのくらいの記録を出す生徒は、ごろごろいた。

ただし、陸上部内では、一番速かった。

練習は、週に二、三回という程度であった。練習時間も、学校が終わって四時から七時までやり、それで終わりであった。したがって大田区の中学校の競技会でも、目立った成績は残していない。

一茂は、運動は、陸上だけでなく、何でも好きであった。

また、運動能力は、非凡なものを見せていた。特に、筋肉の力、腕の力は強かった。ボール投げにしても、他の生徒とは、基本的なものが違っていた。

特に、ボール遊びは、何でも好きであった。

休み時間になると、かならず校庭に出て、アメリカンフットボールをやった。アメリカンフットボールは、校庭が狭いので、学校では禁じられていた。が、一茂は、そんなことなどおかまいなく、六人くらいの仲間と、タッタタッタと勢いよく校庭の端から端まで目いっぱい使い、走りまわっていた。

他の生徒たちが、邪魔になったが、結構すいすいと間をぬって走っていた。一茂を怒らねばならぬ立場の教師も、一茂が、他の生徒の間をぬって走る姿に、ついうっかり、

〈みごとなもんだな……〉

と見惚れてしまうほどであった。やはり、一茂の反射神経は、抜群であった。

教師は、しばらくして、怒らねばならない立場に気づいた。

「こら！　長嶋、やるな、といったろうが」

一茂は、いったんはやめているが、教師の姿が見えなくなると、またはじめた。注意しても、まったくこたえていない。教師の立場からは、そのへんはおかしい言い方であるが、たくましい感じを受けた。

一茂は、まわりの眼には、とにかくじっとしていると体がおかしくなると感じているように映った。ちょっとでも時間があると、飛びまわっていた。

アメリカンフットボールのほかに、バスケットボール、レスリングをやっていた。冬でも、騒いで暑くなると、学生服の上のボタンをひとつ外し、それだけではすまず、学生服を脱ぎ、半そでシャツで走りまわっていた。学生服は、いつも泥で汚れていた。

雨が降ると、室内でレスリングをした。レスリングの場所は、室内体育館であった。そこは、学校の授業以外は使用禁止になっている。

が、一茂は、例によって教師の眼を盗んでは、いつの間にか室内体育館に入りこんだ。約三メートル四方の大きさの陸上のハイジャンプ用のエアーマットを敷き、その上でレスリングをはじめた。

一茂は、体を動かす、ということに関しては、一種特別な集中力を見せた。体育の授業の時間、教師は、体育館に一茂らを集め、バスケットボールのルールを説明していた。

一茂は、もぞもぞしてほとんど聞いていない。あくびさえしている。

教師は、ルール説明が終わると、基本的動作の説明に入った。ドリブル、シュート、カッティング。それから、守りの方法の説明もした。ゾーンディフェンス、マンツーマンディフェンス……。教師は、一茂がキョロキョロしているので、思わず叱った。

「こらぁ、長嶋！　ちゃんと、聞けよ」

ところが、そのあと、一茂にその基本動作をやらせてみると、まったく初めての動作なのに、じつにスムーズに、要領よく、体を動かしている。教師は、つくづく感心した。

〈こいつは、人間の筋肉に動物の反射神経を備えている。脳と体の動きの間に距離がないのだな〉

しかし、一茂の運動の持続力には、教師も、若干疑問を持った。

一茂は、陸上では、二百メートルを中心に走っていたが、百メートルのときは感じなかったのに、二百メールでは、後半の五十メールくらいから極端に減速する。ほとんど天性の能力だけで走っており、練習をしないので、筋肉に持続性がない。かならずといっていいほど、最後の詰めで抜かれてしまった。

練習を途中で投げる悪い癖が、試合で出た。

一茂は、さらに試合で負けるとものすごく、口惜しがるのに、すぐケロリと忘れてしまう。

「やるだけやった。しょうがない」

と大声でいい、すぐ明るくなる。教師は、この気分転換の早さは、いいことだと思った。

このあたりの気分転換の早さは、父親似といえた。

一茂は、家に帰ってからも、体を動かしていないと満足しなかった。

一茂は、小学校時代から、極真空手の大山倍達や、マーシャルアーツのチャンピオンのベニー・ユキーデに憧れ、「おれは、強い男になるんだ」が口癖であった。

一茂は、大山に憧れるだけでなく、家に帰ると、空手の練習もしていた。長嶋家の庭には、樫の木が植えられている。その樫の木には、ソフトラバーがぐるぐる巻きに巻かれている。

長嶋茂雄は、試合の負けがこんできてストレスが溜まると、真夜中に、この木を蹴った。ドジな選手に当たり散らすかわりに蹴ることもある。ときには、あまりひどく蹴りすぎ、足の指にひびが入ったこともある。長嶋番の記者たちは、このまわし蹴りのための樫の木を、ひそかに〝ストレス解消用の木〟と呼んでいた。

一茂も、父親にならって、その樫の木に蹴りを入れていた。

その蹴りのあまりの凄まじさに、長嶋家の家まで、大揺れに揺れるように思われた。

母親の亜希子が、何事か、と庭に飛び出してきた。

「何やってんの。家を壊す気？」

「手加減してんだけどなぁ……」

一茂の蹴りの犠牲者は、長嶋家の樫の木ばかりではなかった。弟の正明（のち正興）が、いつも相手をさせられた。正明は、空手を一茂より本格的にやっていた。一茂は、正明を、将来マーシャルアーツのヘビー級でやらせたいと思っていたほどである。

正明は、根性にかけては、兄以上のものがあった。長嶋家の庭で、一茂の友達が、バットの素振りをした。その友人も、一茂に負けず劣らず体力があった。思い切り振りまわしたバットが、正明の腹を直撃した。ふつうの子なら、地面にのたうちまわる。が、正明は、一瞬うずくまっただけで、平気な顔をして起きあがった。友人は、てっきり正明が死んだと思ったくらいなのに、むっくり起きあがってきたので、腰を抜かした。

「おまえ、人間じゃねえよ！」

その根性の正明も、兄の一茂とでは体力がちがいすぎた。

「いくぞぉ！」

一茂は、雄叫びをあげると、正明の左足、右足の脛の外側めがけ、一発、二発とまわし蹴りのローキックを入れた。そこは、急所と変わらぬ痛さである。

正明は、二発で、戦意喪失した。

一茂の大山倍達への入れこみは、日を追うように増していった。

中学二年生のとき、大山とヤクルト監督の広岡達朗との対談が、ホテル・ニューオータニでおこなわれた。

一茂は、親しいジャーナリストに、頼んだ。

「ぼくを、その対談の場所に連れて行ってよ。対談のあとに、大山さんと話してみたいんだ」

それが、駄目だとわかると、

「大山倍達は、とにかく一番強い。池袋の大山道場へ行きたい。おれ道場へ通おうかなぁ……」

とまでいいはじめた。

親しいジャーナリストは、一茂にいった。

「駄目だよ、一茂。池袋なんて遠い遠い。やめとけよ」

しかし、そのジャーナリストは、あまり一茂が大山に惚れきっているので、一度、大山倍達にそのことを話した。

すると大山はいった。

「いいですよ。いつでもいらっしゃい、と伝えといてください」

ジャーナリストは、大山の言葉を一茂に伝えた。

「大山さんが、いつでも来いってよ」

そのときの一茂のよろこびようといったらなかった。

「わぁ！　ほんとう、すげえや！」

一茂は、さっそく大山道場を訪ねた。が、大山は留守で、会えなかった。そのかわり、ジャーナリストのもらってくれた大山倍達の『一茂くんへ』と書いたサインをもらった。

一茂は、大山のサインを前に、誓った。

「おれは、強い男になる……」

一茂が、右肘を痛めたときに診断した片山整形外科記念病院の矢橋健一院長は、少年野球では、野球だけで体を鍛えてはいけないという持論を持っている。

発育期の柔らかい、まだ固まらない筋肉は、あらゆるスポーツをすることにより、バランスよく育つ。したがって、一茂の肉体は、まさに理想的な環境で育てられたことになると見ていた。一茂に、野球を休ませたということは、結果的には、一茂にプラスした。

その間、陸上競技を、強制的にではなく、自分のしたいように練習していたということも、少年の肉体の発達にはよかった。

そのうえ、一茂は、水泳、サッカー、スキーもやっていた。伸びる筋肉、縮む筋肉の、両方をまんべんなく鍛える結果となった。筋肉には、たとえば例にとると、腕を伸ばすときには、二つの筋肉、伸びる筋肉と縮む筋肉が拮抗的に動いている。それゆえ、あるひとつの運動ばかりしていると、どちらかの筋肉を片寄って鍛えるだけの結果に終わる。将来プロ野球選手としてやっていくときに、細胞の回復力において遅れをとることになる。つまり、疲労の回復が遅れる。

何がプロの肉体において勝負かというと、いかに早く筋肉疲労を回復し、次の試合に万全の状態で臨めるかが勝負なのである。その意味では、一茂は、本当にラッキーボーイであった。まさに、プロ選手として大成することを運命づけられた肉体をつくっていたのである。

一茂は、スポーツをしているときだけでなく、授業中でも、常に体を動かしていないと気がすまなかった。

同じ姿勢を、じっと静かにとっていることができなかった。首を、左右にコキッコキッと鳴らしながら、倒す。ブルッブルッと頭を振り、膝をゆすり、上半身は、左右に揺さぶる。担任の先生は、その動きを動物園の熊か、虎のような動きのように感じた。

一茂は、中学に入っても、相変わらずじっと座って勉強することを大の苦手とした。体を使ってする学科だけが好きだった。体育はもちろん、技術家庭の木工・金工細工、理科の実験などである。

教室から外へ出たときの一茂は、本当に、生き生きとしていた。

## 昭和五十五年の解任事件と一茂

昭和五十五年秋、長嶋茂雄は、三年間連続で優勝から遠ざかったことの責任を取らされ、解任された。

解任の兆候は、春の宮崎キャンプのときからすでにあった。

宮崎キャンプ打ち上げの二月二十九日の夜の十一時過ぎ、長嶋と同じ青島グランドホテルに泊まっていた知人の部屋に撮影にきていたカメラマンから電話が入った。

「いま、ミスターの顔色がおかしいんだ。来てみてくれ」

知人は、

〈こんな夜遅く、何でいまごろ用があるんだろう……〉

と不思議に思いながら、長嶋の部屋に行った。

長嶋は、その知人がホテルに同宿しているときには、かならずといっていいほど、晩飯を御馳走する。が、その夜にかぎって御馳走しなかった。長嶋に何かあったことは察していた。

長嶋の部屋に入ると、長嶋は、眼を真っ赤にして、焼酎のお湯割りを飲んでいた。

長嶋は、知人の顔を見ると、カメラマンにいった。

「きょうは、きみは、帰ってくれ」

カメラマンは、面と向かってそういわれ、憤然とした。いつもの長嶋は、そういう不躾《ぶしつ》けなことをいう人物ではない。そのカメラマンは、長嶋と古くからの仲でもある。

カメラマンが部屋から出て行くと、知人は、長嶋に訊いた。

「何だ」

長嶋は、殺気立った雰囲気を殺すようにしていった。

「ま、いいんだ。きょうは、飲むんだ」

「おまえ、飲めねぇじゃねぇか」

長嶋は、もともと酒は受けつけない体質である。選手としての現役時代には、飲んでも、ビールをコップ一杯程度だった。ところが、監督になって一年目、巨人の成績があまりに悪くて、寝酒をおぼえた。蕎麦《そば》焼酎であった。それを、コップで四、五杯は飲めるようになった。たいていは、お湯割りであった。夏場だけ、ロックであった。

しかし、その夜は、焼酎をお湯割りにして、あおるように飲む。

飲みながら、吐き捨てるようにいった。

「おもしろくねぇ」

「何が、おもしろくねぇんだ」

そのとき、長嶋は、憎しみをこめた口調でいった。

「正力の野郎！」

その知人も、それまで、長嶋の口から人の悪口は聞いたことがない。その長嶋が、悪口をいったのである。

〈よほど肚《はら》に据えかねたことがあったな〉

と察した。

しかし、長嶋は、どういうことがあったかいわない。知人も、そういうときは、あえてどのようなことがあったかは訊かない。

長嶋は、巨人軍オーナーの正力亨について、さらにののしった。

知人は、思った。

〈シゲがこれほどまで露骨にののしるからには、監督解任問題にまで発展しているな……〉

長嶋は、宮崎キャンプに入る前も、その知人に、ふと洩らしていた。

「今年あたりは、危ねぇんじゃないか……」

しかし、シーズン後半になってからは、「三位になれば大丈夫なんだ」といっていた。

そして、その知人に、六年間の監督生活をふりかえって、巨人軍に賭ける情熱を語った。

「おれは、十年計画でやってきた。短くて、五年計画だ。巨人軍というのは、行きあたりばったりじゃいけない。ちゃんと基礎をつくって常勝巨人にしてからじゃないと、辞められない」

しかし、長嶋解任のシナリオは着々と進められていた。

長嶋解任の外堀は、元巨人軍監督の川上哲治をはじめとする巨人軍ＯＢたちにより、埋められていたのである。

その第一弾は、この年七月二十一日に川上、青田昇、牧野茂、藤田元司、国松彰、瀧安治ら巨人軍V9時代のOBが集まった週刊文春の座談会であった。その席上、長嶋批判が火を吹いた。

その夜の座談会のもようが、第一回『わが巨人軍の再建計画』、第二回『次期監督は、牧野か藤田だ』との見出しで二回にわたって掲載された。

特に、川上が、「次期監督は、藤田」とまで発言し、問題になった。

八月下旬には、正力オーナー、長谷川実雄代表らフロント首脳が、長嶋留任の条件について言明した。

「Aクラス入り、勝率五割以上が条件」

九月下旬には、財界人の巨人ファンの会『無名会』の世話役、野村証券の瀬川美能留相談役、正力オーナー、川上が会談し、「長嶋体制を検討」の噂が流れる。

それに加え、五十六年再建の第一歩として、長嶋が静岡県伊東で若手育成のために、おこなう予定であった秋季キャンプに、横槍が入った。

長嶋は、V3を達成した広島カープにならって、長期再建プランを出していた。

「巨人も、宮崎に広島の日南なみに雨天練習場をつくり、長期的な戦力育成に力をそそぐべきです」

が、その再建プランも、封じられた。

川上を筆頭とするシーズ中から厳しい長嶋批判をおこなっていた一部のOBグループが、ふたたび長嶋の留任路線にプレッシャーをかけてきた。

じつは、川上は、長嶋解任のあとに、巨人軍のフロントに入ろうとしたのではなく、ふたたびユニフォームを着て、自ら監督として入ろうと企んでいるとの噂があった。セ・リーグ会長の鈴木竜二は、その噂を聞きつけ、川上を呼んで釘を刺した。

「哲ちゃん、やめたほうがいい。巨人に行ったら、もめるぞ」

川上は、一言も弁解しないで、即座にいった。

「会長、わかった」


昭和五十四年の伊東キャンプで地獄の特訓を受けた角は、フォームもサイドスローに改造し、昭和五十五年のシーズンでピッチング技術の完成を見ようとしていた。

シーズン最後の十月二十日の対広島戦。試合は、広島市民球場であった。

江川卓が七回を投げた。角が八、九回をリリーフした。打者六人を一安打五三振に抑え、巨人は五対三で勝った。角にセーブがつき、計九セーブとなった。

長嶋監督が祝福してくれた。

「角、ナイスピッチング。おまえは、来年ストッパーだぞ」

「はいっ」

角は、フォーム改造がこういう形で成功して本当にうれしかった。

その直後、長嶋監督は、解任された。衝撃であった。Ａクラス入りなら留任と思っていたからだ。

十月二十一日の夕方五時、長嶋は、大手町の球団事務所で記者会見し、二十二年間の巨人軍生活に別れを告げた。長嶋は、フロント入り要請も蹴っていた。形式は、解任ではなく、あくまで長嶋が、チーム不振の責任をとって、辞表を提出する、ということになった。

後任監督も、川上の思惑どおり、藤田と発表されていた。

「長嶋退任、後任は藤田」を発表する正力オーナー、長谷川代表、佐伯常務三人の記者会見が、前座のように終わると、読売新聞社七階の記者会見場は、主役を迎える緊張感に張りつめた。

テレビの強烈なライトで室内の温度はぐんぐんあがり、三百人を超す報道陣が汗だくになったところへ、たったいま監督の座を降りたばかりの長嶋が、長谷川代表に伴われて席についた。長嶋は、ダークスーツに身を包み平静を装おうとしているが、無理につくる笑顔がひきつっている。

記者たちの質問が、つぎつぎに浴びせられた。

「選手を辞めるとき、巨人は永遠に不滅といわれたが、いま巨人に対し、どんな気持ちか」

長嶋は答えた。

「巨人というチームは、これからも数多いファンに支援されるだろうが、ここ三年ペナントレースに勝てない状態なので、なんとしても再建してほしい。わたしも陰ながら応援していきたい。わたしが辞めても巨人を応援するようお願いしたい」

よどみなく答えていた長嶋の目は、しだいに充血してきた。前夜はほとんど眠れなかったという疲れだろうか。心なしかキラッと光るものまで見えてきた。

長嶋に、記者の質問がつぎつぎに飛んだ。

――優勝はできなかったがAクラスは確保したのに、留任は考慮されなかったのか。

「わたしなりに最後までやったが、幸いAクラスを確保できたのが、せめてものひとつの務めをやったという感じです。若干満足しています」

――自分の構想がフロントと確執があって通らなかったことが、辞任の理由という声もあるが。

「(首を横に振って)いやいや、そんなことはありません。わたしの監督としての力が足りず、成績が不本意に終わったことに責任をとったのです。他意はない」

長嶋は、答えているうちに、あらためて川上をはじめとする陰謀をめぐらしたOBたちへの怒りで、眼の前にならぶ二、三十本もあるテレビ局のマイクを、ひっくりかえしてやりたい衝動にかられた。

――やめないで、というファンの声も多いが。

「(ニッコリして)野球は、結果のみが優先する世界です。しかし、そういった声はうれしく、胸に秘めておきます」

――正力オーナーはマンネリ打破のためといったが、チームはマンネリ化していたのか。

「これは皆さまの判断にまかせます。が、わたしは責任をまっとうすることなくユニフォームを脱ぐのであって、返す言葉もありません」

――巨人は勝つことが宿命づけられているが、監督に就任したときのチーム力は、そういう状態ではなかったという見方もあるが。

「監督を引き受けたとき、自分なりに感じたが、常勝は巨人監督の使命。努力したが実を結ばなかった」

――新しい監督が決まったが、チームを作りながら勝たなければという苦しみはつづくのでは。

「(ウーンと考えて)それはあると思います」

――ユニフォームを脱いだら野球とは縁を切るのか。

「(しんみりと)二十三年間野球に打ち込んできたので今後は自分の足もとを直視して、ゆっくりこれからの人生を考えてみたい」

――何年か後にユニフォームを着ることがあるか。

「それはわかりません」

その後、巨人軍若手への期待感、コーチ陣にもあいさつしたいと語ったあと、家族が辞任を知っているか、と聞かれた。

長嶋は、亜希子や、息子の一茂のことを思い浮かべながら、断腸の思いで語った。

「あるていど話してある。女房もファンの皆さんに申しわけなく思ってます。この場を通じてファンの皆さまによろしくお伝えください」

こうして、プロ球界最高峰に君臨した〝ミスター・ジャイアンツ〟のお別れ記者会見は終わったが、最後まで後任者の〝藤田〟の名は、長嶋の口から出なかった。

長嶋は、その夜、自家用のトヨタ・センチュリーに乗り、口惜しさを嚙みしめながら田園調布の自宅に帰った。長嶋は、後部座席の左側に座っている、何事も心を許して話し合える人生の先輩である知人に釘を刺した。

「家に帰って、女房や息子の前で、絶対に悪口をいっちゃ駄目だよ」

長嶋は、この期におよんでもなお、川上らの悪口をいうまい、とおのれにいいきかせていたのである。

これからいっしょに自宅に行く知人が、妻や子供たちの前で、「川上の野郎！　藤田の野郎！」とののしらないように釘を刺したのであった。

長嶋邸に到着し、居間に入ると、亜希子が、強張った表情で黙ってソファーに座っていた。重苦しい沈黙がたれこめていた。

長嶋は、一言も発しない妻を慰めるため、自分の苦しみをかくし、はしゃぐようにいった。

「亜希子さん、今度さ、ぼくと、ゆっくりねぇ、子供ともゆっくり、どっかへ行けるよ。今度は、早くうちへ帰れるからさ。一年のうち、ずっとうちにいるよ」

知人は、長嶋のやさしさをわかりながらも、長嶋がはしゃぎ過ぎるので、苛立ちはじめた。

〈こんなときは、男は、怒らなくちゃ駄目なんだ〉

そこに、一茂が入ってきた。一茂は、唇を血が滲むほど噛んでいる。顔に怒りがあらわれていた。一茂は、ソファーに座り、唇を噛みつづけていた。

知人は、一茂の気持ちを少しでもほぐそうとして、声をかけた。

「頼まれていたシューズを、買ってきたぞ」

一茂の靴のサイズは、中学三年生にしては、桁外れに大きい二十八センチである。そのためふつうの靴屋にはない。知人が、わざわざ神田の『ミナミスポーツ』でナイキというアメリカ製のバスケットシューズを買い、持ってきたのであった。

知人は、鞄《かばん》からバスケットシューズを取り出し、一茂に渡した。ところが、いつもだと「ありがとう」と素直によろこび、その場ですぐに履いてみて「これで、ちょうど合うよ」と感謝の気持ちをあらわす性格なのに、この夜にかぎって、「ありがとう」もない。一茂の頭の中は、父親が解任されたことの悔しさと怒りで、いっぱいであったのだろう。

一茂は、父親が現役を引退し、巨人軍の監督に就任していらい、父親とともに苦しみ、怒ってきた。激しいマスコミの非難は、ミスター・ジャイアンツとして栄光に包まれつづけてきた現役時代にはありえないことであった。

監督一年目の昭和五十年には、十一連敗までし、巨人軍史上初の最下位になってしまった。マスコミは、長嶋監督に〝無能監督〟のレッテルを貼り、集中砲火を浴びせた。

当時小学校四年生であった一茂は、父親を、昨日までスーパースターとして持ちあげておきながら、手のひらを返したように罵詈雑言を浴びせるマスコミを、憎んだ。そのマスコミの記事を見て、同級生たちが一茂を白い眼で見るのだ。

一茂は、中学一年生のとき『父と子　大リーグ観戦ツアー』に参加した。このときも、同行した記者と口もきこうとしなかった。父親代わりについて行ったジャーナリスト以外は、記者が近づくと、下から睨みつけるようにして見た。

睨みつけられた記者のひとりが、からかい気味にいった。

「おれは、お父さんの友達だよ。いつも家に行って、会ってるじゃない。そんなに睨むなよ。そうか、まだ、小便たれてるガキだもんなぁ、無理ないか」

一茂は、

「いいじゃない」

といって、また記者たちを睨んだ。マスコミに対しては、五十年の巨人最下位事件いらい不信感が拭えなかったのである。

一茂には、父親が、解任の夜だというのに、何事もなかったかのように、明るくふるまうのが、よけいに悔しかった。情けなくないのか、悔しくないのか、という父親に対する憤懣《ふんまん》をぶつけるように、父親に訊いた。

「お父さん、どうして監督を辞めるんだ。説明してくれ」

長嶋は、即座にいった。

「一茂、巨人軍は、優勝できなかったからだ。一番じゃなかったからだ。二番でも、三番でも、駄目なんだ。それだけだよ。わかるか」

一茂には、それだけでは、どうしても納得できなかった。

そのうち、知人が、川上をののしった。

「あのやろう。すべては、あいつの仕組んだ陰謀だ」

一茂も、形相をゆがめて、ののしった。

「あの野郎！」

長嶋は、ふだんは、けっして人の悪口をいわない。それどころか、家に帰る車の中でも、知人に「家では絶対に悪口をいうんじゃないぞ」と釘を刺しておいたほどである。いつもなら、「おい、一茂、人の悪口いうんじゃない！」と叱るはずなのに、長嶋は、この夜にかぎって、一茂が川上一派をののしるのを止めなかった。長嶋も、さすがに川上一派の策謀を肚《はら》に据えかねていたのである。

亜希子は、二時間たっても、なお一言も発しようとはしなかった。

知人が、亜希子を慰めるようにいった。

「亜希子さん、しょうがないよ。これからもシゲは、大丈夫だ。心配ないから」

亜希子は、それでも口を開こうとはしない。

そのうち、一茂の姿が居間から消えた。

知人は、長嶋からすすめられた竹に詰めた菊正宗を飲んでいっしょに悔しさをまぎらわせていたが、いつのまにかいなくなっている一茂のことが心配になってきた。長嶋に訊いた。

「おい大丈夫かい、一茂は……」

長嶋は、一茂については別に不安はないらしいが、青白い沈痛な顔でいった。

「バットでも、振ってんじゃないの」

じつは、そのとき、一茂は、庭に出て、荒れ狂っていたのである。サッカーボールを蹴飛ばしたり、庭木を蹴ったりしていた。

長嶋も、監督時代、試合に負けると、あまりの悔しさに、よくダッグアウトにあるバケツを蹴飛ばしたりしていたが、一茂は、そういう一面も父親にそっくりであった。

一茂は、蹴飛ばし終わると、すさまじい形相で、星空を睨みつけるように見ていたのである。

この日、朝方には雨が降っていたが、午後にはやみ、空には星も出ていた。

一茂は、歯を食いしばって、星を睨みつづけていた。そのうち悔しくて悔しくて、涙があふれ、頬に伝わった。一茂は、このとき、父親を追いこみ、監督を解任した勢力を、いつか見かえしてやろうと誓った。

〈よし、おれは、また野球をやる！　お父さんのように、りっぱな選手になってみせる。あの野郎たちを、見かえしてやる！〉

同じころ、居間では、知人が長嶋に訊いた。

「一茂は、バットを振る気になったのかね……」

長嶋は、ずばりいった。

「あいつ、野球やるんじゃないのか」

長嶋の動物的ともいえる勘のよさであった。

知人は、庭に出てみた。星空を睨みつけている一茂の横顔に、はっとした。これまでのヌーボーとした一茂の顔とは別の顔がそこにはあった。すさまじい形相であった。頬に、悔し涙が伝っているのが、はっきりと見えた。知人は、あらためて長嶋の言葉を思い出した。

〈そうか、一茂は、野球をはじめるかもしれんな……〉

この夜こそ、本格的な、ミスター二世の誕生の日であった。

知人は、夜中の二時過ぎになり、長嶋にいった。

「おれは、あす仕事があるから、もう帰るぞ」

長嶋は、

「あした連絡する。話したいことが、ヤマほどある」

長嶋は、さらに、それまでの長嶋ならけっしていわないことを要求した。

「あした、仕事を休んでくれないか。おれにとって、きょうのような日のあしたという日は、一生のうちに何度もないことなんだ」

知人は、長嶋の肚《はら》のうちが煮えくりかえり、打ち明けたいことが噴火しそうなほど溜まっていることが、わかりすぎるくらいわかっていた。

「おれは、休めないよ。しかし、おまえから電話があれば、都合をつけて、かならず会いに行くよ」

知人は、長嶋家の伊藤運転手にトヨタ・センチュリーで送られる途中、訊いた。

「一茂は、どうした？　ちゃんと寝たのかな」

「いえ、『この野郎！　この野郎！』といいながら、多摩川の土手のほうに行きました……」

知人は、一茂の無念さをあらためて思った。

翌日の朝の十一時過ぎ、知人の職場に、長嶋から電話がかかってきた。

「ホテル・ニューオータニへ来てくれ」

「なに、飯でも御馳走してくれるのか」

「これからのことを、相談したい。おれルンペンになっちゃって、これからどうすればいいんだ……」

知人は、ホテル・ニューオータニへ行った。が、ロビーに、巨人軍の者がいた。それで急遽、ホテルの裏の弁慶橋のそばにある赤いレンガ造りの中華料理店『維新號』に場所を変更した。

知人は、人生の先輩として、まず長嶋を慰めた。

「おまえが大きければ大きいほど、ぶつかるんだ。おまえに力があるから、悪口いわれんだよ。税金だとしたら、しょうがねぇ。人間、何にも文句いわれなくなったら、おしまいだよ。川上は、おまえを敵だと思ってる。大したもんだ。あの野球の神様の川上が、おまえを強敵だといったんだから、大したもんだ。おれは、うれしいんだよ」

しかし、長嶋の川上一派への怒りは鎮まりそうになかった。長嶋は、悔しさに顔をゆがめて語った。

「若手選手を徹底的に鍛え直すため、去年の十一月に、地獄の伊東キャンプを張ったんだ。その伊東キャンプで、やっと将来の巨人の財産となるべき若手の選手の戦力アップのメドがたった。その若手選手を采配し、来シーズンの首位奪回を果たそうとした矢先の解任だ」

長嶋第一次政権五年目の昭和五十四年十一月のこと。巨人軍は、リーグ五位に甘んじた。長嶋監督は、コーチ以下主力選手二十人を引き連れ、伊豆の伊東でキャンプを張った。いわゆる巨人軍の歴史の中で〝地獄の伊東キャンプ〟と語り継がれる猛特訓である。

中畑清、篠塚利夫、松本匡史、山倉和博、平田薫、中井康之、西本聖、角盈男、定岡正二、

江川卓ら二十人だ。そのメンバーのひとり、角の語る伊東キャンプの泣き笑いである。

左投手の角は、このキャンプで、それまでのオーバースローから、サイドスローにフォームを改造した。

角は語る。

「とにかく伊東キャンプってのは、めちゃくちゃしんどかったんですね。宿舎がグラウンドのそばにある。グラウンドにスタンドがあって、スタンドといっても、きちんとしたスタンドじゃなくってね。垣根で囲われてるようなのじゃなく、ただの石段なんです。その石段降りてくと、もうグラウンドなんです。だから、起きたら即練習って感じです。ピッチャーの場合だと、午前中投げるだけ。午後は走るだけ。非常に単純明快なメニューなんです。春のキャンプじゃないから試合が控えてるわけでもない。だから、体が壊れたら東京へ帰って治療してくださぁい、です。要は、そこまでやれってことですね。でも、みんな誰ひとりとして壊れてリタイヤしたやつはいなかった」

そういって、角は淡々と語った。

「そりゃもう悲惨というか。ま、当時だから監督の意図することと選手の考え方とが一致したと思うんですね。長嶋監督がそこでいったのは、『レギュラーポジションは与えられるもんじゃない。自分でうばいとるもんだ』と。ちょうどV9戦士がほとんどいなくてチームはガタガタになっていて、われわれ若手が監督の期待に応えようともがいている状態でした。だから、そういう言い方で選手個々の向上心を燃えさせようとしたんでしょうね。そこは温泉があるんです。みんな練習終わって温泉の風呂に入るんですが、もうクッタクタで、みんな、その洗い場でごろごろマグロのように寝てましたね。だぁれも立てなくて動けなくて。かって味わったことなかったし、その後の巨人の選手も味わったことないんじゃないですか。二度と味わいたいとも思いませんね。でも、あれがあったから、みんな結局独り立ちしましたもんね」

長嶋監督も、当時は四十四歳と若い。元気溌剌《はつらつ》としていた。まだ充分現役でサードを守れると思わせるような動きをしていた。

中畑が、とくにノックの餌食になった。個人ノックの量も半端じゃなかった。箱に入ったボールが何箱も空になっていく。一人何百本という単位だ。疲れてふらふらになってくると、選手もいいかげん頭に来る。

「この野郎！」

中畑も、ふらふらになっていた。そこに長嶋監督がやってくる。

「おい、ちょっと、おれにやらせろ」

長嶋監督直々にノックの嵐だ。

ここは、長嶋お得意のマスコミサービスである。

長嶋監督が、パッパッとノックを浴びせる。くたびれはてた中畑は、ついに切れてしまう。

「この馬鹿野郎！　長嶋の馬鹿ぁ！」

「おっ、キヨシ、いいじゃないかぁ、えぇ」

それで、またノックを浴びせる。

長嶋監督独特のコミニュケーションであった。うまく中畑を乗せて能力を引き出してしまう。

最後は、本能的に打球が来たら体が動く、いわゆる球ぎわに強い選手がほしいのだ。

長嶋監督は、ピッチャーに関しては、ピッチングコーチにまかせていた。が、ピッチングに関係のない午後のランニングになると、いつの間にか現れる。

その日は、投手陣は、グラウンド二十周のランニングが義務づけられていた。

「カーッ、二十周かよ……」

みんな絶望的な気分になっている。ペース配分を考えて各自コントロールしながら走っている。二周もしたころ、長嶋監督が、スッとランニングの列の中に入ってきた。

あのカン高い声でいった。

「なぁんだぁ、えぇ、元気ないじゃないかぁ。どしたんだぁ」

長嶋監督は、角たちの尻をポンと叩くなり、いきなり先頭に躍り出た。

「行くぞぉ！」

長嶋が、全力疾走する。まだまだ韋駄天《いだてん》ぶりは衰えていない。四十歳代の中年に負けるわけにはいかない。まして相手は指揮官だ。投手陣は、長嶋に負けじと全速力で追いかけた。

二周ほど全力疾走した長嶋は、タッタッタッと並み足に替えながら、立ち止まった。ふうっと大きく息をつくと、いった。

「ハイッ！　どうもぉ、ありがとう。頑張んなさいよぅ」

長嶋は、そういってスッと姿を消した。

後に残された投手陣は、ドッと疲れが出た。あんなハイペースでどこまで走るつもりだ、と疑心暗鬼になりながらも、いやいや長嶋さんならやりかねない。だから、スピードを落としてチンタラ走るわけにはいかない。角は走りながら思った。

〈おれらは、あと十四周も十五周もあるのに、どうしてくれるんや。こんなに息が上がってるというのに〉

長嶋は、勝手にやって来て勝手に走って勝手に去って行った。

しかし、いつの間にか長嶋の魔力に引き寄せられ、思わず後ろについて走ってしまう。長嶋は、自分ひとりで勝手に盛り上がって走っているのに、周囲を引っ張りまわす摩訶不思議な力を持っているのだ。

選手を勢いづかすこと、思わず練習させてしまうこと、これが長嶋流だ。

練習なんて、もともと選手はいやなものだ。しかし、いやなことをやらないと勝負に勝てる体力を作れない。それは決して楽ではない。長嶋監督は、きつくいやな練習をいつの間にか夢中になってやらせてしまう。そして、ひょっとしたら、いつの間にか楽しく夢中に練習しているとしたら。

夢中になってやっていたら、いつの間にかものすごい練習が終わってしまっていた。

角は、そのときは、ピッチャーに関しては、ほんとにいいかげんな人だと思った、という。

しかし、ヤクルトと巨人のピッチングコーチを経験したいまになってみると、長嶋監督のことがよくわかるという。

二十周なら二十周の走り方をすれば、持久力はつく。持久的に自分の体を馴らしていくことはできる。しかし、自分の限界はわからない。壊れるか壊れないかの限界がわからない。何周かでも全力疾走をしてみて初めてわかることがある。限界を超え、しかも自分の体が壊れていないことが確認できる。それは自分の限界が高い段階に一段上がったということになる。

角がのちになってわかることだが、長嶋監督は、技術力の向上をもちろん求めていた。しかし、長嶋監督が選手に求めていたものは、技術プラスアルファであった。

技術を追求しただけでは勝てない。プロ野球の選手は、そんな高い技術を持った人間の集まりだ。似たような素晴らしい才能を持った選手集団同士が対決して、どこに勝負の分かれ目があるのか。それは、プラスアルファである。

どんなにバランスを崩していても、かならずヒットにしてしまうとっさの判断と筋肉の動き。バッティングフォームはこれでもかと基本を磨くが、いざ試合となったら、バッティングフォームじゃない。それは、当てないとしかたない、と思う気持ちだ。

バッティングの極意をある記者から尋ねられた長嶋は、いともさらりといってのけた。

「来た球を打つことです」

その記者は、馬鹿にしてるのか、と思ったそうだ。しかし、何十年か経ってみて、長嶋茂雄のこの言葉を嚙みしめることがある、という。すると、なんだかとてつもなく深い言葉に思えてきたのだそうだ。

来た球を打つ。だが、打てないのだ。なぜ打てないか。それは、バットに球が当たらないから。バットに球が当たるように体がバットを持っていけないから。そのように体が動かないから。そして、そのように体が動くには、無意識にバットが出てしまう練習を積み重ねるしかないのだ……。

長嶋は、あらためて地獄の特訓で鍛え上げた選手が才能を開花するのを見届けることなく監督業を断念させる辛さ、無念さを知人に語った。

「巨人軍は、不滅である、と伊東キャンプでの成果を見て、思ったのに……」

川上から、弱くなった巨人を引き受け、ようやく若手を自分の手で育てたところを、藤田が使うことにたえられないようであった。

長嶋は、食事をはじめると、将来への不安を洩らした。

「これから、どうしよう……」

知人は、長嶋にいった。

「これからどうしたらいいかって、そんなこと、考えるな。ガタガタするな。おまえは、堂々としてろ。あすから食えないんじゃねえんだから、ドーンと構えてろ。そしたら、ちゃんと仕事が来るから、心配するな。〝事あるが人生〟だ。いろんなことが人生なんだから、心配するな」

長嶋は、感心したようにいった。

「先生、いいこと知ってるねぇ……」

知人は、思っていた。

〈こんなことがなければ、シゲは、人生いつも有頂天できて、一生いいことばかりだ。こんなことがあって、ちょうどいいんだ。監督に返り咲いてまた活躍すれば、こういうことが、あったあとだから、いっそうおもしろいじゃないか……〉

それから一週間後、一茂が、真剣な表情で父親に申し出た。

「お父さん、野球やるよ。高校行って、野球やるよ」

長嶋は、赤ら顔を、いっそう輝かせ、興奮しながらいった。

「よし、よし、やれ」

しかし、一茂がふたたび野球をはじめることに対し、亜希子は賛成ではなかった。

解任の夜に同席していた知人に、亜希子は不安そうにいった。

「一茂は、あんなことというけど、どうしたものかしら……」

知人は、決然としていった。

「一茂が、お父さんがクビになった日に、天をあおいで、おれは、やる、と誓ったんだ。やらしてやるしかないじゃないですか」

亜希子は、プロとして過酷な戦いをつづけてきた長嶋の妻として、プロ野球選手の苦しさを知りつくしていた。

「こんな辛い商売はないのに……」

が、結局、夫と一茂の意見にしたがった。

一茂は、野球を再開すると決めると、信頼できる父親の古くからの友人に決意を語った。

「どうしても、立教高校へ行きます。そしてお父さんが着た、あの縦縞のユニフォームを着て、野球をやりたい。中学の三年間、野球をやらなかったけど、もう一度、リトル・リーグいらい休んでいた野球に挑戦します。立教で野球をやるためには、まず入学することが先です。立教高校は、野球部への推薦制度はないから、テストを受けて入る。そのために、必須三科目は、家庭教師を頼んでもマスターし、絶対に合格するんです」

一茂は、その決意どおり、その日から、猛勉強をはじめた。火曜日と土曜日の二回、家庭教師をつけてもらい、さらに週に四日、近くの多摩川園駅そばにある進学塾『田園調布進学ゼミナール』に通い、特訓を受けた。

一茂は、努力の甲斐あって、第一希望の立教高校に合格した。合格したことがうれしくてたまらなかった。

一茂は、野球部に入部した。

昭和五十八年七月二十七日、埼玉県所沢市の西武球場で、埼玉県予選の準々決勝、立教対春日部共栄戦がおこなわれた。

長嶋も、一茂がどんな試合をしているかが気になり、ついに一茂の出場する試合を観に出かけた。

三浪中とはいえ、人気タレント以上のハードスケジュールをこなす長嶋が、「家にジーッとしていられず、ついに来てしまいました」と一茂の応援に駆けつけたのであった。

ふつうの父親なら、毎試合でも観戦できる。が長嶋は、いろいろと周囲に気を遣い、一茂の試合を観戦するのは、これがはじめてであった。

このときは、一茂はすでにスタメンで、しかも四番を打っていた。背番号も、父親と同じ「3」であった。

長嶋は、一茂が、自分は行けなかった甲子園に出場するかもしれないことをよろこんでいた。そのときの費用と考え、野球部に一千万円も寄付していた。

長嶋は、テレビ埼玉の第一テレビ放送室で観戦することになった。

亜希子夫人も、この日は夫といっしょに田園調布の自宅を出て、浦和市内の友人宅で、テレビを通して一茂の試合を見守ることになった。

決勝戦まで進出すれば、長嶋は、亜希子夫人とともども観戦する予定にしていた。

新聞記者席横の放送室に入った長嶋は、「やはり、ドキドキしますねぇ」と身を乗り出し、観戦をはじめた。

球場職員も、長嶋が来ていると知ると、ついソワソワしはじめた。

長嶋茂雄に気づいたスタンドも、ざわつきはじめた。やはり、いつもとちがう雰囲気になった。

「四番、ファースト長嶋君、背番号3」

ウグイス嬢のアナウンスがひびく。

一茂が、打席に立つと、五千人を超える観衆で埋まった球場がどよめいた。

守備位置以外は、親子ともまったく同じである。

テレビ、新聞、雑誌などのマスコミ各社の報道陣も、長嶋ジュニアの一挙手一投足を追う。

一茂の打席での構えは、ぐいと懐を広げて、黒バットを立てて構える。身長百八十一センチ、体重七十九キロは、立教高校ナインの中でも、一、二を争うほど立派な体格だ。キュッと引き締まったヒップも、若さにあふれている。なかなか格好がいい。

ところが、一打席目は、みごとなほどの大振りをし、三振してしまった。

二イニング目、ファーストを守る一茂が、二塁へ悪送球してしまった。

放送室から見守る長嶋は、「ウワー、やっちゃった！」と大きな動作で、まるで自分が失敗したように悔しがった。

長嶋は、その後も、一茂が打席に入るたびに息を殺して見守っていた。一茂も、父視が観戦していると思うと、さすがに緊張した。

一茂は、中学時代に野球から離れていたハンディがあるので、父親の前でときどきスイングをしてみせた。そのようなとき、父親は、アマチュア規程に抵触するので直接には教えなかった。ただ険しい表情でいった。

「練習以外の解決はない」

一茂は、いまその練習の成果を、父親に見てもらうのだと思うと、よけいに気負い、力が入った。

一茂は、この日、ついに四打席ノーヒットに終わってしまった。今大会で、もっとも悪い成績であった。しかし、立教は、三対二で春日部共栄を破った。その瞬間、放送席の長嶋は、

「やったぁ!」と叫び、観戦のガイドをつとめていた立教高校の生徒部長である三浦照幸先生に思わず握手を求めた。

　球場から田園調布の自宅にもどってスポーツ新聞の記者のインタビューを受けた長嶋は、一茂以上に悔しがった。

「ちょっと気負って、大振りしてましたね。でも、五回のセンターフライは、バットのヘッドがあと少し抜けていれば……」

　長嶋は、一茂が千百グラムの重い金属バットを使っていることにも触れてアドバイスした。

「あれでは、重たすぎますよ。もう少し軽いバットを使わなければ……」

　一茂は、このときの父親のアドバイスを守り、次の準決勝の試合には、千百グラムの金属バットを、九百三十グラムに変えた。

　長嶋は、初観戦の夜のインタビューで、一茂の今後の活躍に期待していた。

「準決勝、決勝とだんだん相手がきつくなるけど、めったにないチャンス。甲子園に、ぜひ行って欲しい」

「二十九日は、スケジュールの都合で見に行きたいが、行けそうもない」

　と残念がっていた。

　一茂も、この日インタビューを受けた。

「あれ？　父が来ていたんですか、知らなかった」

　ととぼけて見せ、この日の試合をふりかえった。

「ぼくより相手のピッチャー平塚君のほうが、力が上でした。でもチームが勝ったんですから」

一茂は、七月二十九日、準決勝戦に出場した。対戦チームは、所沢商であった。

所沢商の前田、立教の高柴の熱のこもった投げ合いで、無得点のまま延長にもつれ込んだ。

延長十回、一茂が二塁打したが、得点できず、その裏、立教に〝悪夢〟が待っていた。

先頭打者の内野が左前安打、送りバントの後、四球で一死一、二塁。

ここで二番山下が右前にヒット。本塁上でクロスプレーになったが、判定はセーフ。立教にとっても長嶋にとってもこの一瞬、甲子園の夢は消えた。

ベンチに戻ってきた一茂は、

「絶対にアウトだと思った。力を出し切ったから、悔いはないけど……」

といいながらも、いかにもサヨナラ負けが悔しそうであった。

この日四打数二安打の一茂は、

「父が行けなかった甲子園に絶対に行きたかった。でも、仕方がありません。立大に進学しますが、野球をつづけるかどうか、まだ決めていません」

と涙こそ見せなかったが、唇を嚙みしめて、球場をあとにした。

このため、長嶋茂雄が、立教高校野球部に甲子園出場のため寄付した一千万円は使い道がなくなってしまった。

亜希子夫人も、悔しがった。なにしろ、亜希子夫人の頑張りようはすごかった。合宿所へ果物や肉三十キロを届けたりもし、さらに、洗濯や、料理づくりに、せっせと合宿所に通っていた。

一茂は、今年こそ、甲子園に……と燃えたが、夏の県予選準決勝で、立教は負け、甲子園への夢は断たれてしまった。一茂は、さすがに強いショックを受け、試合後は、いつもの一茂に似合わず、落ちこんでいた。

## 一茂、父と同じ立教大学野球部へ

長嶋一茂は、立教大学への進学が決定した。真っ先に野球部に行き、山本泰郎監督に申し出た。

「サードをやらしてください」

山本監督は、そんな一茂に惚れこんだ。

〈父親と比較されるのがわかりきっているサードを志願するとは……〉

山本監督は、さらに次の一茂の言葉が気に入った。

「父親は、ぼくにとってプレッシャーなんです。それがぼくを支えている。これから先のことはわからない。自分なりにやるしかない」

父が自分のプレッシャー……。長嶋茂雄は、息子の胸の中にどっかと腰をおろしている。長嶋家の父子関係が見えてくる気がした。

山本監督は、一茂が高校三年の夏、試合をすでに観ていた。一茂のスイングは、記憶にあった。入部早々、バットを振らせてみた。

山本監督は感心した。振りが、高校時代とまったくちがい、鋭くなっている。

山本監督は、わざとカマをかけてみた。

「おい、おまえ、ずいぶん振りがよくなっとるなぁ。去年の印象とちがうが、オヤジさんに見てもらったのか」

一茂は、にやりとしてみせた。

山本監督は、一茂が入学する前の三月二十日から二週間、毎日、練習の終わったあと特打を一時間は実施した。

山本監督は、一茂を預かるなり気づいた。

〈この子は、小学校からずっといままで、ほとんど長嶋の子ということで自然発生的に人の注目を浴びてきただけだ〉

そこで、一茂に強烈な自己意識をもたせるには、どうしたらいいか。まずそれを考えた。

それには、まず何でもいいから、彼を実戦的に使おう。最初から、試合に出すことに決めた。同好会に毛のはえた程度の立教大学野球部のことだ。そうでもしなければ、長嶋の潜在能力は埋もれてしまう。

この点では、山本監督は、長嶋を特別扱いし、他の部員に憎まれても文句をいわせないと思った。

〈この子は、自ら奮い立たせて自分を高めていくタイプの子ではない。だから、休む間を与えず、鍛えて鍛えて鍛えぬいたほうがいい……〉

昭和五十九年四月十四日、東京六大学春のリーグ戦が開幕した。午前十一時三十分からの入場式に引きつづき、咋秋の覇者法政大学と立教大学の試合がおこなわれた。

一茂の、春のリーグ戦の成績は、十一試合に出場し、三十四打数五安打。一割四分七厘に終わった。大学に入りたての一年生の成績としては、まずまずであった。

　山本監督は、春のリーグ戦が終わるや、グラウンドにある室内練習場で、一茂の特打をした。そのとき、山本監督は、最初にして最後の忠告をした。

「おまえは、長嶋茂雄の息子ということで、いままで何でも父と比較され、また新聞記者からも訊かれてきたことと思う。おれがこれからいうことは、最初で最後だ。ようく聴いておいてほしい。あえておまえの親父のことを引き合いに出す。立教大時代の長嶋さんの出る試合は、七回や八回になっても、客は帰らず、じっと観ていた。なぜだかわかるか。それは、長嶋さんのプレーが、人の眼を釘づけにしたからだ。そのプレーは、一朝一夕になったものではなく、血反吐《へど》を吐くような練習によって生み出されたものだ。野球は、走って、投げて、打って、捕って……の四拍子も五拍子もそろっての総合的なスポーツだ。おまえの父は、そのすべてを備えた、素晴らしい選手だった。おまえは、その父を乗りこえる選手になれ。おまえは、打つのが好きなようだ。だが、守りもきちんとできなければ、一流選手ではない。打つのは、誰でも好きだ。だが守りになると、好き嫌いがある。それにどちらにしても、反復、繰り返しすることによってしかうまくならない。おまえの父は、ありあまった才能を持ちながら、なおかつ反復、繰り返して技を磨いた。いいか、おまえとおまえの父を比較するのは、このいまだけのただ一度だけにする。よく考えるんだな」

　一茂は、神妙な顔をして聴いていた。だが、嫌な顔は、していなかった。

父親がスーパースターである息子は、特に野球の場合、父の道をたどらないことがふつうである。大学へ入っても野球部に入ることもしない。だが、一茂は、あえてそれを試みた。体があるていど動くからか、どうせやるなら父親にチャレンジしようとしたのか、山本監督には、わからない。

一茂の場合は、そういう父と子の相克というのが、幸いなことというか、不幸というか、なかった。

父親が、自分が何か一茂に対してものをいうと、本人に対するプレッシャーになるというのを恐れ、長嶋は山本監督ら指導者に対しても、マスコミに対しても、口を閉ざした。

が、逆に見れば、山本監督たちのほうも、長嶋茂雄というスーパースターが何ものをいわないと、いわないということだけで、それが逆に負担になってくる。だから、長嶋には、もっとフランクにやってもらったほうが助かった。

大学の野球部は、プロとはひとつ別の側面がある。教えることが重要なファクターである。だから一言、「山本、倅を頼むよ」といってもらえれば、山本監督らも、一茂をあつかいやすかった。

山本監督は、一茂にもいい、別の部員にもよくいった。

「もし、いまグラウンドを走っていて、穴ぼこがあったら、おれは、次に走ってくるやつに教えないぞ。長嶋、どうだ、おまえだったら教えるだろう。危ないから気をつけろ、とな。また、ここにうまそうな刺身が置いてあるとしよう。おまえならそれを食ってうまかったら、人に

『ここにうまい刺身がある』と教えるだろう。だが、おれなら先に食ってしまうぞ。これは例えだが、世間は、そんな連中ばかりだぞ。仲良くクラブで野球をやってもいいが、いまの野球部の姿がそのままプロ野球や、世間の姿と思うなよ。人間が肉体的に同じ条件にいたら、人の足を引っぱってでも、おれはやるんだ、という気迫をもたなくてはならんぞ……」

一茂は、十月一日の一年秋のリーグ戦の対早大戦で、足立修投手から、左翼席に初ホームランを叩き込んだ。

父茂雄の大学での初ホームランは、昭和三十年九月十日、二年生の秋のリーグ戦の対早大一回戦で、木村保投手から奪ったものだった。一茂は、父より一年早かった。

一茂は、二年生の春の東京六大学野球では、四月二十二日の法政大学との試合で、早々とこの年二号目のホームランを放ち、大学入学いらい三号目を達成してしまった。

マスコミは、書き立てた。

「もう、あの長嶋さんの息子というだけで注目されるんじゃない。六大学のスター、ホームラン打者として一茂君は一本立ちした」

長嶋が、第三号を放ったのは、二年生の秋であるから、一茂は、ホームランに関しては、長嶋より早いペースであった。

結局、春のリーグ戦では、もう一本ホームランを放ち、通算四号目に達していた。

打率も、一年の春は、一割四分七厘、秋は、一割五分四厘、二年の春は、二割五分九厘と盛り返した。

が、二年生の秋のリーグ戦では、一割九分五厘と低迷した。左手首が腱鞘炎《けんしょうえん》になり、あまりの痛さにバットが満足に振れなかったのである。〝六大学野球史上最弱の四番打者〟とからかわれた。

結局、一茂の三年の春のリーグ戦の成績は、あまりにもパッとしなかった。本塁打一本、打率一割七分六厘と低迷していた。一茂よりは一級下で、五番を打っていた九十六キロの巨漢の矢作公一、通称〝立教のドカベン〟に、冗談半分でいった。

「おい、矢作、おまえ、一茂に、打ち方教えてやれよ」

矢作は、その春リーグ戦で、四本もホームランを放っていた。

矢作は、困ったような顔をしていった。

「だって先輩は、頑固ですから、おれなんかのいうこときませんよ」

ところが、一茂に異変が起こったのである。

一茂は、大学三年の夏のキャンプで、新潟県刈羽郡小国町へ行った。

立教大野球部は、予算も少ないので、田舎の辺鄙《へんぴ》な場所へキャンプに行く。

このキャンプに、長嶋と同級生の立教大野球部の大先輩で、のち阪急に行き活躍した本屋敷錦吾が、練習を見に来てくれた。本屋敷は、このときは自営業で、すでに野球関係者ではない。が、元プロ野球選手だから、かつての淡河事件の二の舞いになってはと、事前に六大学野球連盟に許可を得て、新潟のキャンプ地へコーチに来てくれた。

このキャンプでは、選手全員、本屋敷のノックを受けたり、話を聞いたりした。が、もっともマークされたのは、一茂であった。

本屋敷は、一茂の練習を見るなり、怒鳴った。

「なんだ、長嶋は、全然成長しとらんじゃないか！」

本屋敷は、一茂を、一年の入部早々のときに見ていた。そのころから、どのくらいのびているか楽しみにしてきた。しかし、案に相違してのびていない。他の部員が、そばで聞いていても恐ろしいほどの言葉を、一茂に浴びせかけた。

それから一茂だけには、練習が終わってもいつも二時間近く昔の砂押監督のもとでの練習話などを懇々と話してきかせた。

本屋敷は、一茂にいった。

「おまえのオヤジと比べると、大学一年のときは、おまえのほうが、うまかったな。少なくとも、守備は、オヤジよりいいよ。オヤジは、フィールディングなんかギクシャクして、見ていられなかった。だが、球に食らいついていく根性は、人一倍すごかった。それは、バッティングにもあらわれていた。だから、根性がある分、バッティングは、オヤジのほうが少しいいよな。だいたい総合的には、おまえのほうが上回っていたよ」

その話を聞いていた一茂は、満足そうであった。

ところが、本屋敷は、満足そうな一茂に、水をぶっかけるような厳しい意見をいった。

「だがな、一茂、よおく覚えとけよ。それは、あくまでも一年のときの話だ。オヤジは、三年までの二年間で、ものすごく成長したぞ。おれだって、一年のときは、正直いって長嶋なんてどうせ田舎の草野球だと思っていたさ。だが、オヤジは、砂押さんに鍛えられたこともよかったが、鬼のような砂押さんの猛練習に、歯をくいしばって耐えぬき、実力を磨いていった。それにひきかえ、おまえは、なんだ。オヤジを上回る素質を持ちながら、何をこの二年間やってきた。おれが見てのびとらんと思うことは、誰が見てものびとらんということだろう。情けないと思え。いま只今から心を入れかえてやり直せ！」

　このときの本屋敷の言葉は、一茂にとって、ずしりと胸に応えた。

　本屋敷は、一週間の小国町のキャンプ中一茂につきっきりで鍛えあげた。

　それまで、自分から自主的に練習することのなかった一茂が、三年の秋のリーグ戦がはじまるや、神宮の試合日には、早目に球場に入り、走り込むようになった。

　一茂の眼の色が変わってきたのが、誰の眼にもよくわかった。一茂にとっては、いままで、野球技術においてそんな厳しいことをいわれたことはなかったのである。本屋敷の言葉は、かつてない励みになった。それに、他ならぬ父親と同期で、いっしょに血の汗を流して練習してきた本屋敷のいうことである。他の誰よりも心に染みたのであった。一茂の三年の秋の六十一年秋のリーグ戦の成績は、春の一割七分六厘をはるかに超え、二割三分一厘という成績であった。チームも、四位に上昇した。

　翌昭和六十二年二月の終わり、立教大学の千葉県君津のキャンプでの初日の練習で、一茂のバッティングフォームは、それまでと変わらなかった。

ところが最終日の一茂のフォームは、まわりの記者を驚かせた。

「おぉ、あいつ何なんだ。オヤジとそっくりじゃないか！」

一茂のバットのグリップが、下がっている。腕の構えの位置が、確実に下がっている。記者が思わず訊いた。

「おい、どうしたんだ。オヤジのビデオでも、見たのか」

「いいえ、いままでは、グリップが上がっていて、グリップを下げることは恐かった。しかし、こっちのほうがバットが出やすいから、こうしたんです」

一茂は、それまで、バッティングの基本は、あくまでダウンスイングである、と信じていた。グリップを高く構え、ダウンスイングに対処しやすいようにしていた。

ところが、グリップを下げると、下からバットが出る。バットのヘッドが下がりやすくなる。するとダウンスイングにならなくなる。しかし、要は、当人が打ちやすく球が飛びやすいフォームであればいいわけである。ダウンスイングにこだわることはない。

記者は、推測した。

〈何か、オヤジのビデオを見たのかもしれんな。それとも、オヤジから、何らかのアドバイスを受けたのかも知れんな。あまりにもオヤジそっくりのフォームだもんな……〉

そして、春のシーズンは、フォーム改造が成功し、四年の春のリーグ戦で、一茂は、ようやく念願の三割を超え、三割四分を打つことができ、大きな自信を得た。

バッティングフォームを、父親の現役時代のように変えたことにより、ある意味の打撃開眼をしたともいえる。

一茂は、大学四年になって初めて、右方向へ打てるようになった。三年までは、右へ打てなかった。それも、当たりそこねの球がたまに右へ行く程度であった。狙っては、打てなかった。

それが打てるようになったことも大きかった。

一茂は、このシーズンから、自分でもボールがよく見えるようになった、と感じはじめた。それゆえ、二ストライクを取られても、前より三振が少なくなった。安心感ではないが、少しだけ余裕が出てきた。

打席に入り、打球をライナーで飛ばすことを考え、強い打球を打つようにした。特に、フライを上げないようにする。泳がないで、前で叩くように心がけた。

さらに、グリップの位置を下げ、力を抜くことに気を使った。前に出ないようにすることと、右足に体重を残して打つことを心がけた。そのせいか、ホームランも二本出て、通算七本と記録を伸ばした。父親の大学時代の記録八本に、あと一本と迫った。

一茂は、六月二日、担当記者二十五人による投票で決まる東京六大学野球春季リーグ戦のベストナインに、初めて選ばれた。それも、満票であった。

一茂は、これにより、

〈よし、プロに……〉

と、いっそう決意を固めた。

一茂は、八月二十四日におこなわれた第一回アジア選手権大会の、中国との試合で、横浜球場のバックスクリーン左側に、百三十メートルの大ホームランを放った。

ところが、台湾など強豪チームとの対戦では、不振で、ついにスターティングメンバーから外れた。自分では、客寄せに利用されたということがわかっていても、真底認めたくない。このとき一茂は、自信を喪失した。が、一茂の自信を回復するドラマが起こった。秋のリーグ戦で、一茂は、ついに父親とならぶ八本目のホームランを放ったのである。

一茂は、ホームランにおいて父親とならぶことは、二年生のときから狙っていた。四年に入り、一茂は、父親にいっていた。

「八本は、すぐ打つよ。お父さん」

長嶋は、一茂があっさりいうのを聞いて、

「そんなに、簡単にいくもんじゃない！」

と諫めた。ところが、本当に打ってしまったのである。

メモリアルアーチは、九月十二日の対早大戦の六回に飛び出した。四対四と同点に追いつき、なおも一死二塁。フルカウント（2―3）から、竹之内投手の内角低めの速球を強振すると、白球は秋空に弾丸ライナーとなって左翼席へ一直線で飛び込んだ。逆転の百十メートル弾であった。

その瞬間、一茂の右手が、すさまじい勢いで天を突いた。純白の手袋に包まれた人差し指は、まるでネット裏の二十人を超えるプロスカウトに〝一位指名〟を強烈にアピールするかのようにピンと立った。ついに、偉大な父と並ぶ八号本塁打を達成したのである。

打数こそ三百八打数目と父に六打数遅れをとったが、記念のアーチは、立教大史上三位、リーグ三十四人目のアーチストに名乗りをあげる勲章つきである。

一茂は、試合後、興奮のおももちで語った。

「切れるとは思わなかったけど、ボールを巻きましたね。オヤジと並んだことは関係ないけど、打てて、うれしかったですよ。人差し指？　無意識だったけど、多分、格好つけていたんじゃないですか」

長嶋茂雄は、この日の一茂の八号ホームランについて、マスコミには、

「自分の時代とはちがう。まだバットを振ったときに球が来たという感じだろう」

と厳しかったが、内心はうれしくてたまらなかった。

一茂は、その直後、父親に会うなり、胸を張った。

「おれは、お父さんより上だ」

長嶋は、怒った。

「馬鹿野郎。なにがお父さんより上だ。おまえなんか、問題にならないよ。全然ちがうよ」

一茂は、さらにいった。

「これなら、お父さん、プロへ行けるね」

一茂は、

「おーし、これで、プロへ行って、やってやるぞ」

と燃えた。長嶋は、その直後、信頼する人物に電話を入れた。

「先生、どうすんのかね、これは……」

うれしいというより、びっくりした調子であった。

「どうすんのかねって、打っちゃったものは、しょうがねえだろ」

「ねぇ、可能性あるのかね。どうすんのかね……」

長嶋は、大変な心配をしていた。

「どうすんのかねぇって、おまえが考えるんだよ」

「大丈夫かね、先生。わかんねえなぁ、おれには……」

しかし、秋のリーグ戦の一茂の成績は、最終戦の東大戦がはじまる前までは、ホームラン四本、打率一割九分くらいの成績だった。

ところが、運の強い一茂は、東大戦では、四打数三安打三打点と固め打ちし、結局秋は二割四分六厘としホームランは四本打った。打点は十六と、単独トップに躍り出た。

大学通算では、父親と比較すると、打率では、一茂が二割二分五厘、父親が二割八分六厘とかなわなかったが、本塁打は、一茂十一本、父八本、打点も、一茂五十四点、父三十九点と一茂が上まわった。

一茂がキャプテンとして率いる立大は通算六百勝を達成し、二位を確定させた。

運命のドラフト会議のおこなわれた、昭和六十二年十一月十八日からさかのぼること一カ月前の夜、長嶋茂雄は、軽井沢の唐松に囲まれた丘にある万平ホテルのロビーで、ヤクルトのスカウト部長片岡宏雄と秘密に会っていた。

片岡は、立教大学の野球部時代、長島茂雄の一年後輩で、キャッチャーをしていた。

プロとして中日に入り、ヤクルトの前身である国鉄に移った。引退後は、サンケイ新聞の記者を経て、ヤクルトのスカウトに転身していた。長嶋とは大学いらいの縁の深さがあり、一茂獲りのために、まず父親の説得にかかっていたのである。

長嶋は、それまで、一茂がプロで通用するかどうか、正確に判断がつきかねていた。どうしても、父親の眼になってしまうからであった。

長嶋は、一茂の試合を、ひそかに二回観に行ったことがある。

一回は、ちょっと覗いただけであった。他の用事が入ったために、四イニングぐらいでグラウンドを後にした。一茂のプレーをじっくり観たのは、一試合だけである。

対慶応戦であった。長嶋は、一茂のプレーする姿を見て、野球人として、本能的に、同じ神宮球場でプレーしていた自分の学生時代と比較してしまった。

比較してみて、一茂だけのことではなく、全体的に力そのものが自分の時代より劣っていると思わざるをえなかった。いまはプロ野球と学生野球との間にかなり差がある。茂雄の時代は、学生野球そのものが、すでにプロに近いレベルであった。

後は、テレビで一茂の出場しているゲームを観るだけであった。そうすると、時たま思い出したようにポカーンと大きいのを打つかと思うと、四打数〇安打、五打数〇安打とノーヒットがつづき、バラつきが多い。

一茂の大学時代の成績は、本塁打十一本で父親の八本を上まわっているものの、ピッチャーは、父親のときには、杉浦忠、藤田元司、秋山登ら、のちにプロ球界で二十勝投手になる名投手がそろっていたのに対し、一茂のときは、あきらかに二線級の投手である。

しかも、通算打率にいたっては、茂雄が二割八分六厘に対し、一茂は二割二分五厘と悪い。長嶋にとって、技術面における一茂の力は、心配であった。

ただ、長嶋にとって救いなのは、立教大学の練習量の少なさであった。立教の練習は、長嶋の時とちがい通りいっぺんのプログラムだけであった。これから一、二年みっちり仕込めば、プロとしての骨格がつくれるかもしれない。そういうひそかな期待はあった。

一茂のこれまでの野球生活は、プロ入りを前提として築かれてきたわけではなかった。その点で、原辰徳の場合とはまったくちがった。

原は、幼いころから、父親の貢のプランニングにより、英才教育が施された。高校時代に、将来をはっきり見通せる能力を甲子園で示し、東海大へ進んでさらに実績を積み重ねた。そしてプロ入り――原親子の計画はみごとに果たされてきた。すべてが将来に向けて、組み立てられていた。基礎体力を鍛え、技術を身につけた。

長嶋家は、まったくそういうプランニングに欠けていた。いや、そもそも最初から、プランニングなど立てるつもりもなかった。一茂には、ただ元気でのびのび育ってほしい。やりたいことをやってほしい――と思っていただけなのである。

長嶋は、父親として、一茂がプロとしてやれる可能性が三割五分か四割であったら、一茂がいくらプロに進みたい、と思っても、拒否するつもりであった。

しかし、ここにきて可能性が、五割を超えた、と判断した。

〈よし、息子が自分でプロ行きを決めた気概に、賭けてみよう〉

という気になり、一茂にいったのであった。

「よし、一茂、自分で自分の将来を選択したからには、とことんやり抜け。さいわい、おまえは、おれ以上に、体に恵まれている。身長もあり、体重もある。その肉体の上に、技術を重ねていけ。いいな、技術を習得する唯一の方法は、練習につぐ練習だぞ」

確かに、肉体において一茂は、父親を上回っていた。まず身長が、百八十一センチで、百七十九センチの父親より二センチ高い。体重も、八十三キロで、七十四キロの父親より九キロ重い。さらに、驚くべきことは、二百九十キロという背筋力である。一茂の目標としている中日の落合博満選手だって、二百二十キロ、西武の清原和博選手にいたっては、百八十キロしかない。筋力的には、一茂は充分に鍛えられていた。地肩も強い。遠投は、落合が九十五メートル、清原が百メートルに対し、一茂は、百二十メートルも投げる。

長嶋は、一茂に念を押した。

「練習量で、おまえたちは、わたしたちにおよびもつかないだろう。お父さんは天才でも何でもない。王さんのほうが努力の人というイメージが一般的にあるけれども、これはまったく逆なのだ。日本の野球界——戦前、戦中、そして戦後の野球人の中で、もっとも練習を重ねたプレーヤーは、お父さんではないか、と自分では思っている。

ただし、人前ではほとんどやらなかった。ササッとまさに〝天才児〟のようにやって、いいところを見せてサッと幕を引くような、そういう野球人生をお父さんは送ってきたけれども、しかし人のいないところでは、もう夜中といわず、明け方といわず、バットを振って振って、振り抜いたのだ。誰よりも数多く振ったと、お父さんは、断言してもいい」

片岡スカウトは、長嶋に迫った。

「うちが指名したときには、よろしく頼みますよ」

「…………」

長嶋は、それにはあえて答えなかったが、内心、ヤクルトに一茂を入団させることに肯定的であった。

〈ヤクルトは、発展途上のチームだから、周囲からのプレッシャーも少なく、一茂がのびのびとやれるのがいい〉

巨人だと、やはり、腐っても鯛だ。しっかりした戦力と体制を持ったチームだ。だが、そういうしっかりしたチームだからこそ、一茂が打てない場合、厳しい処置をとるにちがいない。マスコミも、長嶋の息子だからといって、何も使うことはない、とうるさく書き立てる。プレッシャーのために、早々とつぶされかねない。

が、ヤクルトだと、三連敗したって、次の一戦で一茂が二ランホーマーでもかっ飛ばせば、それで、お客さんにペイするにちがいない。それで球団もファンも納得してくれる。そのうち、化けてくれればいい……。

一茂は、秋のリーグ戦の全日程を終えた十月二十六日、神宮球場で、父親に正式な相談もなく、早々とプロ入り表明をしてしまった。

「できればプロでやってみたいと思っています」

さらに、決意の固さを見せた。

「意中の球団なら、ドラフト外でもいい。もし父が反対しても、自分がやりたいのだから……」

父親は、この突然のプロ入り宣言に、またびっくりしてしまった。例によって、長嶋茂雄は、信頼できる人物に電話を入れてきた。

「先生、一茂がプロへ行くなんていっちゃったけど、どうすんだろう」

「どうするっていったって、おれは知らないよ……」

十一月十一日、ヤクルト球団の田口周球団代表と相馬和夫球団社長、関根潤三監督との間で意見がまとまり、「長嶋一茂一位指名」が決まっていた。

一茂は、親しい友人に心の内を洩らしていた。

「おれは、巨人には、どうしても素直になれないことが二つあるんだ。ひとつは、江川の空白の一日のことだ。それと、巨人がオヤジを解任したことだ。その二つが、どうしてもおれのこだわりになり、どちらかというと、巨人には行く気持ちがないんだ」

十一時から、ホテル・グランドパレス『ダイヤモンドの間』でドラフト会議がはじまった。長嶋一茂は、ヤクルトと大洋から一位指名を受け、籤《くじ》引きで、ヤクルト入団が決まった。

一茂は、昭和六十二年十一月二十六日、ヤクルトと正式契約を交わし、ヤクルトのユニフォームを着ることになった。

## 一茂、ヤクルトでプロデビュー

昭和六十三年三月五日、オープン戦初戦の日、神宮球場には、長島一茂観たさに、八千人のファンが詰めかけた。

試合のはじまる前、長嶋家の知人の上田豊己は、ヤクルトのクラブハウス前に一茂を激励に行った。報道陣に取り囲まれるように、一茂と関根潤三監督がいた。

関根監督や一茂には、長島家のほうから、連絡が入っていた。

「長島家を代表して、上田豊己さんと『とんねるず』の石橋貴明君が、観に行く。まじめに応援に行くから、よろしく頼みます」

石橋は、球場に来て一茂に会うと、訊ねた。

「調子、どう?」

「ああ、まだ何が何だかわかんないです。とにかく、打席に立って夢中でバット振ってくるだけですね」

「あぁ、そうだよ。三振してもいいから、思いっ切りのいいプレーをしてよ」

いっぽう上田は、関根監督と二言、三言話をした。

関根と上田は、一茂が、中学一年の夏、『父と子　大リーグ観戦ツアー』でロサンゼルスへ行ったとき、関根も親子で同行しており、そのとき以来、親交を深めていた。

関根監督は、上田に力強くいった。

「上田さんは、一茂のことをずっと見ているから、もう何もいうことはないけど、まだまだこれから一茂は、やればやるだけ伸びてくるよ。よく見守ってやってよ」

この日、もうひとり、一茂に熱い視線を送っている人物が、三塁スタンドのロッテ応援席にいた。亜希子の弟で、電通マンである西村重広である。

西村は、土曜日のこの日、いても立ってもいられない気持ちで、神宮球場に足を運んでいた。十一時からの試合前の練習も見たかったが、これは、間に合わなかった。

ロッテ側の応援席にいるというのに、観客は、一茂の応援ばかりしている。

四回表、ロッテの攻撃がはじまるとき、場内アナウンスが告げた。

「サード、デシンセイに代わって、長島が入ります」

すると、西村のまわりにいたロッテの応援席から、すさまじい大拍手が湧きおこった。

そして、ヤクルトの応援団長が、事もあろうに、ロッテ側へやってきて、呼びかけた。

「みなさぁん、これから長島一茂の応援をしまぁす。みなさんも応援してください」

ロッテ側の観客席は、ヤクルト応援団長をなじるどころか、逆に、前よりいっそうの大歓声が湧きおこった。

歓声が終わるか終わらないうちに、その回の先頭打者横田真之の打球が、いきなり一茂の前に飛んできた。一茂の左側を襲う平凡なゴロであった。

一茂は、難なく処理し、一塁の杉浦亨へ矢のような送球をした。

またまた大拍手、大歓声が湧きおこった。

西村は、そのとき、不意に、胸に熱いものがこみあげてきた。眼に涙も湧き出てきた。

ひとつのシーンが、突然想いおこされたのであった。

昭和四十九年、長島茂雄の現役最後の年、やはり、場所は、神宮球場で、いま自分が座っている三塁側に、西村は座っていた。サード長島茂雄のプレーを観戦していた。巨人の対戦相手は、ヤクルトであった。

すぐ隣の席には、当時八歳であった一茂が、父親のプレーを、食い入るように見ていた。長島茂雄は、動かなくなった体に鞭打ち、必死でプレーをしていた。だが、観客は、冷たかった。

周囲からは、長島に対して、聞くも耐えない野次が飛んだ。

そのとき、一瞬、西村は、不安になった。一茂に、父親の最後の晴れ姿を、目の当たりに見せておこうという長島家の配慮が、裏目に出たのではないか、と思ったのである。

しかし、一茂にとって不幸中の幸いだったであろうと思われるのは、長島茂雄への野次以上に、川上哲治監督の参謀の牧野茂ヘッドコーチへの野次のほうが、すさまじかったことであった。

一茂は、父への野次など聞こえぬように、熱心に父親のプレーを見ていた。

西村の眼ぶたの裏側を、そのときの長島茂雄の三塁上の姿が、残像のように横切った。そしていま、六十三年三月五日、目の前に、一茂の姿があった。

四十九年に隣にいた一茂が、いま、自分の目の前でプロ野球ヤクルト球団の三塁手としてゴロをさばき、一塁へスローイングをした。一茂は、隣にもういない。

「いいぞぉ、長島！」

まわりで、ファンの声が飛んだ。

西村は、また熱い想いが湧き上がった。

やがて高校三年生になろうとする長島正興も、兄一茂の勇姿を一目見ようと、矢も楯もたまらず、田園調布の親しい友人と神宮球場のヤクルト対ロッテ戦に足を運んでいた。春休みの三月十二日土曜日のことであった。

五回裏、堀井幹夫投手に五球すべて変化球攻めにあい、三振に終わった。

つづく二打席目の七回裏は仁科時成投手の高目ストレートに体のバランスを崩してバットを出し、二塁フライに終わった。

しかし、正興は興奮した。

「よーし、おれもお兄ちゃんにつづくぞ……」

昭和六十三年四月二十七日神宮球場での巨人戦。一茂は七試合八打席目で、元大リーガーのビル・ガリクソン投手からセンターバックスクリーンを直撃する飛距離百三十メートルのホームランを打った。初ヒットがホームランという離れ業をやってのけた。

素質だけで打っている一茂に、周囲は色めきたった。鍛えれば、どれほどすごい選手になることだろうかと。

そのため、関根監督は、一茂をファームに待機させず、ずっと一軍入りさせた。雑草のように揉まれていない一茂のような選手は、ファームの生存競争の中に叩きこむと立ち直れなくなるだろう、との老婆心だろうか。

一茂は、関根の〝温床〟でのびのびとプロ野球を満喫していた。しかし、なかなかプロ野球人としての自覚がそなわらなかった。

さぼり癖は、このころからだった。打撃コーチは、若松勉と佐藤孝夫。二人のコーチがいくら教えても、一生懸命やらない。

佐藤コーチが、一茂に打撃練習を課した後、一茂が守備練習に移った。

帰ってきた一茂に、佐藤コーチがなにげなく声をかけた。

「おい、カズ！　ビシッと守備練習やってきたか」

すると、一茂は、馬鹿にしたように佐藤コーチにいった。

「佐藤さん、バッティングのことだけいってりゃいいんですよ」

一茂は、そういい残して、スタスタと歩いていく。

「おい、どこ行くんだ」

「休憩、休憩。スモーキングタイムだ」

「馬鹿っ、休憩じゃないだろ、なに考えてんだ」

それでも、二年目のシーズンには、一茂の〝野球人としての体〟が出来上がってきた。シーズン後半には、しばしばゲームに起用された。

平成元年九月二十五日、一茂は、神宮球場で、巨人の香田勲男投手から堂々の左翼本塁打を放った。このとき、ニッポン放送の解説をしていたのが長嶋茂雄である。いつもの高いトーンが、いっそうはずんだ。

「いったかな。いきましたね。届きましたね。少しはタイミングを取れるようになりましたね。いわゆる間ですね。これが以前よりいくらかよくはなったみたいですね。これは自信になるでしょう。まだまだですが、少しずつ格好がついてきているのは、親としてもそりゃうれしいですよ」

しかし最終回チャンスが巡ってくると、あっさり八重樫幸雄が代打に送られた。

長嶋は、マイクでいった。

「まだまだ信用されてない、ということでしょう。ヤクルトも勝たなきゃなりませんから、これも仕方ないでしょう。ひとつの試練ですね」

しかし、野球評論家の有本義明によると、長嶋は、あとで親しい人には本音を洩らしたという。

「あれはないよね。本人だってホームランで気分よくしてたろうからね。ヤクルトがいまさら優勝できるわけもないんだし……」

一茂は、二年目の平成元年のシーズンは六十九試合に出場し、ホームラン四本、打率二割五分をマークした。

来季の大きな飛躍を約束させるような活躍だった。だが、運命は、一茂に大きな試練の石を置いた。野村克也のヤクルト監督就任である。

野村監督は、就任したとき、桑原潤ヤクルト球団オーナーから、条件をつけられた。

「三年以内に優勝争いができるチームにしてほしい。いまひとつ、一茂を一人前にしてほしい」

そこで、野村監督は、最初は熱心に一茂を指導していた。

野村監督は、雑誌のインタビューでいっている。

「ワシはな、一茂を一人前に育てるとオーナーに約束した手前、正直いって育ってほしいと思うとったんや。プロ野球という競争社会の原理原則に反して一茂を一軍に置いたのも、それが頭にあったからやった。自分の目で一茂の持っている要素を確かめたい、という気持ちだった。でも、いまではこれがまずかったかなと思ってる。やっぱり、二軍からスタートさせて、競争を経て一軍に上がってくるというあたりまえの手順を踏ませるべきやったんや……」

野村監督とともに、長池徳士打撃コーチも、臨時コーチとして、一茂をつきっきりで指導した。

野村監督は、のちに初めて見た一茂の肉体の印象を訊かれ、いったものだ。

「そりゃ、あの体を見たら、誰だって四番打てると思うで」

パワーは、ヤクルトでも一、二を争う。打球を遠くまで飛ばす能力は、球界屈指の背筋力で証明ずみだ。

一茂は、つねづね、親友の矢作公一にいっていた。

「おれは、球を飛ばす力は、誰にも負けない。ただ、球に当たらないんだ」

そのため、打球が詰まっても、オーバーフェンスできるように、さらなる筋力アップトレーニングを課した。

父親の茂雄が砂押監督の影響を受け、すでに立教大時代から、大リーグの打撃理論を吸収し、実践しようとしたのと同じように、一茂も、大リーグのパワーヒッターに憧れつづけた。彼らのトレーニングを信じ、取り入れた。

だから、大リーガーが、野球の基礎練習を早めにアップし、勇んでトレーニングジムに行き、筋力アップトレーニングに励む姿勢を真似てきたのである。

「あんなに野球の練習をしてないやつが、どうしてあんなに立派な体してるんだろう」

記者たちも、コーチたちも、誰しもが一茂の見事な肉体を見るたびに不思議がったのだ。

長池コーチは、一茂の素質について訊かれ、こう答えた。

「うーん、どうも、大物のカタリンが見えたな」

〝片鱗《へんりん》〟を〝カタリン〟と誤って覚えていたようだった。それ以来、長池についた仇名は、〝カタリン長池〟である。

野村監督は、マスコミの前で、一茂のことを、「あのスーパースターがねぇ」と厭味たっぷりにいう。野村監督が、スーパースターと一茂のことを呼ぶのは、明らかに〝スーパースター長嶋茂雄〟をだぶらせている。スーパースターのオヤジを持ったはいいが、野球技術や野球への取り組み方はおよそスーパースターとはいいがたい。しかし、一茂のように、オヤジが長嶋茂雄であるというだけで、持ち上げられ、人気者になる選手もいない。人気だけでいえば、たしかにスーパースターである。

しかし、野村監督は、スーパースター長嶋茂雄は認めても、常識に欠ける長嶋茂雄は、大嫌いだという。

「ふつう、新人の選手を預かったら、その選手の親ちゅうもんはな、お中元とか、お歳暮とかいうもんは、かならず持ってくるもんやけどな。あそこの家だけは、わしンとこになんも持ってこんわ」

笑いながらだが、野村監督の目は笑っていなかった。長嶋一家の話題になると、野村監督の目は笑っていないそうだ。

野村監督は、光り輝く天衣無縫な長嶋茂雄のようなタイプの人間には、異常ともいえるライバル心を燃やすのだ。マイナスエネルギーの固まり、月見草のようにひっそりと草むらで咲いて、こつこつ努力をし、いつか大空に燦々《さんさん》と燃える太陽をしのいでやろうと構えてきたのだろう。

ましてや、天衣無縫にかけては親父をしのぐような一茂を見ていると、ついあの〝スーパースター長嶋茂雄〟を思い出すらしい。

しかし、それだけなら、一茂をいびりはしない。野村監督がチクチク刺すのは、一茂が、当然の権利のごとく、練習をさぼるからだ。

野村監督も、平成四年までは、じつに熱心に指導したという。

一茂が、その天性のパワーを武器に、ふつうに守れるていどの守備練習を重ねれば、平均して打率二割六分から七分、ホームラン二十本を打てる中堅選手にはなれるだろう。そうすれば、あとの残りは、人気がカバーしてくれる。客を呼べるスーパースター長嶋一茂が誕生する。

しかし、いっこうに守備は上達しなかったのだ。一茂がサードの守備についている。サードフライが上がった。一茂は、落下点を自分で判断し、サードベースからややファウルグラウンドに出たくらいの位置で構えた。

「オーライ、オーライ、オーライ！」

だが、ボールは、一茂が構えた位置からはるか向こうのファウルグラウンド目がけて落下してくる。

「おい、どこ見てんだよ！」

ベンチから叱咤が飛ぶ。

ショートの池山が、ドドドドドーッと走ってきて、そのファウルフライを処理した。

「頼むで、カズ」

池山が、ぼやく。

大学時代を見ていない記者たちは、口々にいった。

「ほんとに、あいつ立教で四番打ってたの」

一茂は、自分でも認めている。

「ぼくは、三半規管がおかしいからフライは苦手なんです」

だが、この拙守のため、肝心のヤクルトの連勝記録をストップさせてしまい〝連勝ストッパー〟なる珍妙なニックネームをもらってしまう。

浪人中の長嶋茂雄が、平成三年二月、宮崎県西都市でのヤクルトキャンプに来て、直接一茂を指導した。テレビカメラも、めったにないツーショットの長嶋父子を取り囲み、大騒ぎになってしまった。そんな取材陣がごった返す中で、父長嶋茂雄は、自らバットを握り、息子一茂に激しく熱く指導したのだ。

「いいか、こうやって、ピャーッと来て、カーッだ」

そばで見ていた野村監督が、つぶやいた。

「ピャーッと来て、カーッやろ。あれで、わかるンかいな。わしには、さっぱりわからん」

長嶋は、野村の声などどこ吹く風で、なおも熱心に一茂にいった。

「ここで、腕《かいな》を返すんだ」

一茂は、じっと父親の説明を聞いていた。

一茂は、終わったあと、素直に「得るものがあった」といった。

「たしか、ここで、こうやってカイナを返すっていってましたね。カイナだな」

若松コーチや佐藤コーチなども、これで親父直伝の打法の秘訣をマスターしてくれれば、こんなに素晴らしいことはない、と思ったのだった。

それから一週間後、一茂が、若松コーチに聞いた。

「若松さん、カイナってなんですかね」

一茂の欠点は、内角胸元目がけてすっ飛んで来る球を怖がることだった。内角に来ると、腰が引けてしまう。

内角を攻められると、怖いという意識からスイングの動作に入るとき、構えた左足が後ろに引けてしまう。アウトステップというやつだ。内角攻めを怖がらない打者は、スイングするとき、インステップといって、左足が前に出ていく。そのようにしないと、体が泳いで、球に当てても、凡打になってしまう。その悪い癖を矯正するため、一茂用に、ある道具が作られた。

若松コーチが、その道具を持ってきた。

「一茂、いいか、この鉄の枠の中に入って打て」

「なんですか、それ」

「アウトステップ矯正器。別名〝アッシー君〟だ」

幅二十センチくらいの鉄板を縦にした四角い長方形の鉄枠だ。バッターボックスより一回り小さい。溶接した跡がうかがえたので、どこかの工場で急遽つくらせたようだ。その鉄枠をバッターボックスの白線の内側に固定し、一茂の両足を取り囲んでしまったのだ。こうすれば、一茂の左足が後ろにアウトステップして下がろうとすると、左足の踵が鉄板に当たってしまう。当たらないようにスイングしてみろ、という指導である。

何回も試していると、ようやく内角の球を振るとき、左足が後ろの鉄枠に当たらないで打てるようになった。

「よし、もういいだろう。アッシー君を外して打ってみろ」

一茂が、構える。バッティングピッチャーが投げる。一茂が、思い切りバットを振った。

若松コーチが嘆息した。

「アッアーッ、駄目だ。最初からやりなおしだ」

一茂の左足は、自由を得ると、思い切りアウトステップしてしまうのだ。

球を怖がる癖は、守備にも出た。どうしても直らないので、プロテクターをつけ、超至近距離からのノックを試みたこともあった。

一茂の欠点は、もうひとつ体が硬いことだ。鉄板のように硬い体といわれた。

体が硬いと怪我をしやすい。野球に限らずスポーツ選手は、体は硬いより柔らかいに越したことはない。一茂も、ずいぶん体の硬さを矯正しようと努力をしてきた。

しかし、別の意見もある。

一茂の立教大野球部時代の後輩で、のちに日本ハムに入団、現在は退団し野球ライターをしている矢作公一は、こういう。

「プロ野球選手って、体が硬いと大怪我をするんです。だけど、体が硬い人のほうが、怪我は少ないんですよ。大怪我はするけど、怪我は少ない。だから、体は柔軟であったほうがいい、というんですけど、プロ野球選手で、投手はわかりませんが、少なくとも野手に限っていうと、体の硬い人、筋肉の硬い人のほうが瞬発力がある。長嶋一茂なんかそうですね。柔軟性はないけど、瞬発力がある。ぼくは、逆に筋肉、関節柔らかいんですが、瞬発力がない。高校時代から、よく彼と練習をした。一茂が足開いてる後ろから、ぼくが百キロの体重を全部かけて押し倒そうとしても、まったく動かなかったですからね。鉄鋼が入ってるってみんなにいわれたくらい硬かった。でも、それは、巨人に入ろうとする前の自主トレのころには、だいぶ柔らかくなっていました」

野球評論家で太田プロ所属のタレント角盈男は、昭和五十六年、藤田監督の一年目に八勝五敗二十セーブで最優秀救援投手のタイトルに輝いた。その後、昭和五十八年後半、左肘を痛め不振をかこち、平成元年に十一年間の巨人軍生活に別れを告げ、日本ハムに移籍した。平成四年のシーズン、長嶋一茂とヤクルトでプレーをともにすることになったのである。あいにく一茂は、ヤクルト最後のシーズンで、この年はファームを低迷し、起用される機会はほとんどなかった。

しかし、角には、一茂は鮮やかな印象を残している。恒例となっているヤクルトの平成四年のアメリカのアリゾナ州ユマキャンプでのことであった。ユマは、砂漠地帯で空気が乾燥しきっている。そのため、選手は喉を痛めやすい。

あらかじめ、ヤクルトのトレーナーから選手に、指示があった。

「喉を痛めないようにするため、部屋ではできるだけ湿気を保つこと。かといっても加湿器があるわけじゃないので、例えばシャワーを使うときの湯気を利用するなり、そのへんは各自うまく調整するように」

その通達があってしばらくして、角は、一茂が宿泊している部屋を訪ねることがあった。一茂は、ある選手と同部屋であった。角は、一茂ではなく相方の選手からビデオを借りる約束をしていたから訪ねたのであった。角は、部屋のドアをノックした。

「おい、いるかぁ」

「はーい！」

中から返事がした。角が訪ねようとする選手の声ではない。おそらく一茂だろう。相方は、留守をしているようだ。角はドアを開けた。部屋中もうもうと湯気がたちこめていた。どうやら、一茂がシャワーを使っているらしい。シャワールームのドアが全開になっている。

一茂が、バスタオルで体を拭きながらシャワールームからさっぱりした顔で出てきた。

角が呆れた顔でいった。

「おまえ、なんなんだ、この部屋は」

「ええ、ちょっと喉が痛くて、蒸気をと思って」

一茂は、大真面目な顔だ。

「蒸気って、おまえ、ものには限度があるだろう。前見えねぇじゃねぇか。視界二メートルもないじゃないか」

そういって角は、大笑いした。

一茂も、つられて笑った。

「おまえ、極端すぎんだよ、な」

オヤジそっくりだよ、と思った。長嶋茂雄をもうすこし甘くソフトにした顔が角を見ている。目をそらさず角を見ている。天衣無縫の顔だ。角の部屋とちがいベッドもなにもない部屋だった。一軍選手とは扱いがちがう。

角は、昔話をした。

「おまえのオヤジには、よう叩かれたよ」

一茂は、なんのためらいもなくいった。

「えっ!? ほんとですか」

「ああ」

「ぼくなんか、叩かれたことありませんよ」

無邪気すぎる顔が、そういった。

「おまえ、ふざけんなよ」

そういって、角はまた笑った。天衣無縫の田園調布のお坊ちゃんの顔は、どうにも憎めないのだ。

「おまえのオヤジは、よう人の顔を叩くぞ」

角は、西本聖投手と二人並んで長嶋監督にビンタを食らわされたときの光景を思い出していた。

「おまえら、気持ちが逃げてんだよ、えぇ」

角は、殴られた理由がわかっていた。

その回、バッターに対して三球アウトコースへ逃げるような投球をし、スリーボールにすると、とたんに長嶋監督の叱声が飛ぶのが聞こえた。

「行けぇ！　インコース行けぇ！」

　コントロールに自信がない。だから、内角は、真ん中寄りに狂いスタンドインされないか、あるいはインに寄りすぎてデッドボールにしないかと怖い。

　試合後、呼ばれ、長嶋監督にビンタを食らった。

　昭和五十二年十一月、社会人野球三菱重工三原から巨人へ入団した角は、小さいときから憧れていた夢の世界が、いま現実となっていることの実感が湧かなかった。とくに、憧れのスター選手たちとプレーしていることが不思議だった。

　マウンドに立つ。キャッチャーのサインどおりに投げる。左投手の角は、セットに入ったとき、ファーストを向いている。牽制球を投げようかと思ってじっとファースト方向を見る。すると、そこにはファーストミットを構えた王貞治がいる。

〈なんで、そこに王さんがいるんだろう〉

　王に牽制を投げ、ボールを投げ返してもらう。そして、ベンチを見る。すると、長嶋が、例の独特のポーズでこちらを凝視している。左足だけをベンチからグラウンドに出し、その膝小僧の上に左肘をつき、肘の上に顎を乗せて戦況を見守っている長嶋茂雄。

〈あれっ、おれは巨人のピッチャーとして投げてるんだな〉

　しかし、そのギャップが長い間埋まらなかった。

　わからずじまいで一年が過ぎた。一年目になんと六十試合に登板した。新浦寿夫投手が六十三試合。野球中継のチャンネルをひねれば、かならず新浦か角が投げている、というくらい出ていた。

角は、一年目で五勝七セーブ、防禦率二・八七で新人王を獲得した。

二年目の宮崎キャンプの練習中のことである。

角は、主力打者のフリーバッティングのピッチャーを勤めていた。ピッチャーに対する安全のため、バッティングゲージにはネットがかぶせてある。ピッチャーライナーが、万一ピッチャーを直撃するといけないからだ。ところが、その網を抜けて弾丸ライナーがボールを投げた直後の角を襲った。

角は、とっさにしゃがんだ。しかし、ボールは非情にも、角の向こう脛を直撃した。よく見ると、ネットに穴が開いていた。その穴を抜けてボールが飛んできたのだ。

角は、急遽医務室に行き、治療を受けた。

「スッミィー！」

長嶋監督が、すっ飛んできた。角は、とたんに胸が熱くなった。

〈やっぱり新人王を獲るとちがうな。おれのこと心配してくれてるんだ〉

が、長嶋監督は、医務室に飛び込むなり、角を怒鳴りつけた。

「馬っ鹿もん！　気合が入ってない、気合が。気合が入ってたら、ボールはよけてくんだぞ。いいか！」

角は、網が破れているとはいえなかった。ただ、「はい」と神妙に聞いていた。そんな殺生な……と思ってはいたが。

ことほどさように、長嶋茂雄は、つねにエネルギー全開だった。喜怒哀楽がストレートに、ときとしてストレートすぎるほど発散してしまう。

あの歴史に残る感動的な引退試合の当日もそうだった。

昭和四十九年十月十四日、長嶋茂雄は、「わが巨人軍は永久に不滅です」と叫んだあと、帽子を取り、観衆にあいさつした。

その後、ハプニングは起こった。

長嶋は、なにを思ったか、いきなりタッタッタッと外野グラウンド目がけて走り出した。

「あっ、まずい！」

後楽園球場の全警備員が叫んだ。

そのうち、警備員全員が右往左往しはじめた。長嶋は、すでにファンの「ナガシマァー！」の叫喚と拍手と雄叫《おたけ》びの渦の中にいた。ひとり、外野グラウンドをフェンスに沿っていつものような軽快な調子ではなく、少しばかり感激によろめきながら走っていた。タオルを持って涙を拭いながらいかにも満足しきってうれしそうに走っていた。長嶋の体全体から歓喜の渦が湧き上がってしかたないように見えた、という。

本人は、勝手に感動のラストランを演出し、ファンの興奮を頂点に持っていかせて満足しきっていただろう。

が、周囲の警備員にしてみたら大変な事態である。ふだんの試合の日でももみくちゃにされる長嶋なのに、長嶋がこんなに盛り上がってしまうと、感激のあまりファンがグラウンドになだれこみ、長嶋を巻き込んだ大騒動になりかねない。

この長嶋の最初の台本にない予定外の行動は、球場の警備員をパニックに陥れた。

角は、そのことを、後楽園球場で当時警備をしていた当事者から聞いた。

いわれてみれば、長嶋監督は、異常によろこび、腹を立てる。

試合に勝つと、ヒーローをだれかれとなく抱きしめる。角たちが恥ずかしくなるほど人前で抱きついてくる。それこそキスでもしかねないよろこびようだ。

ちょっとこちらがたじろぐほどのよろこびようだが、選手にしてみれば、こんなによろこんでくれるのなら、もう一度よろこばせたいと思わせる。

〈監督は、永遠に幼児のままなんだ〉

逆転負けなどすると、よほど悔しいのか、移動バスのカーテンを引きちぎってしまう。

そこらじゅう蹴り飛ばし、ボコボコに穴を開けてしまう。

「喜怒哀楽の感情をあらわに外に出せ」と本人みずからが体で語っている。それが試合で闘争心となって弾けてくる。

西本聖投手は、降板させられると、ベンチにもどるなり、グラブを叩きつけ、壁板を蹴り飛ばして悔しがった。そんな西本を見て、長嶋監督は、目を細めながら、満足そうにいう。

「おう、ほっほっほ、またですか。どんどんやんなさい、どんどん」

甲子園での巨人対阪神戦のときは、竹園旅館が常宿だった。肉が名物の旅館で、最高級の神戸牛の料理を朝、昼、晩と出す。三連戦の三日間、食事は、ステーキ、しゃぶしゃぶ、すき焼き、鉄板焼、網焼きなど、肉、肉、肉である。

角の一年目。昭和五十三年四月二十一日の甲子園での阪神戦であった。のちに江川事件で、阪神に指名された江川卓投手との電撃トレードで阪神に移籍させられる小林繁投手が先発した。五回に入り、ノーアウト一、二塁のピンチに立たされた。しかも、バッターは、二番の藤田（平）である。長嶋監督は、急遽、リリーフに角を投入した。しかも、ライトの選手をベンチに下げ、小林をライトに移した。かつて大洋の智将三原脩監督が使った奇策だ。しかし投手が他のポジションを守れるか、一度退いた投手がまた好投できるのか、などの不安があり、成功率はきわめて低い。いまでは〝博物館〟行きの奇策で誰も使っていない。

角は、藤田、三番の掛布雅之を連続三振に切って捨てた。ツーアウト一、二塁と変わった。バッターは四番の田淵幸一だ。

長嶋監督は、角をベンチに下げ、ライトの小林をマウンドに復帰させた。そして、小林は、田淵をピッチャーゴロに討ち取った。そのまま逃げ切って勝った。

これは、長嶋マジックといわれた。

長嶋監督は、試合後のインタビューでこう語った。

「きょうの勝因は、角のツーポイント（救援）にある」

角は、長嶋監督から直々に呼ばれ、慰労された。

「角、きょうみたいに頑張ってくれよぉ。肉食べて、どんどん、力つけなさぁい」

角は、ほっとすると同時に、肩の荷が軽くなったような気がした。

キャンプでは、えらいチームに入って来たな、と正直思っていた。気を使う。練習はきつい。周りを見ると、みんなすごい球をビュンビュン投げている。

その当時、巨人の投手陣は、通称〝ＮＨＫ〟といわれた新浦寿夫、堀内恒夫、加藤初の三本柱がいた。それに小林繁がいる。若手、新人では、角の他には、西本聖を筆頭に、定岡正二、藤代和明、小俣進らがいた。一年後に、江川卓と鹿取義隆が入ってくる。第二期黄金時代をつくる勢いに燃えていた。じょじょに現実になれていった。

『巨人の星』の中で、多摩川グラウンドへ行く移動バスの中の光景がある。

椅子が空いてないわけではないのに、全員スパイクをはき、椅子に座らず爪先立ちで立っている。しかし、現実は、みんなグウグウ鼾《いびき》をかいて眠っていた。練習に継ぐ練習をしている巨人の選手を登場させた『巨人の星』は、フィクションだとわかった。それ以後は、現実と描いていた想像の世界のピントがきちっと合うようになった。

## 三奈、野村監督と対決!?

長嶋三奈は、昭和四十三年六月三日、長嶋茂雄・亜希子夫妻の二女として生まれた。

長嶋は、三奈が生まれる未明まで、亜希子夫人に付き添っていた。

生まれた女の子は、長嶋の背番号「3」にちなんで、「三奈」となづけた。一茂、有希につぐ三番目の子供だった。

長嶋は、寝不足のまま、その日の阪神戦に出場した。六回に、古沢憲司投手からライトスタンドにホームランをかっ飛ばした。三奈への最高のプレゼントとなった。

長嶋は、一茂や有希と同じように、三奈も自由奔放に裸足で育てた。

長嶋は、どんな年齢、どんな階層の人とも対等につきあい、話し合った。子供にも、大人と同じように接した。

のちに三奈は、スポーツニッポンの高堀冬彦記者のインタビューに答えてこういった。

「父は、動物でさえも対等に接します（笑）。父は、よく人をバンバン叩きますが、これも子供にだってやります。やられるほうは痛い（笑）」

怒って叩くというよりも、それもふくめ、喜怒哀楽のとき、バンバン叩く、という意味だろう。

三奈は、とりわけ一茂になついていた。いつも後ろにくっつき、寝るときもいっしょ、片時も離れなかった。

一茂は、三奈のことを「ミーちゃん」と呼んでかわいがった。ときにまつわりつきうるさいときがあった。本気で一茂が相手をしてくれないときは、三奈がかまって欲しくて一茂の背中を後ろから叩いた。一茂は、三奈を殴って鼻血が出ることもあった。三奈は泣き叫びながら向かっていくこともあった。兄の友達とも取っ組み合いの喧嘩をすることがあった。髪を短く刈り上げているので、男の子と間違われることが多かった。

しかし、性格は、まったく似ていなかった。三奈は、父親の茂雄に似てせっかちで短気だった。が、一茂は、おっとりしていた。マイペースで人になにをいわれても平気なところがあった。

三奈が小さいとき、お気に入りのタオルがあった。お風呂に入るときに使っていたマンガ入りのタオルだ。

ある日、ミスターが、三奈のタオルとは知らず、そのタオルで足の泥をゴシゴシ拭いた。三奈は、泣きながら猛烈に抗議した、という。

三奈は、母や姉と同じ田園調布雙葉学園中等部に進んだ。皇太子妃殿下の雅子様も通った超有名お穣様学校である。

合気道部に入った。スポーツ万能であった。

次いで落語研究会にも入った。

中学二年のとき、家出をした。友達に同情して、かわいそうに思い、いっしょにいてあげたようだ。長嶋茂雄は、さすがに心配でうろたえ、捜索願いこそ出さなかったが、あちこち心当たりを電話して探した。新聞社にも内密に探してくれと頼んだのだが、警察署が察知した。

「誘拐か」と大騒ぎになりかけた。

が、翌日には、三奈が家に電話を入れてきた。

「しばらくしたらもどるから、心配しないで」

三奈が帰って、ミスターが「お帰り」といっても、ソッポを向いた、という。

長嶋家に生まれた子供のたどる道は、父親が有名すぎるために、ラッキーとアンラッキーが、ときに激しくやってくる。そのため、一度は試練を受けなければならないようだ。

立教大野球部で一茂の一年後輩の矢作公一は、いつも一茂にいっていた。

「三奈ちゃん、紹介してくださいよ、先輩」

「おまえなんか駄目だ。絶対駄目だ」

矢作は、高校のときに、中学生の三奈を一目見て、その屈託のない性格が気に入った。

一茂は、きょうだいの中で、「三奈が一番かわいい」といっていた。

高校生から大学生にかけての三奈は、控え目になっていた。目立つことを嫌った。

一茂は、矢作にいった。

「三奈は、あんまり外に出たがらないからかわいいんだ。きょうだいで一番かわいい。だから、おまえには紹介しない」

矢作は、三奈を向日葵《ひまわり》のような女の子だと思っていた。薔薇や胡蝶蘭のような色香を漂わす女性が好きな男は、三奈のことをそれほどに思わないだろう。三奈は、いつも日向《ひなた》に咲いている明るく健康的な向日葵なのだ、と思った。矢作は、結婚する二十四歳のときまで、一茂に「三奈ちゃんを紹介してください」といっていた。

三奈が高三の受験生時代、一茂は、立教大野球部の主将になった。

三奈の部屋にやってきて、うれしそうに名刺を見せた。

「どうだ、作ったんだ。一枚あげるよ」

『立教大学野球部　長嶋一茂』と刷ってあった。

三奈は、馬鹿みたいと思い、からかい気味にいった。

「いらない。こんなの」

ふと裏を見ると、一茂の字で『ガンバレ』と書いてある。

受験の三奈を励ますつもりだったのか、とうれしかった。

ずっと机の引出しにしまって、いまでもある、という。

三奈は、高校を卒業すると、日大文理学部哲学科に進学した。

大学時代の三奈は、長嶋茂雄の娘ということを隠した。できるだけ派手にふるまわなかった。ただし、外に出かけるときは、けっこうひとなみの女子大生のファッションをしていた。着るものや、アクセサリーは、ファッション雑誌『JJ』に紹介されているようなピンキーアンドダイアン、トラサルディ、サンローランなどのブランドが多かった。長い髪にして、ときには、六本木のディスコにボーイフレンドと行くこともあった。

一茂の試合を神宮球場に応援に行ったこともある。一茂が打席に立つと、いつもハラハラしていた。

このころ、三奈は、『とんねるず』の石橋貴明と親しくなった。

作詞家の秋元康が見い出した、帝京高校卒の二人組お笑いアイドルとんねるずのひとり石橋貴明は、高校時代、野球部に属していた。長嶋茂雄の大ファンだった。甲子園を目指したが、行けなかった。芸能界に入って、とんねるずの石橋として名前が売れてきた。長嶋家の姉妹の有希と三奈の二人が、とんねるずの大ファンだった。そこで長嶋の友人の上田豊己が、有希と三奈をとんねるずのコンサートに連れて行き、長嶋家の人々との交際が始まったのである。

石橋から、彼が長島茂雄の超熱狂的ファンであることを聞いた上田は、思った。

「そうだ、有希ちゃんと三奈ちゃんを、『とんねるず』に会わせてやろう」

長島家の長女の有希は、立教女子短大の二年生、次女の三奈は、日本大学文理学部哲学科の一年生で青春の真っ盛りであった。

彼女たちは、長島家の教育方針どおり、のびのびと育ち、ひとつのひねくれたところもない娘たちであった。むしろ逆に、素直すぎるくらいであった。

母親の亜希子は、上田からとんねるずのコンサートへの誘いがあったとき、娘たちの社会勉強のつもりで、許した。

二人とも、高校は母親と同じ田園調布雙葉学園出身で、勉強はよくできた。二人とも、あまりにも素直に育った。一茂や正興とちがい、長島茂雄の娘ということをまったく意識せずに生きてきた。母親の亜希子は、逆にそのことを少々心配さえしていた。

娘二人は、兄と野球の話をすることなどない。第一、父親が本当に有名人なのか、いまだにわかってないようなところがある。

長島茂雄は、家庭のことは、亜希子を信頼していっさい任せっきりだ。

娘たちは、父親について、親しい人には、こういっている。

「うちのお父さんの話すことったらわたしたち、聞いてても、何いってるかさっぱりわからないんです。家でも、あの調子なの。それに、帰ったら帰ったで、何やかやと細かいことをいいつけられるので、わたしたち、部屋に逃げちゃうんですよ。『おい、お茶。おい、新聞。おい、お菓子』と、すぐそばにいる人間が、使われちゃうんです。ちょっと前、正興が中学生のときは、彼がビデオの係と写真の撮影係だったんです」

娘たち二人が有名人の家庭ということを微塵も意識せずに育ってきたため、女の子なのに、あまりにも気軽に買い物に出かけたりするのが、心配といえば心配である。

しかし、娘二人は、母親の心配をちゃんとわかっていて、親しい知人がお茶に誘っても、なかなか、恥ずかしがっていっしょについて行かない。現代の女子大生にしては、めずらしいくらい純真であった。

上田は、昭和六十二年も押しせまった暮れのある日、亜希子にいってみた。

「有希ちゃん、三奈ちゃんを、たまには『とんねるず』のコンサートへお誘いしたいんですが、いかがでしょう。石橋君も、二十六歳の現代青年にしては、おかしいくらいに超のつく長島さんのファンですしね。そんなファンが同じ若い世代にいる、ということを娘さん方が知るというのも、何かの勉強になるかとも思います」

亜希子は、上田の好意に甘えてもいい、と思った。上田は、父兄代理という形で、娘たちをとんねるずのコンサートに連れて行ってくれる、という。

「いいですわ。お願いします。何しろ二人とも、まだほんとうに世間知らずですから、上田さんがごいっしょについて行っていただけるのなら、心強いですわ」

その場にいた有希も三奈も、目を輝かせて聞いていた。

有希はいった。

「とんねるずのヒット曲、『雨の西麻布』というのは、いいわね。お母さん」

有希は、男に生まれていたら、と長島家の人々が思うほど、足が速かった。

いっぽう、一歳ちがいの妹の三奈も、何事においても活発である。足も、姉に負けず劣らず速かった。三奈は、特に、陽気なことは何でも好き、というタイプである。

それゆえ、とんねるずのような型にはまらない体育会系の二人組については、二人の姉妹とも、好感を持って眺めていた。

一月三日、日本武道館は、一万五千人のファンを集め、大盛況であった。

開演一時間前の楽屋では、石橋が、有希と三奈を前にして、長島茂雄の形態模写をしていた。

石橋は、長身の体に、汗をいっぱいたらしながら、熱演した。

有希と、三奈は、あまりのおかしさに、腹をかかえて笑った。

「ここんとこで、長島さんはね。こうやって構えて、こうでしょ。そして、ものの見事に空振りさ。そのときの顔っていったら、こんな顔……そしてバットを叩きつけて、こういうふうにしてさ……」

有希や三奈は、現役時代の試合中の長島茂雄の姿は、ほとんど憶えていない。それなのに、なぜか、石橋の形態模写は、ほんとうに父によく似ている、と思ったらしい。

またたく間に時間が過ぎた。

石橋は、コンサートのことも忘れたように夢中になって独演している。周りのスタッフも大笑いである。が、開演時刻まであと五分だ。石橋は、かれこれ一時間以上も〝長島茂雄〟を演じた。

石橋は、最後に、

「お兄さんに、よろしくいってください。石橋が応援してるって」

二人の娘にそういい残し、相棒の木梨憲武といっしょに舞台に出て行った。

長女の有希は、野球選手としての兄一茂のことは父親に関心がないのと同様、ほとんど関心がなかったが、石橋の長島家への熱きラブコールを聞くにつけ、初めて、兄が父と同じ険しい男の道を歩み出したことを実感した。

ヤクルトとの契約が決まったとき、有希は長島家に親しいジャーナリストにこう洩らした。

「お兄ちゃん、契約金いっぱいもらっていいな。みんなで、お友達も誘って、お兄ちゃんにおごってもらいましょう」

そんな軽いノリで一茂のヤクルト入団を祝福していた。

が、さすがに、とんねるずのコンサートの日、有希は、三奈にいった。

「お兄ちゃんが、プロへ入ったら、試合、ぜったい観に行こうよ」

二人の妹も、兄がプロの道を選んだことがうれしく、誇らしかった。

平成三年四月、長嶋三奈は、テレビ朝日に入社した。スポーツに携わる仕事がしたい。テレビ局ならそれが可能だ、と思っていた希望どおりの就職先だった。

長嶋一家と親しいフリーアナウンサーの深沢弘によると、三奈が卒業してどこに就職するか、両親の長嶋夫妻も知らなかった、という。

ミスターは、三奈がテレビ朝日の内定が決まってからのテレビ朝日からの電話で、初めて知ることになった、ともいう。

「長嶋さんのお嬢さんは、このままいくと採用されてしまいますが、本当にウチでよろしいんでしょうか」

テレビ朝日がおそるおそるという感じで電話したのは、長嶋茂雄の親がかりならば、長嶋の娘なら、当然ジャイアンツの親会社読売新聞社グループの日本テレビと考えるのが自然だからである。

しかし、別の話もある。

三奈は、テレビ朝日の重役面接で、受けた動機を訊かれ、こう答えた、という。

「お父さんが『受けなさい』というから来ました」

別の説では、母親が「受けなさい」といった、とも。

ともかく、ふつうなら日本テレビを選ぶだろうに、それをしないところは、長嶋父娘らしい。娘の自主性にまかせ、娘が「テレビ朝日を受けたい」といったので、受けさせた、というのが真相かも知れない。

あるいはまた、三奈が、わざと「お父さん（お母さん）が受けなさいというので」と面接官にいったのかも知れない。そういえば受かる、と思ったからなのか。あるいは、とっさに思いついたのか。あるいは、はじめから、両親のどちらかにそういうようにいわれていたのか。とっさに思いついたのが本当ならば、おそるべきギャグタレントということになるが。

もっと穿《うが》った見方もある。

三奈のテレビ朝日就職に関しては、事前に長嶋茂雄とテレビ朝日の幹部との間で、話し合いが持たれていた、という説だ。

フジテレビの『プロ野球ニュース』のようなスポーツ情報番組をつくりたいと思っていたテレビ朝日幹部が、長嶋を直接口説き、三奈を入れさせたというのだ。

ゆくゆくは、その新しい情報番組に長嶋茂雄をメーンキャスターとして起用する。娘の三奈は、その人質的役割だという。もし、長嶋茂雄起用が無理だとしても、長嶋家の宝を採用しておけば、義理がたい長嶋茂雄は、いくらでも協力してくれるとの思惑だそうだ。

バルセロナ五輪の独占放映権を狙っているテレビ朝日としては、長嶋茂雄を番組に起用し、レポーターに起用する腹づもりもある。そのためには、どんなつながりでもいいから、長嶋家とのパイプを持っておきたい、というのだが。

いろいろな話を総合すると、真相は、三奈が面接で「受けなさいというから受けた」といったのは事実で、しかも、後からテレビ朝日の心配気な電話を受けたのも事実。そして、長嶋本人も、三奈の受験をあらかじめ知っていた。

テレビ朝日幹部が長嶋茂雄と事前に会って三奈の就職を決めたという話は、藪の中である。そして、テレビ朝日幹部の思惑が、どのあたりにあったのかも謎のままである。

いずれにせよ、娘の三奈がひとつの企業に入ったというだけで、これだけの憶測を起こさせるというのは、長嶋茂雄が、いかに日本人そのものと密接につながっているかの証拠であろう。

四月一日の入社式は、各マスコミが、三奈に殺到した。三奈も観念したのか、きちんと応対した。

「一社会人として失敗を恐れず〝一球入魂〟で頑張っていきたいです」

スポーツ局に仮配属された三奈が、最初に新人研修であいさつに行ったのが、神宮球場の巨人対ヤクルト戦にのぞむ両軍の指揮官だった。

まず、父親の古巣の巨人軍藤田元司監督にあいさつしに行く。

「新入社員の長嶋です。よろしくお願いします」

藤田監督は、いかにも懐かしそうに相好を崩した。

「やぁ、やぁ、頑張ってね。うーん、どっちに似てるのかなぁ」

三奈は、きっぱりといった。

「父に似ているといわれたくはないですね」

この時点では、三奈は、球界の人々が父親に対し、どれだけものすごい崇拝と憧れと愛情を抱いているかを知るよしもない。ふつうの田園調布のお嬢様だ。一茂の〝専売特許〟ともいわれた世間の常識とのズレかげんは、美奈にもあった。

先輩ディレクターが、三奈らスタッフ三人に食事をご馳走してくれることになった。三奈が「安くておいしいフランス料理の店を知っている」というので、そこにした。支払いのとき、勘定書きを見て、ディレクターは、卒倒しそうになった。一人四万円で合計十六万円也。とても払えなくて、三奈がカードで支払った、という。

三奈の父は、頭はいつも野球のことだけ。たまに家にいても、ぶつぶつ呪文のようなことをくりかえしながらきょうのバッティングの反省をしている。こんな父親は、野球を知らない娘からみれば変わり者だ。父親には反発さえしたという。偉大な父親だと聞いても、この阿呆な失敗ばかりしでかす父のどこが偉大なのかと不思議でならなかった。そして、父親のことをいつもいわれつづけることに飽きていたのだった。

藤田監督のもとを辞して、次にヤクルトの野村克也監督にあいさつに行った。

野村監督は、紳士の藤田監督とちがい、口が悪いことこのうえない。まさに、三奈は飛んで火にいる夏の虫か、と報道陣は、三奈の後ろをゾロゾロとくっついて行った。

長嶋茂雄の娘、と見られることは覚悟したが、これほどとは思わなかった。

しかし、いやな感じはしない。なぜなら、長嶋茂雄のことを語るすべての人が、口をそろえて長嶋茂雄へのかぎりない愛着と尊敬とおどろきとをくりかえす。いかにすごい選手だったかを語る。三奈には、正直どこがそんなにすごいのかがわからない。幼稚園時代に一度球場で観戦したていどで、テレビの野球中継も見たことはなかった。長嶋茂雄のプレーは、まったく知らなかった。

「よろしくお願いしまぁす、新入社員の長嶋でぇす」

すると、野村監督は、いきなり強烈なアッパーカットをぶちかました。三奈を指差しながらいった。

「なんや、お父さんに命令されて来たんか?」

野村監督は、よく女子アナを泣かせる。野球のヤの字も知らない女子アナが、ろくに勉強もせずに来るので、野村が毒づく。野村は、当たり前のことをいっているのに、野村の〝毒舌〟を返せず、アタフタし、あげくの果てに、いじめられてると勘違いして勝手に泣いてしまうのだ。

ところが、長嶋家のお嬢様は、なかなかどうして立派な根性娘であった。

野村は、ヤクルトのお坊ちゃま選手一茂……少々持て余し気味の長嶋家の長男一茂からの連想で、兄が兄なら、どうせ妹も、と勝手に決め、なめてかかった節もあったのだろう。

三奈は、野村のジャブに逃げずに答えた。

「ちがいますよ。(ヤクルトの開幕ダッシュ)おめでとうございますと、ごあいさつを……」

といってニコニコ笑っているではないか。

野村監督は、ベンチにねころがったまま、不機嫌そうな表情になった。

小娘になめられた気がしたのか。またチクチクと突いた。

「何しに来たんや？　ケチつけて怒らせるために来たんか」

「いえいえ」

「しばらくお父さんの顔を見られへんから、気合が入らんよ」

「ふふっ、そうですか。父の顔を見ると『倒してやる』って気になるんですか」

「ウン」

「ウン、だって。ははは」

「口の減らんやっちゃ」

「長嶋家は全員、頭を使うのは得意じゃないんですが、口（を使うの）は得意なんです」

これには、野村監督も、腹を抱えて笑ってしまった。

結局、野村監督のほうが、体よくあしらわれてしまった感じである。

野村監督は、まいったとばかりに話題を変えた。

「どや、兄貴（一茂）、最近落ちこんどらんか？」

「いえ、ぜんぜん落ちこんでいません」

「少しは落ちこめばええのになぁ……」

いっぽう、口下手で、報道陣泣かせの一茂は、三奈を囲む報道陣の輪からずいぶん離れた三塁側で黙々と守備練習をしていた。

練習を終えると、さっさと外野方向へ走って行った。三奈の輪からずっと遠ざかった。

担当記者によると、一茂は、前日に三奈に釘を刺していたらしい。

「絶対、こっちに来るなよ」

一茂は、この日の試合では、久々に出場し、一イニングだけ守備についた。今シーズン二打席二三振では、打撃では使ってもらえないのも無理はない。華やかな三奈とちがい、一茂は、ますます影が薄くなる。

巨人軍担当記者のひとりが、新米記者の三奈の印象を語るところによると、三奈は、東京は神田錦町にある巨人の球団事務所に来るたびにテレビ朝日の先輩スタッフにどやしつけられていた、という。

「三奈！　なにやってんだ、馬鹿野郎！」

三奈は、よく会見場所への集合時刻に遅刻をするらしい。記者としての初歩からしてなってない。

しかし、三奈は、怒られてもまったく沈んだりしなかった。

「あっ、すいません。気をつけまぁす」

ある日、兄の一茂にインタビューをすることがあった。

ところが、兄は成績が悪く、ムッとしていた。

「あっち行けよ」

と邪険にあつかわれた。

三奈は、無視されるのが一番嫌いだ。

「なによ、あの馬鹿」

それでもめげずに質問をした。しかし、一茂は返事もせず、まったく取材にならなかった。

コメントがないので記事の書きようがない。

男のくせにちょっと成績が悪いくらいで自分をシカトした態度を取る。目茶苦茶に頭に来た三奈は、一茂のことをぼろくそに書いた。

「一茂は、相変わらず打てない」

すると、上司から注意を受けた。

「こんなもの使えるわけないじゃないか。書き直してこい」

三奈は、ムッとして、いい返した。

「でも、なにも話さないんだから、書きようがないです」

「おまえ、なに馬鹿なこといってんだ。おまえらきょうだいなのに、ふだん話もしねえのか。なにか話すだろ。そんな話の中から、なにか使える話があるだろう。思い出して書いてみろ」

結局、原稿はモノにならず、ボツになったという。

そのたびに、三奈は誓った。

「いつかはきっと、素晴らしい原稿を書く」

しゃべるような原稿を書きたい。

## レーサーを目指す次男・正興

平成十二年四月二十日夜、東京ドームで巨人―阪神戦がおこなわれた。中継は、日本テレビ。攻守が交代となり、ＣＭが入った。

大鵬薬品工業の栄養補給ドリンク「チオビタドリンク」のＣＭが流れた。イメージキャラクターは、長嶋監督の次男でレーシングドライバーの正興である。

正興にとって、初のＣＭ出演であった。

長島茂雄の長男の一茂につづき、次男の正興も、じつは、プロ野球の選手になるのでは、と期待されていた時期がある。

次男の正興は、昭和四十五年九月二十六日に生まれた長嶋家の末っ子である。一茂と同じく田園調布小学校から田園調布中学に進んだ。中学二年までのクラブチームでは、「サード長嶋」であった。血液型は、家族いっしょのB型。中学時代は、陸上、バスケット、柔道などをこなしている。

一茂より四歳年下の正興は、小さいころは、王貞治にあこがれていた。

長島が監督時代、巨人軍が玉川の練習場で練習しているとき、王選手の姿を見かけては、「王さん、こんちは。がんばって下さい」と声援をおくった。

正興は、愛想がよく、だれとでも気軽に話をする。王も、正興のことを大変にかわいがった。王は、長島茂雄にそっくりの敏捷な動きをする正興を、プロ野球選手の目で見て、まわりの者にいった。

「この子は、長島茂雄そのものだ。きっと、将来野球選手になれば、おやじさんとおなじく観衆の目を釘づけにするにちがいない。楽しみな子だ……」

正興は、小学校四年生に上がるころ、それまでの正明という名から、正興と名を変えていた。母親の亜希子の判断で、知り合いの姓名判断をする人に見てもらい、改名した。

亜希子は、正明という名を、あまりにも簡単につけたことに対して、後悔していた。正しく、明るく、これ以上ない単純明快な名前であった。が、亜希子は、男の子は、もうひとつ、一生のうちに、何かを〝興す〟ことが大事である。そういう母の願いもこめて、正興という名にした。

が、正興本人は、いたって無関心で、母親の願いも知らぬがごとく、一茂にも負けず劣らずのヤンチャに育った。

末っ子ということもあり、父親の茂雄はもとより、母もいっさい構わず、のびのびと育てた。

各スポーツ紙の長嶋番記者が、その正興少年の軽業《かるわざ》師のような敏捷性を目撃している。

門の前で、例によって長嶋茂雄を張っている。そんなとき、ひとりの少年が、かれらの目の前をスケボー（スケートボード）に乗って、ジェット機のような速度で走り去る。坂道を猛スピードで下ったかとおもうと坂道の一番下でクルッと回転し、宙返りしてみせる。

「オーッ、すっげえな、どこのガキだ」

「あれが、チョーさんとこの次男坊だよ」

「恐るべき運動神経だな。将来楽しみじゃない」

その代わり、正興を呼び止めて、知らない記者がなにか質問しようとしても、正興は、サッと家の中に逃げてしまう。正興にかぎらず、長嶋家の四人の子供たちは、だれもが記者に捕まるのをいやがり、脱兎のごとく逃げるのだ。そのすばしっこさは、ほとんど人間の子というより、なにか原野の野性動物をおもわせるようだった、という。

正興はまた、手のかからない子だった。

長島家の兄弟姉妹たちは、男の兄弟、女の姉妹は、それぞれべつべつに遊んで育っている。

リトルリーグをやっていた小学校五年の一茂は、一年生の弟正興にしょっちゅうキャッチボールの相手をさせた。

一茂の力いっぱい投げるボールを、一年生の正興がうまくとれるわけがない。ボールをはじく正興を、一茂は、叱りつけた。

「ほっぺ、そんな球とれないのかよ」

〝ほっぺ〟というのは正興の赤ん坊時代につけられた仇名であった。〝ほっぺ〟がふくらんでかわいいところからつけられた仇名である。

「だって、お兄ちゃん、速すぎるよ」

「馬鹿やろう！」

一茂の愛の拳骨《げんこつ》が、正興の頭をめがけ飛んだ。

あまり何度もとれないと、一茂は、本気になって正興を殴ったり、足蹴りをかけたりした。

一茂にとっては、正興がかわいくてたまらないための過剰な愛情表現であった。

一茂は、キャッチボールをしないときでも、何か事あるごとに、正興に格闘の相手をさせた。

キックボクシングのローキックはもとより、相手の首を腕に巻き、ぐいぐい締めあげるヘッドロックをかけたり、正興に一瞬のすきもあたえず、小学生とは思えない怪力で、本気で攻めつけた。

一茂にとっては、乱暴ではあるが、それがこれ以上ない一種の愛情表現である。

〈こいつ、根性があって、ほんとうにかわいいな……〉

長島家に出入りする親しい記者は、そのほほえましさを見ながら、思わずいう。

「あれじゃ、ハンターと、マンディのじゃれっことおなじだな。あいつら、犬だな」

ハンターとマンディというのは、長島家に父犬、母犬と子犬の親子三匹飼っている〝珍島犬〟の父親と息子の名前である。

息子のマンディは暴れもので手がつけられない。〝珍島犬〟というのは、韓国の〝珍島〟という島にだけ住む犬である。長島茂雄が知人からゆずり受けたもので、毛は茶色、姿形、大きさは、日本の柴犬とよく似ている。

三匹が庭を占領して走りまわる。一茂が、バットの素振りをしたいと思っても、じゃれついてできない。

長島家に親しいジャーナリストが、一茂に、「おい、バッティングケージを庭につくってもらえよ」というと、一茂は、「だめですよ。うちの庭は、あいつら犬どもの領土ですから」といって、犬どもに占領されたまま、自分は、父茂雄の特別練習場である地下室に足を運んでいた。

一茂と正興は、じゃれあって、とっくみ合っているうち、一茂があまりに強くかわいがるため、正興が窒息してしまい目をまわしてしまった。急遽、救急車を呼び病院に運び、事なきをえたこともある。が、一茂は、それ以後何回も、正興を気絶させている。

正興は、目をまわし、気絶するたびに、なんとかして一茂のように強くなろうと、決心した。

そのため、マーシャル・アーツや、空手の訓練に励んだ。

正興は、いつも兄を手本にして育った。父茂雄と顔を合わすことはほとんどなく、いきおい長島家の中で目標とする男は一茂であった。

正興は、一茂の鍛え方のせいで、根性と我慢強さにおいては、兄の一茂より上、と共通の友人たちに一目置かれるようになった。

正興が、小学校六年生のときのピッチングの球のスピードは、一茂の六年生のときより上であった。

一茂の友人は、一茂の球は、受けることができた。が、正興の球は、あまりに速いため、受けられないことが多かった。

なにしろ、ミットにまともに入ると、掌が痛い。そのため、つい捕りたくない気持がはたらき、ボールをそらしたりすることがあった。

一茂が小学校六年生までリトル・リーグ「目黒クリッパーズ」に入って活躍していたころ、周囲の父兄たちの嫉《ねた》みや、さまざまな中傷にさらされ、これでもかと叩かれているのを聞き、小学校二年生の正興は、小さな心を痛めた。

「どうして、お兄ちゃんは、いじめられるのだろう。なにも、悪いことをしていないのに……」

そういって、母親に訊いたこともあった。

正興は、正興なりに、愛する兄のことをだれよりも心配していたのである。

そのために、正興は、自分が、リトル・リーグに入ることのできる年齢に達しても、決して野球をやりたい、とはいわなかった。

兄への誹謗中傷をこころに痛いほど刻み、自分は、そのような目には遇いたくはない、と決めていた。

一茂の振るバットが腹に当たって倒れても、すぐ起きあがった根性の少年正興は、走ることにかけては、兄以上の非凡な才能を見せていた。

正興が田園調布小学校六年生の運動会。

その日のハイライト種目のリレーのアンカーで登場した。

「ほっぺぇ！　がんばって」

観客席の茣蓙《ござ》の上に座っている友だちの父兄は、人気者正興を声をかぎりに応援した。

その日、亜希子といっしょに観戦していた亜希子の弟で、電通マンの西村重広は、つくづく感心した。

「へぇ、一茂も正興も、人気者なんだな。ほっぺなんて、身内だけの愛称だと思っていたのに……」

正興は、第三走者から、バトンを受けとるや、風に乗ったかのように小学校のタータントラックを疾走した。

「ほっぺぇ！ほっぺぇ！」

正興は、走りながら、声のする方にニッコリ笑って手を振った。

正興は、それでも楽々と一着でゴールインした。まさにカモシカのようにしなやかな筋肉を躍動させ、走り抜けた。

長島茂雄は、たまたまその日は、観にいけず、亜希子から報告を受けた。

長島は、頬をゆるめっ放しであった。

「ほぉ、正興がねぇ、すごいねぇ、亜希子」

しかし、亜希子は、長島に少し心配そうにいった。

「でも、一茂とちがって、正興は、ほっとくと何をするかわからない危っかしいところがあるわ」

「うん、うん、それで……」

長島は、一人で悦に入りながら、亜希子の話を聞いていた。

「だから、あの子は、うんと規律の厳しい学校へ入れないと駄目じゃないかしら」

「そうだな。そのとおりかもしれないね」

正興は、兄一茂が、ひとつのことに興味を示しだすと、何時間でもおなじことに熱中し、他のことには目もくれなくなるタイプなのに比べて、どんなことでも、じつに器用にこなした。じつにすばしっこかった。どのような運動種目でも、呑みこみがはやく、またたくまにマスターした。

長島茂雄は、亜希子から正興のことを聞くたびに、思った。

〈おれに、そっくりだな……〉

長島茂雄も、正興とおなじ次男で末っ子であった。長男の武彦に思いきり鍛えられた記憶がある。

いま、正興が、兄一茂のキャッチボールの相手をし、受けそこねるとぶんなぐられる、という話を亜希子から聞き、茂雄は、心の中で、正興に励ましの言葉をかけてやりたい気持でいっぱいであった。

「ほっぺよ。がんばれよ。おまえは、おれの子だぞ。ぜったいに兄貴に負けるなよ……」

田園調布中学へ進んだ正興は、運動ばかりでなく、音楽にも才能を発揮するようになる。ギターをどこかでおぼえてきて、すらすらと弾きこなした。

ドラムも、器用に操るようになった。

多彩な能力の開化を見せはじめた正興は亜希子には、不安の塊《かたまり》だった。

〈いよいよ、思っていたとおりの成長をはじめたわ。悪い道をおぼえないうちに、はやく厳し

い学校へ入れなければ……。器用な子ほど、好奇心の幅が広いっていうし……〉

サッカーや、ラグビーなんでもこいの正興は、一茂と同じように田園調布中学の狭い運動場を、ボールを追い走りまわった。危険がいっぱいの敏捷な動きを見せる正興は、教師の目にも、一茂にはないシャープさを漂わせている、と映った。そんな正興の噂をきくにつれ、長島家の親しい知人は、つくづく思った。

〈こいつは、エンジンのかかりの早い素晴らしい子だ。将来が楽しみだ……親父のいつもいう、プロとして見せる野球のできる〝商売人〟となる素質は、一茂以上かもしれん……〉

実際、亜希子にとっても、長島家の人々にとっても、正興が幅広い好奇心をもって何事にも興味をいだく姿勢は、頼もしくもあった。

長島家に親しい知人は、母親の亜希子につぶやくともなくいった。

「この子は、事業家になっても、ひとかどの男になるかもしれないよ」

しかし、正興は、そんな周囲の思惑を知らぬかのように、まっ白な感受性で、なにごとも、どんどん吸収していった。

正興は、昭和六十一年、田園調布中学を卒業すると、両親の希望通り、厳しい教育で知られる、千葉にある暁星国際高校に進学した。

親元を離れ一人で寮生活をはじめた。

母は、自分の許を離れていく正興にはっきりといった。

「ほっぺ、男の子は、ちゃんと自分一人でやっていけるようになりなさい」

しかし、マスコミは、正興の大好きな兄一茂のことを〝六大学史上最低の四番打者〟と口々にけなしていた。正興は、はっきりとマスコミに対してさけび、異をとなえたかった。

「お兄ちゃんは、ちがうぞ。あんなに一人で地下室で努力したお兄ちゃんが、ぜったいに活躍しないわけがない。お兄ちゃんは、大丈夫だよ……」

正興は、寮の部屋でひとり神宮の杜《もり》に、大ホームランをかっ飛ばす一茂の姿を夢見ていた。

〈お兄ちゃん、がんばれ。ぼくが応援してるからね……〉

暁星国際高一年生のとき、アメリカのミリタリア・アカデミーに留学した。アメリカンフットボールのランニングバックとしてプレーしていた。百七十八センチ、七十三キロのたくましい体が出来上がった。

帰国後、暁星国際高校二年生で、アメリカンフットボールを始めた。

いっぽう立教大学四年の一茂は、父親を超える九本目のホームランを放つ。野球はやるまい、と決めていた正興は、そのとき、大きく気持が揺らぐ。

正興は、誇らしかった。

「へぇ、お兄ちゃんやるじゃない。お父さん抜いちゃったんだね。ぼくも野球やりたいな……」

この年の夏休み、正興は、田園調布の長島家にもどっていた。

ちょうどそこにいあわせた長島家に親しいジャーナリストは、正興の海水パンツ姿の裸の上半身を見て、驚いた。

正興は、これ見よがしにポーズをとり、上半身の筋肉をジャーナリストに誇示した。

「ねぇ、見て、見て。この筋肉。すごいでしょ。こんなになっちゃった。お兄ちゃんにも、負けないよ」

「何だぁ、ほっぺ、この体は。おまえ、いつのまにかこんなにすごくなったんだ。ついこないだまで、生っ白い餓鬼だったじゃないか」

「えっへっへ。練習とボディビルで鍛えたんだよ」

ジャーナリストは、唸った。若々しい、少年から青年になろうとする雄の肉体が、目の前で弾けるように挑発しているように思えた。

このジャーナリストは、その直後、一茂に会い、その感想を伝えた。

「一茂よう、正興の方が、よっぽどすげえ体をしてるぞ。どうしたんだ」

しかし、四歳年上の一茂は、自分の体を誇る正興のことを意にも解さぬようにいった。

「あいつは、何にもわかっちゃいないんですよ。あんなのは、つくった体ですよ。運動して鍛えた結果じゃないもの。あいつなんか、甘ったれのいばりん坊ですよ」

正興に対して、まるで父親のような言葉づかいと見方をしている一茂を見ていて、ジャーナリストは、思わず吹き出しそうになった。

〈一茂は、やはり、長男だな。大したもんだよ〉

正興は、兄に倣《なら》い、野球をすることに決めた。高校三年の二月からアメリカンフットボール部から野球部に転部した。

いきなりサード四番、そしてリリーフピッチャーだ。いかに「大物」かが想像できる。同好会に毛の生えたような野球部では、長嶋家の運動能力だけで、他のナインをシメていたのだろう。しかし、春の県大会の一回戦で、柏西高に二対十三のコールド負けを喫した。同好会だから、グラウンドをきちんとならしたりしない。

憧れは、亜細亜大から近鉄に入った阿波野秀幸投手だ、という。

大事な七月だというのに、試験があるからといって練習に出てこない。これでは、一茂に「野球をなめてる」といわれてもしょうがない。

案の定、夏の県予選では、千葉敬愛高校相手に春よりも大差の〇対二十三のコールド負けした。正興がピッチャーまでやってしまったせいかも知れない。

一茂は、弟や妹たちに対しては、いつも、〝うちのチビどもは……〟というのが癖のようになっていた。長男の威厳を保とうとしている一茂が、おかしくもあり、頼もしくもあった。

一茂は、たまに田園調布に帰ってくると、すぐ正興のことを次女の三奈にきく。

「おい、ほっぺ来てるか」

「ええ、いるわよ。お兄ちゃん、会って話してけば」

「いや、いいんだ。いれば、いいんだ」

「ふーん、変なの……」

正興の方も、長女の有希にきく。

「お兄ちゃん来てるんだ。元気？」

「ええ、元気だわ。ほっぺのこと、きいてたよ」

「何っていってた」

「『来てるのか。来てりゃいいんだ』だって」

「あっ、そう、元気なんだ」

正興も、安心したような顔でうなずく。

長島家の姉妹たちは、ほんとうに不思議な兄弟だと思い、いいあう。

「でも、あれで、けっこうおたがいによくわかりあってるんだから、男って変よね」

長島家の男たちは、父親を筆頭に、言葉などなくても、男はわかりあえるもんだ、と思っているところがある。男は、黙って勝負するのだ、と思っている。

平成元年四月、正興は、暁星国際から駒沢大の経済学部二部に進学。ただちに野球部に入った。巨人の中畑清、西武の石毛宏典らを輩出した名門だ。

百メートルを十一秒八の俊足である。

部員総数八十一名。新入部員二十名の中にも甲子園出場組がゴロゴロいる、いわば、ちょっと場ちがいの部に入った。

ミスターは、「息子のひとりはプロゴルファーにしたい」という希望から正興をゴルファーにさせたかった。しかし、止めようとしない。野球がおもしろいようだ。ミスターとしては、野球の息子は、一茂で懲りているのだろうか。

がんばったものの、正興は、一年しか持たなかった。右膝に留学先でのアメリカンフットボールで痛めた古傷を抱えていたのだ。

野球部を辞めた正興は、芸能界かプロゴルファーか、といわれた。

結局、正興が選んだのは、レーサーの道であった。

国内A級ライセンスを取得した。

デビューに向け、特訓していた。

正興のデビューは、市販の車に改造を施《ほどこ》したマシンを使ってレースをする「N1耐久レース」。やがて、父の親しいビートたけしが出資するレーシングチーム「たけしプロジェクト」に参加し、平成五年五月十六日、宮城・スポーツランド菅生でおこなわれた「'93シビックレース東北シリーズ」にフル出場した。全六レースでのチャンピオンシップを競う。スポンサーがつかなかったためだった。シリーズ第一戦では九台中九位だった。

指導者の話によると、正興は、体力、集中力、センスいいこと、のみこみが早いので、将来鍛えあげて、本人の希望通り「F—1レーサー」デビューさせてやりたい、という。正興本人は、牙《きば》を研いでいる。

「長嶋の息子だから、ということで、自分を認めてもらおうとは思っていません。いまはとにかくレースで結果を出して、名前でなく、実力で注目される選手になりたい」

F—1レーサーへの道は、人気スポーツゆえに険しいという。

スポンサー探しが、きわめて困難なのだという。

正興は、平成七年、耐久シリーズの途中からフォーミュラ・トヨタに参戦し、平成八年六月、全日本GT選手権のサポートレースとしておこなわれたフォーミュラ・トヨタ・エッソ・チャレンジシリーズ第五戦で初優勝を飾る。

平成十年四月、トヨタ・アトランティック選手権でアメリカに初参戦。

現在は、松下電器産業創業者の故松下幸之助の孫であり、レーシングドライバーのヒロ松下の事務所に所属し、アメリカ開催が主流のカートレースに参戦している。

正興には、長男一茂とちがい、茨《いばら》の道が待っているようだ。長嶋の名前に潰されないよう、懸命の努力をつづけている。

## 一茂、長嶋巨人軍へ金銭トレード

平成四年二月、ヤクルトのユマキャンプも終わった。角や一茂らのいるヤクルトナイン一行は、日本へ帰ることになった。これからは、宮崎キャンプに入る。

その乗り換えのロサンゼルスの空港でのことである。

飛行機の発着時間まで間があった。

角が、そばにいた仲間に声をかけた。

「お茶飲んでかないか」

角と、広沢克、池山隆寛、古田敦也、一茂の五人で空港の喫茶店に入った。

雑談をした。時間が来た。支払いの段となった。角は、そのメンバーでは一番の年上だ。

〈やっぱし、年功序列じゃないけど、おれが払わにゃなるまい〉

給料は、一茂をのぞいて、彼らのほうが角よりもらっているだろう。しかし、常識というものがある。角は、みんなが財布から金を出そうとするのを制した。

「いい、いい。おれ出しとくから」

広沢も、池山も、古田も、めいめいが角が出した財布を押しとどめようとした。

「そんなぁ、いいですよ、ぼくら払いますよ」

ちょっとした押し問答になった。彼らとしてみれば、角は新しく自分たちのメンバーになった選手だ。自分らより年長だとはいえ、いわばまだお客さんだ。自分たちの河岸《かし》でお客さんに払わせるわけにはいかない。自分たちのほうが払って当然と思っていたのだろう。

その瞬間、一茂が、伝票をサッと取った。

「いえ、ここはぼくが払いますから」

そのままスタスタとレジに向かった。

アッと思う間もなかった。

「あっ、ご馳走さーん」

みんな、あっけに取られながらも素直にいってしまった。

角は、後ろから歩きながら、ふと思った。

〈こいつ腹立つなぁ、こん中で一番給料低いくせしやがって……〉

しかし、不思議にも、ちくしょう、生意気だなぁ、あんな若僧に奢《おご》ってもらってくやしいなぁ、とは思えないのだ。これは、なんとしたことだろうか。あまりにも自然、あまりにもスマートト。なんか育ちだなぁ、としか思えなかった。厭味もなにもなくきれいなのだった。もう、なにもかもあなたにおまかせします。はい、あなたに奢ってもらいます、という雰囲気になるのだった。それがまったく不快ではないのだ。世の中には、おまえにだけは奢ってもらいたくない、という厭味な人間がいるものだ。相手が自分よりどんなに金を持っていても、かたくなに、おまえにだけは奢られたくない、と思う人間がいる。そういう人間群がいる。一茂は、そういう人間群と対極にいる人間なのだろう。

一茂は、ヤクルト五年目の平成四年のシーズン開幕前の四月一日に渡米した。フロリダにあるアメリカ大リーグ1Aチーム『ベロビーチ・ドジャース』へ、年俸一千二百万円を保証されたまま野球留学した。メジャーリーグ『ロサンゼルス・ドジャース』傘下の名門だ。

トレードを希望する一茂をなだめ、ヤクルトが行かせた。大リーグ武者修行という名目であった。

出発直前の記者会見で、なにを学んでくるのか、と質問された一茂は、答えた。

「マイナーリーグのハングリー精神を学んできたいですね」

が、ハングリー精神を学びたい、という言葉はどこへやら、本人は、ちゃっかりファーストクラスで渡米した。

渡航費、滞在費などの経費は、ヤクルト球団持ちで、ベロビーチ・ドジャースへの授業料十万ドル（約一千三百万円）をふくめ、ヤクルトの出費は、およそ二千万円。

おまけに、一茂は、ゴールドカードも持っている。

ホームスティ先は、フロリダにある『ベロビーチ・ドジャース』の千晋成《チヨン・ポ・ソン》コーチ宅。

四月十四日には、さっそく父親茂雄が、ベロビーチを訪れ、一茂の練習を遠方からうかがっていた。

一茂を直接指導するのは、現地のベロビーチ・ドジャースのコーチたちだが、もうひとり、ドジャースのオマリー会長補佐であるアイク生原が、試合が終わったその夜、その日のゲームをかえりみながらつきっきりで技術指導した。

おそらく、一茂の野球人生の中で、もっとも身を入れて野球に取り組んだ時期ではないだろうか。

一茂は、親友の矢作公一に、つねにいっていた、という。

「アイクさんには、一から十まで教えてもらった。野球のノウハウからなにから、すべて教えてもらった」

アイク生原は、本格的な野球の技術は持っていない。しかし、野球に取り組む姿勢、ボールやバットに込める一途なまでの気持ちを一茂に伝えた。いわゆる野球の基礎、投げ方、走り方、野球に関することはすべて一茂に教えた。

父親の長嶋茂雄と接する時間が少なかった分、アイク生原は、一茂にとって第二の父のようなものだった。おそらく長嶋茂雄から影響を受けた以上のものをアイク生原から受けたのかもしれない。

アイク生原は、長嶋一茂を百八十度変えた、とも矢作はいう。

しかし、じっさいの成績は、アイク生原の指導のかいもなく、パッとしたものではなかった。ナインからは、〝オールド〟とかんばしくない仇名ももらった。

九月二日、1Aのリーグ戦が終了した。

一茂の通算成績は、二百二十六打数五十三安打。二割三分五厘、本塁打七、打点二十六、三振三十。そのうえ一茂を待っているヤクルトの環境は、決して明るいものではなかった。

ヤクルトは、十四年ぶりの優勝を目指し首位を走っていた。しかも、首位安泰ともいえない。一茂は、秘密兵器ではなく、〝連勝ストッパー〟なる仇名ももらっている。ヤクルト十連勝を一茂のエラーで止めた前科があるからだ。ヤクルトの野手は絶好調であった。とくに一茂の守っていたサードは、後半戦十一ホーマーを放ち、ヤクルトのリードオフマンとなったハウエルが守っていた。

野村監督は、長嶋一茂のことを訊かれると「それは死語や」とムッとした、という。

一茂は低迷した。帰国後のヤクルト二軍での成績は、二割二分前後を行ったり来たりした。ボールを怖がる致命的欠陥は、少しも解消されていなかった。

ヤクルトの一軍が優勝争いをしている最中にも、一茂の進路は、長嶋家での話題の中心であった。

亜希子夫人は、悲痛な声で、長嶋にいった、という。

「あなた、一茂をなんとかして。このままでは、一茂は駄目になってしまう……」

〝ミスタープロ野球〟長嶋茂雄の眼から見れば、一茂は、まだまだ未熟な技術しか持っていない。まだまだ鍛えられていない。だが、いや、だからこそ、自分の手元に置いて、徹底的に鍛えてやることができれば、一茂は、見事に変貌をとげるかもしれない。その可能性を、父親長嶋茂雄は、だれよりも信じざるをえない。

ミスターは、その気になった、という。

「よし、おれが徹底的に一茂を鍛えよう」

長嶋茂雄の巨人軍監督復帰が内定したのは、平成四年十月九日であった。記者団の興味は、長嶋本人のこともあるが、一茂の来季にも注目していた。

ヤクルトの桑原潤オーナーは、記者団に囲まれいった。

「長嶋さんがどうしてもといったら、考慮しなくちゃいけないだろうね。父子の仲を裂いちゃいけないよ」

長嶋茂雄が、巨人軍監督復帰記者会見を開いたのは、十月十二日である。

長嶋新監督も、ヤクルトの桑原オーナーの発言を受け、慎重に言葉を選びながら、一茂問題に言及した。

「ルールにそった形で話し合いの場がもたれるならば、選手権（日本シリーズ）が終わった時点で、そういう話に乗っていきたい」

これを、マスコミは、「一茂獲得宣言」と読んだ。

一茂のヤクルトでの五年間のシーズントータル成績は、二割一分八厘、ホームラン十三本であった。

長嶋茂雄は、十二月初旬、渡辺恒雄読売新聞社社長に申し入れた、という。

「戦力として（一茂を）獲りたい。二軍で育ててみて、駄目だったら自分の責任でユニフォームを脱がせます」

いわば、父親が、息子の骨を拾ってやる覚悟なのだ。

渡辺社長は、それでも渋ったという。

この背景には、長嶋家の深謀遠慮があったのだと、元巨人番の某紙デスクが語る。

「引退させるためのトレードなんですよ、これは。二年やって駄目だったら、ミスターが自分で引導渡すっていったようですよ。亜希子さんは、ヤクルトにあのまま置いておいたのでは、さらしものになる。それよりは、一茂に早めに野球をあきらめさせて、ニューヨークの知人に預けて、不動産やその他もろもろの勉強をやらせようとしてたんですよ。実業家みたいな形でね。亜希子さんは、野球なんかやめさせたかった。一茂が巨人に入って、巨人でやめれば〝元巨人〟という肩書がつくしね。この肩書は、ご存じのように実用効果があるんですよ。『オフィス・エヌ』（長嶋茂雄の個人事務所）の仕事をしてもらいたかったようですよ。長嶋さんの財産を守るとか、そういう長男坊としてのきちっとした仕事をしてほしかったんですね」

十二月二十二日、一茂の巨人への金銭トレードが正式発表された。

金額推定一千万円という説から、二千万円という説まであった。

平成五年の正月が明けた。

一茂は、正月三カ日も、ランニングと素振りは欠かさなかった。

一月六日、朝早く、一茂は、川崎市新丸子に住む矢作公一の自宅に電話を入れた。

「多摩川でトレーニングをする。すぐ来てくれ」

矢作は、昨シーズンかぎりで日本ハムのユニフォームを脱いでいた。

矢作は、一茂の眼の鋭さが、昨年とはまったくちがうことに気づいた。意気込みが半端ではなかった。

田園調布の長嶋家から多摩川の河川敷まで行く間に、必ず階段を通った。この八十段の階段の上り下りを、五本はこなした。

一茂は、積極的だった。

「おい、きょうは、階段一本増やさないか」

「おい、きょうは、こっちでストレッチをしないか」

ヤクルト時代にも、自主トレにつきあったが、矢作が一茂に注文を出すことがほとんどだった。

しかし、今年はちがった。格好などつけている場合ではないことに気づいたようだった。

矢作は、感心した。

〈ああ、この人は物事を自分から取り組もうとしているんだ〉

アップ（準備運動）をし、キャッチボールをし、階段で走り込む。タイムを測る。打ち込む。これに三、四時間をかける。一年間耐えられる体力をつくることが目標である。

長嶋家にもどり、シャワーを浴び、亜希子夫人のつくってくれる朝昼兼用のブランチを摂《と》った。

食後の後、しばらく休む。矢作は、それで終了だが、一茂は、それからまた、車に乗り、自由ヶ丘にあるトレーニングジム『エクザス』に行った。そこでベンチプレスで汗をながし、プールで仕上げをする。

一月十日、長嶋監督は、多摩川での早朝トレーニングを終えて帰ってきたところを週刊現代の記者に摑まった。

一茂のことについては口を閉ざしていた長嶋が、厳しく一茂を突き放した。

「このさい、何もかもかなぐり捨てるぐらいの追いつめられた気持ちで野球一本に取り組め、と一茂にはいいたい。この一年、選手生命を賭けるつもりでやらねばいけないし、本人もその覚悟はできているでしょう。世間では〝父子鷹〟と名づけ、特別な意識を持って見ているようですが、わたしも一茂も決して、甘い考えは持ってないんですよ。厳しい日々が待っていることは本人が一番感じているでしょうし、もう、プロ野球六年目ですから、他人からとやかくいわれなくても、自分の立場は理解しているはずです」

一月十一日、巨人軍のスタッフミーティングで、一茂の背番号が「36」と決まった。取材陣の要望で、背番号決定記者会見を開くことになった。

記者のひとりがいった。

「お父さんの3に尊敬する落合さんの6がいっしょにつきましたね」

一茂は、うんざりといった表情でいった。

「そんなこと関係ないよ。それは、あなたたちが勝手にこじつけてるだけでしょ。だから、ぼくはマスコミが嫌いなんだ。野球は背番号でするもんじゃないんだよ。124番でも00番でも、別になんでもよかった。ファンの人はぼくのヒット一本を見に来てくれるんであって、背番号を見にくるわけじゃない。どうでもいいけど、背番号が決まっただけで、こんなに人が集まったの？　おかしいんじゃないのかなぁ」

記者のひとりは、めずらしく一茂がまともなことをいっていると思った。

# 地下室の秘密特訓と誓いの言葉

平成五年二月、長島一茂は、巨人入団最初の宮崎キャンプ中、右肘を痛めた。

調子は決してよくはなかった。外見は、キャッチボールでもいい球を投げていたので、悪いようには見えなかった。そんな状態でいながら、原辰徳、岡崎郁の先輩サードよりも、一茂のほうが、一塁へいい球を投げていた。見ていた一茂番記者は思った。

〈これで、守備は問題ない。あとは、バッティングだ。それともうひとつ大事なことだが、ミスターが、一茂を、どうつくってくれるかだ〉

長嶋は、息子の一茂を必要以上に意識している。愛しているため、よけいに厳しく接しようとつとめているように見える。記者は、そのことのほうが、よりいっそう心配だった。長嶋監督を見ていると、明らかにわかることがある。コーチを見つけては、コソコソ何やら耳打ちしている。

「一茂を、なんとか頼むよ、な」

他のコーチや選手や記者が近づくと、とたんに会話をやめる。長嶋監督をよく見ているとわかることだが、つねに注目されるスーパースターゆえ、長嶋茂雄は、人と話していても眼線が激しく移動する。たえず、カメラ目線や周囲の他の視線を気にしている。眼がくるくる動いている。

しかし、それを一茂に当てはめないでほしい、と記者は思う。一茂にはストレートに接してほしい。周りを見なくてもいい。

選手同士が話し込んでいる。そこに長嶋監督がやってくる。なにか話しかけようと思ったのだろう。輪の中に一茂がいる。すると、長嶋監督は、くるりと踵《きびす》を返してそのまま向こうへ行ってしまう。

金沢星稜高校出身でドラフト一位の超大物スラッガー松井秀喜が、特打ちをしている。長嶋監督が、じっとつきっきりで見守っている。ときどきアドバイスをする。その横のケージで、一茂もずっと打っていた。長嶋監督は、一茂に初めて気づいたような顔をして、一茂にもアドバイスをする。しかし、すぐに松井にかかりきりになる。その合間に、ときどき一茂にもアドバイスをする。何回もアドバイスをしているのに、そのたびに「おっ、おまえ、ここにいたのか」みたいに初めて気づいたような顔をする。

巨人軍宮崎キャンプの休日。市内の料理屋で、長嶋監督は、三十年来の親しい友人たちと、盃を傾けた。長嶋監督は、宮崎名産の蕎麦《そば》焼酎のお湯割りを飲んでいた。現役時代アルコールに弱い長嶋監督だったが、前回の監督時代、ストレス発散のため、少しずつ飲むようになった。それが、このお湯割りだった。

話題は、つきなかった。最初、長嶋監督は、カムバックした胸のうちや、〝ゴジラ〟松井のことなどを淡々と語っていた。ところが、話が息子のことになると、とたんに長嶋茂雄の眼が真剣に光った。

「うん、一茂ね、皆さんに心配をおかけして……。でも、ありがたいことだと思っています。実績のない選手に多額のトレードマネーを払って獲っていただいたんですから。努力しないと罰が当たりますよ、本当に」

長嶋監督は、努力という言葉を特別に強調したように、聞いている人には映った。一茂本人のことなのに、自らもいっしょになって努力しないといけない、と真剣に思っているようだった、という。

そして、長嶋監督は、絶対にグラウンドでは、口にしない質問をした、という。

「一茂、どう？　あなたの目から見ても、よくなったと見える？　青田（昇）さんも、田淵（幸一）も、みんな『よくなった』といってくれるんだよ」

父として、息子の骨を拾うつもりで一茂を獲った長嶋としては、悲壮なる決意を持ってのぞんでいるのだろう。

その父の期待に応え、一茂は、ヤクルト時代には考えられないような熱心さで、練習に取り組んでいた。野村監督を悩ませたサボリ病など、どこにも見られない。

学生時代から、「少々のことでは壊れない強靭な体力」といわれた。ヤクルト時代は、その強靭な体力を持てあましていたのかと思われるほど、自分の体を苛《いじ》めていた。

記者たちは、口々にいった。

「ノムさんの呪縛が解けただけで、こんなにのびのびとやれるものなんだねえ、おどろいたな」

じっさい一茂は、キャンプの第一クール当時からバッティングではファームで群を抜いた。すぐにでも一軍入りオーケイの状態だった。

が、長嶋監督は、第二クールになっても一茂を一軍に上げなかった。

津末英明二軍打撃コーチは、断言していた。

「一茂は、ファームで一番バットを振り、ボールを叩いている」

一茂は、夜間、休日返上で、宿舎の庭でバットを振っているのだ。

二月十日、長嶋監督は、一茂の仕上がりぐあいを見に行った。

末次利光二軍監督は、一茂を一軍へ推薦した。

長嶋監督は、するりとかわした。

「それは、あしたのスタッフミーティングで」

長嶋監督は、「いまは、たまたまボールがよく見えているだけ」とニべもない。一茂は、長嶋監督のいわゆる「一茂は一軍半」という認定のため、宿舎も、二軍選手用の『水光苑』であった。

しかし、ついに長嶋監督は、一茂を一軍に昇格させた。

二月十二日、長嶋監督は、宿舎の宮崎国際ホテルの部屋のベランダでひさしぶりに、すがすがしい朝を迎えた。あまりのすがすがしさに心なしか唇元も緩んでしまう。そのうえ、きょうは、特別な日でもあるのだ。長男坊の一茂が、きょう、初めて栄光の巨人軍の一軍入りを果たすのだ。

長嶋監督は、さわやかな伸びをして、また微笑んだ。晴れた日の朝、笑顔がもっとも似合う日本人といえば長嶋茂雄しかいない。

午前九時五十分すぎ、一茂が本球場の宮崎市営球場に姿を見せた。真新しい巨人軍のユニフォームがまぶしい。球場の三万人をこす観客は、大騒ぎになった。

「きゃぁ、一茂、似とるばってんね。オヤジそっくりたい」

一茂は、伏目がちに、観客ばかりか、原辰徳はじめ一軍ナインからも拍手を受けながら、須藤豊ヘッドコーチと中畑清打撃コーチのほうにあいさつに向かった。

小俣進球団広報が、一茂を制した。

「まずは、監督のとこに行かんか」

そして、ようやく一茂は、父親の長嶋茂雄監督のもとに向かった。

帽子を取りあいさつした。

「よろしくお願いします」

長嶋監督は、軽く一礼したのみであった。

「おい、いま何時何分だ、ちゃんと確認しとけ」

世紀の一瞬を記録するため、記者たちは、腕時計を見た。

「九時五十一分だ！」

この日、長嶋監督の配慮か、松井と一茂がならんでフリーバッティングに没頭した。

二月十四日のシート打撃では、三打席三安打、二打席目は、百三十メートルの特大ホームラン。三打席目は、内角低めの難しい球を左中間に二塁打した。

評論家たちは、こぞって、その進歩を認めた。

翌十五日、一茂は、休日返上でファームの特打ちに励んだ。千二百グラムの重いマスコットバットを三十分間振りつづけた。

長嶋監督は、一軍の休日なのに、ファームの練習を見にきた。

「趣味は長嶋茂雄」と広言してはばからぬ青田昇は、あきれたようにいった。

「ほんまに、あの親子は、そろいもそろって野球好きやね。オヤジさんはいいけど、一茂は、たまには息抜くことを覚えんといかん。一茂は、ああ見えて、意外に遊び心がない」

星野仙一は、おどろいていた。

「これが一茂？　人ちがいするとこだった」

一茂の体重は、キャンプに入ったときより五キロ落ちた。巨人にトレードされた直後のブスッとした表情とは打って変わって明るい。

記者たちは、一茂の変化の理由を、みないちように考えていた。しかし、誰もが、それしか考えられない、という結論に達したのだった。

「ミスターの地下室特訓だ」

原辰徳も、平成四年のシーズン途中の六月のある日、ナイター終了後、まだ浪人中の長嶋茂雄邸をこっそり訪問。この地下室で秘密特訓を受けて復調した。そして、巨人大反攻の原動力となった。

ヤクルト時代は、長嶋も、一茂を教えることには遠慮があった。しかし、いまや一茂は自軍の選手だ。思う存分特訓してやれる。

長嶋茂雄本人は、このことを問い質され、激しく手を振って否定した。しかし、あまりにも鋭い一茂のスイングを見ていると、長嶋監督が嘘をついているとしか思えないのだった。

長嶋監督は、前々から、一茂のバッティングスイングをみていて、首を傾げていた。

一茂の左肩がピッチャーのほうに沈み込むのだ。

長嶋監督は、ある解説者相手に話をしていたとき、つぶやいた。

「あれじゃまずいね。どこかで直さなくてはいけない。ここ（球場）で直すとツーショットで撮られちゃうし」

それが、いつの間にか、その悪い癖が直っている。打った後の膝の割れ方も、ミスターそっくりになっていた。それを見て、解説者は直感した。

〈ははぁ、さては、人目につかない自宅地下の練習場当たりで、長嶋パパがマンツーマンで教えたな〉

二月十六日には、「一茂は、巨人でもレギュラーを獲れる力はある」と太鼓判を押していた張本勲が、いそいそとやってきた。

「一刻も早く、一茂と松井が見たくてね。中日にいても気になって、眠いのをがまんして夜のスポーツニュースを見ていたよ」

じっと食い入るように一茂の打撃を見ていた張本は、予言して見せた。

「ホームラン二十本。シーズン半ばごろにはレギュラーになるよ。ポジションは、サードですよ、もちろん」

まさか。記者たちの多くは、張本の長嶋茂雄に対するリップサービスと取った。主砲原、控え岡崎も、今年は目の色を変えている。一茂がシーズン途中で彼らのポジションを奪えるほど世の中甘くはない。

が、日本全国の長嶋ファンが、腰をぬかしてよろこびそうなシーンが現実となった。

十七日の紅白戦。白組のサード岡崎が過労で欠場した。急遽、白組で一茂が出ることになった。

「四番、サード、長嶋、背番号36」

場内アナウンスが響いた。

スタンドからは、嵐のような拍手が湧きおこった。

紅組の四番駒田徳弘も、すっかり人気で食われた。

結果は、残念なことに、広田浩章投手相手に、右飛、中飛。槙原寛己投手相手に空振り三振に終わった。

いよいよ一茂のオープン戦が始まった。三月六日、九州の小倉球場。巨人対ダイエーのオープン戦である。

試合前、長嶋監督みずからバットを持ち、一茂にノックをした。

「ヘイ、ボーイ！」

記者席が、大喝采するようなサービスだ。

このノックに鼓吹されたか、一茂は、二打席連続ホームランを放った。

二打席連続ホームランも、ライトスタンドへのホームランも、初めての経験だ。

一打席目は、レフト中段に推定飛距離百十五メートル。外角高めの甘い球だった。桁はずれの背筋力だ。

二打席目は、うって変わってライトポール直撃のホームラン。アンダースローのピッチャーが外角にクロス気味に決めたストレートだった。

張本は、分析した。

「二本目のホームランがよかったよ。両膝に余裕ができてきたから右へ打てたんだ」

巨人対ダイエーのオープン戦終了直後、神宮球場の各紙ヤクルト担当記者に、各紙デスクから厳命が入った。

「一茂の連続ホームランについて、野村監督のコメントを取れ」

野村監督は、ケロリとしていった。

「ダイエーとは相性がいいのかもしれん。以前、(ヤクルト時代)ホームランを打った(ダイエーの)ピッチャーはサイドスロー。外側のたいして速くないストレートだった。今度もそうじゃないのか？　でも、結構なことだね。どんどんアピールして、レギュラーを取るぐらいの勢いでやってほしい。でも、巨人の三塁を取るのは大変だろうな」

野村の指摘は正確だった。一茂の好きなボールは、肩口から入ってくるカーブと、アウトコースのハーフスピードのストレートの二つである。この二つは、きっちり打てる。しかし、逆にいうと、その二つのポイントしか打てない。

翌日になると、野村監督はすっかり口調が変わった。

「オープン戦、それも序盤の結果ぐらい当てにならんものはない。おまえらも知ってるだろうが」

一茂は、三月七日の巨人対ダイエー戦終了時点で、四試合に出場し、九打数五安打。打率五割五分五厘、打点四、出塁率六〇パーセント、ホームラン二本、二塁打一本と大活躍をした。

しかし、厳しい評価もあった。

「他球団のピッチャーがなめている。けっこう甘い球でも打てないと馬鹿にしている。失投を見逃さないのはさすがだけど。でも、まだ一線級と当たってないし、相手は、一茂の嫌いな落ちるボールを投げていない。フォークをつづけて投げられたら三球三振だよ」

ヤクルトの各球団偵察隊のキャンプレポートでは、「一茂は、しょせんキャンプまでの選手。死んだ球を場外に叩き出しても意味はない」と報告していた。

しかし、ヤクルト上層部は、この報告とオープン戦の良績との落差に愕然とし激怒した。

「いったい、どこを見てきたんだ。敵に大変な塩を送ったかもしれない」

角盈男は、投手の目から見た一茂を分析した。

「ゲームを引っくり返される可能性のある場面で登板する中継ぎ投手にとっては、一番いやなタイプのバッターです」

一茂は、その後のオープン戦でも活躍をつづけた。三月二十二日をすぎて、規定打席に二打席足りないが、隠れ五位の三割七分五厘、ホームラン三本。松井秀喜が、〇割八分八厘、三振十五、ホームラン〇本の極度の不振にあえぐのとは対照的だ。高校三年間で喫した三振が十三個ときわめて三振の少ない松井が、すでに十五個も喫した。仇名も、〝ゴジラ〟あらため〝マズイ〟だ。

だが、一茂とちがい、松井への記者の本音は、好意的だ。

「プロのピッチャーたちが、高校生に打たれたらプロの名折れとばかりに本番なみの厳しい球を投げてくるからだ。あんな球を投げられたら松井もお手あげだね」

一茂は、四月のある日、中畑コーチの自宅を訪ねた。中畑にいわせると、かなりのやる気を見せた、という。しかし、口先だけのことをいわせないため、中畑は、証文を書かせた。

中畑夫人が、文字を書いた。

『誓いの言葉

一、手を上げられても文句はいいません

一、自分に素直になります

一、自分の人生をかけます　　長嶋一茂』

最後の署名だけは、一茂本人が書いた。

いよいよペナントレースが始まった。

一茂は、四月十日の横浜戦に、六番レフトで出場した。が、三打数ノーヒットに終わった。

一茂は、四月二十三日、甲子園球場での阪神戦で、仲田幸司投手から移籍第一号ホームランを打った。

ベンチの全員がグラウンドに飛び出して出迎える。飛び切りの笑顔を見せて、一茂がもどってきて、全員とハイタッチ。ところが、肝心の長嶋監督は、列の中にいない。

ベンチぎわに突っ立ったまま、出ようか出まいか迷っていた。心なしか顔が紅潮し、目もこしうるんでいるようだ。放送席から見ていた関係者は、思わず微笑んでしまった。

「チョーさんが泣いてるぞ」

六月十六日、東京ドームでの広島戦。

原辰徳が右太股《ふともも》裏の肉離れで、一茂が、サードでスタメン出場した。

試合後、長嶋監督は、取材陣に囲まれた。

「監督、サードはどうなるんですか」

「サードは一茂と岡崎の併用でいきたいですね」

記者たちがうなずいた。

少し間をおいて長嶋監督がいった。

「でも、広島にかぎっていえば、(投手が)右ですからね。守備を重視すれば、肩の強い一茂を使いたいし、攻撃重視ならば岡崎といったところだけど、岡崎はスローイングが弱いですから、やはりファーストに近いセカンドということになるでしょうか」

「あの、結局は一茂ですか」

「うーん……」

結局は一茂でいきたいが、親だから、ずばりいえない。一生懸命遠回りしている。

それからも、長嶋監督は、結局、岡崎を多用した。

一茂と親しい記者は、そんなふうに遠慮する長嶋監督が歯痒くってしかたなかった。

あるとき、酔った拍子に一茂にきつくいったことがあった。

「ここでしかいえないけど、岡崎さん下火なんだから、オヤジさんは、なんで一茂使わないの。逆にオヤジさん遠慮してんじゃないの。帰ってオヤジさんにいえば」

「まぁまぁまぁ……そういわないでよ」

一茂は、笑ってごまかした。

長嶋監督が、ロッカールームで一茂に重心の移動のお手本を見せていた。左肩で壁をつくるようなジェスチャーをしていた。他のコーチや選手に見つからないよう、こっそり隠れてやっているようなふうに見えた。

また、放送席からも、長嶋監督が、いかに一茂のことを心配しているかを目撃されている。

一茂が三振する。長嶋は、顔をおおう。打ったときは、ベンチから身を乗り出して打球を追っている。他の選手のときにはないアクションだそうだ。

一茂は、平成五年九月十七日、右肘の精密検査を受けた。右肘の骨が遊離している。診断の結果、右肘遊離性骨折と判明。ただちにアメリカに渡り、ジョーブ博士の執刀による手術を受けた。二十三日に帰国した。

しかし、一茂は、この骨折がのちのちまでもたたり、選手生命を縮めることになる。

一茂は、この年、引退も辞さない覚悟で自主トレに入った。

毎朝、自宅近くの多摩川グラウンド周辺のランニングに始まり、ティーバッティングに明け暮れた。

平成六年一月二十八日に、評論家の張本勲から臨時コーチを受けた。

張本は、嘆いた。

「このフォームじゃ、百年経っても打てない」

張本が指摘したのは、一茂のステップが広いことであった。

厳しいお言葉をいただいた一茂は、いっこうに骨身に沁みていなかった。

「ぜんぜん苦じゃないよ。だいぶ張本流がわかってきた。あとは、落合流をマスターして、独自の一茂流を完成させるんだ。がむしゃらにやるよ」

一茂の毎年恒例の決意にもかかわらず、一茂は、この年も脇役だった。代打かもしくは守備固めの要員。ほとんどベンチウォーマーだ。その座る位置が、長嶋父子らしい。長嶋監督は、ホームベースに近い端っこに座り、一茂は、監督と真反対の端っこに座る。そして、頬づえをついて試合を見ている。そして、巨人がピンチに立つと二人とも同じように爪を噛んでいる、

ていた。

一茂は、使われなくても、〝野次将軍〟、〝巨人軍ファン代表〟というノリで、ベンチを守っていた。

という。

五月十八日、福岡ドームでの対広島戦。先発は槙原寛己投手。槙原は、快調に飛ばした。いよいよ完全試合達成の可能性が濃くなってきた。しかし、槙原本人も、ナイン全員も、また観戦記事を書くため待機していた各紙記者の誰もが、ハラハラし通しだった。

なぜなら、その不安の元凶が、三塁ベース近辺でやや腰高気味に構えていたからだ。

サード長嶋一茂。

記者がささやきあった。

「怖いよぅ、サード長嶋は。槙原は、三塁方向に球飛んでいかないように祈るしかないな」

守備は、そこそこだ。肩は強いが、捕球に難がある。

しかし、なんとか無事完全試合を達成することができた。

槙原のもとに、真っ先に飛んでいき、飛びついて祝福したのは、一茂だった。

楽しいこと、うれしいこと、おめでたいこと、もろもろ晴れづくしのときのムードメーカーとしては、これ以上の人物は、ちょっと見当たらない。

一茂がベンチを温めている六月も、巨人は快調に飛ばした。

六月二十三日の広島戦を逆転勝ちして、十勝二敗。その十勝のうち一試合以外は、すべて逆転勝ちしている。粘り強い巨人の新しい魅力が加わった。

一茂は、使われるパターンが決まってきた。巨人がリードしている展開で、八回か九回になると、サードの守備固めに出てくる。

六月二十七日現在の一茂の成績は、十八試合に出場し、四安打、一ホームラン、打率二割五分。巨人は二位ヤクルトに九・五ゲーム差をつけ、独走体勢に入った。

一茂の影は、いよいよ薄い。

怪我で戦線を離脱している原が復帰すれば、一茂の二軍落ちは決定的といわれている。それに、一茂もすでに二十八歳。巨人は、どんどん若返りが進んでいる。中堅選手として、若手を引っ張っていく年齢に来ているのに、まったく〝お邪魔虫化〟している。猫入らずならぬ、一茂入らずとも揶揄《やゆ》される始末だ。

そんな中での、九月七日の東京ドームでの巨人対横浜戦で、事件が発生した。

巨人は、ドロ沼の八連敗からやっと脱出したが、この日もまったく打てない。

〇対〇で迎えた七回、二打席凡退と不振をきわめる六番原辰徳に代わって、代打に長嶋一茂が告げられた。

一瞬、原は、怪訝そうな顔をした。が、すぐにバットを持ち、ベンチに下がった。

一茂は、サードゴロ。二対一で巨人は敗れた。

一茂に引導を渡したとの見方や、原に引導を渡したという見方や、長嶋監督の一茂代打の真意をめぐって、さまざまに推測された。

同じ右打者で、実績のない一茂に代えたのは、原を馬鹿にしている。明らかに、原への引退勧告だというのがおおかたの見方だった。原は、のちに、このときの感想を聞かれ、こう答えている。

「そりゃ悔しかったよ！　『なにぃ!?』『ふざけんな』って感じだったね」

原は、この年、六十七試合に出場したのみであった。四番は、わずか一試合。残りの試合は、六、七番と代打出場のみであった。

原は、平成五年のシーズン、アキレス腱の怪我による欠場から、二割二分九厘、ホームラン十一本の不本意な成績に終わった。そして、原の四番に危機感を抱いた長嶋監督は、急遽、周囲の猛反対にも関わらず中日の落合博満をＦＡで獲得した。

落合の戦力を、「二割八分、二十本塁打」と踏んだ。開幕直後それを聞いた落合は、いった。

「そんな成績なら、引退しなきゃいかんね」

原は、翌平成六年は、四十歳のロートル落合に四番の座を奪われた。

しかし、原は、愚痴をいわず、黙々とチームのためにプレーした。まさに「巨人軍は紳士たれ」の申し子のような選手だった。

しかし、その原でさえ、長嶋監督の一茂代打には、腸《はらわた》が煮えくりかえったようだ。

長嶋監督が、原に引導を渡すことを考えたのは、ある噂を信じたことにあった。

「すでに引退準備をしている原は、来年（平成七年）、ＮＨＫで解説者をつとめる交渉をまとめている」

長嶋監督としてみれば、チームが優勝争いをしている大事なときに、自分だけ勝手な行動をした、ととった。長嶋監督と原の間の確執は、深まるばかりだった、という。

十月八日の中日とのリーグ最終戦の百三十試合目。巨人はやっと勝ってリーグ優勝した。その試合に勝ったほうがリーグ勝者だった。七月十六日には、中日とのゲーム差は、十・五ゲームもあった。ところが九月二十八日には同率でならばれてしまった。独走体勢を急失速して熱狂的巨人ファンの胃をきりきりと縮み上がらせた。自ら「国民的行事」と命名し、楽しみまくって周囲をあんぐりさせた。

長嶋監督が期待した四番落合の最終打率はピタリ二割八分、ホームランは十五本であった。結果的に長嶋監督の眼力は正確だった。

その落合の十五号が飛び出したのは、二回表。先制のアーチであった。

さらに、三回表には勝ち越し適時打を打った。

さすがに三回裏の守備で内転筋を負傷し、ベンチに退《しりぞ》いた。巨人軍史上最長齢の四十歳の四番打者は、最後の最後できっちり仕事をしてくれた。

六対三。落合は、昨年までのホーム球場で敵役となり、長嶋監督を男にした。

めったなことでは感情をあらわさないクールな天才打者の頰を、大粒の涙が伝わった。本当にうれしそうな笑顔を見せた。長嶋茂雄にあこがれて野球を始めた男の夢の一瞬であった。

じつは、長嶋監督は、この年の七月二十四日、最愛の母ちよを老衰で亡くした。遠征先の名古屋で母の死を知った。九十二歳の大往生であった。しかし、長嶋監督は、「チームに迷惑がかかる」とその事実を二週間以上も隠し通した。だから密葬にも帰らなかった。

千葉県佐倉市の実家での本葬は、日本シリーズ後になった。

ともかくも、これで母の霊前にリーグ優勝の報告をすることができる。

長嶋監督は、劇的なリーグ優勝の感想をこうのべた。

「野球人として、監督として、とてもうれしい。胴上げで、龍にまたがって天にのぼる気持ちを味あわせてもらった」

一茂は、一番はしゃいでいた。シャンペンとビールを持って、最高の笑顔を振りまいていた。シャンペンとビールを選手に振りかけていた。

「いやぁ、優勝っていいもんですねぇ。優勝ってこんなにいいもんだったんですねぇ。ぼく、生まれて初めてなんですよ、優勝したの。小学校から野球やってるけど優勝したことなかったんですよ。いやぁ、いいもんですねぇ。うれしいっすよ」

結局、一茂の平成六年の成績は、四十六試合に出場し、二十九打数五安打、一ホームラン。打率一割七分二厘と惨憺《さんたん》たるものだった。

リーグ優勝をはたした長嶋巨人軍は、森祇晶率いる西武を日本シリーズで迎え討つことになった。

森監督は、巨人の劇的リーグ優勝の感想を求められ、いった。

「巨人は目に見えない伝統の強さがある。ちょっと褌《ふんどし》を締めてかからんといかん。並大抵の相手じゃない」

シリーズ前から、長嶋監督は、森監督を翻弄した。

西武側には、一度も偵察隊を仕向けなかった。選手へのデータ教育も、二十日から始まるホテル合宿までおこなわなかった。

いっぽう、西武は、すでに各投手が巨人打者のビデオ分析をはじめていた。

長嶋監督と森監督のちがいなのか。

〝カンピュータ野球〟と呼ばれてひさしい長嶋監督だが、それについて興味深いことをいっている。

「データと勘のどちらを取るかといわれれば、勘を取ります。数字を積み重ねた上で、勘を大切にしたい。勘は人間が持つ、優れた能力のひとつなんだから」

森監督は、長嶋監督について、首を振る。

「同じ釜の飯を食っても、長嶋監督の考えることはわからんよ」

シリーズは、いきなり西武の圧勝から始まった。十一対〇。言葉もなかった。

その後、二戦目を一対〇で巨人、三戦目も二対一で巨人が連勝した。

その夜、森監督はつぶやいた。

「なにがなんでも勝ちにいく」

その言葉どおり、第四戦のホームグラウンドの西武球場では、接戦になった。

巨人が五対四とリードされていた九回表の攻撃である。

巨漢の大久保博元（元西武）が、代打で登場した。

大久保は、茨城県水戸商高時代通算五十二ホーマーをかっ飛ばし、水戸の怪童と騒がれた。

少年時代から、長嶋茂雄フリークと自認し、長嶋茂雄事典とも呼ばれた大久保の見せ場である。九回表二死、ランナーなし。カウントも2―1と追い込まれた。

あと一球で試合終了か、というとき、大久保は、渾身の力をふりしぼって振った。球は、真一文字に左翼席に飛び込んだ。土壇場で同点に追いついた。

大久保は、西武時代、肥満体のため、広岡達郎監督に使ってもらえず腐っていた。にっくき西武に仇を討つ気持ちだった。

延長戦になり、巨人は十回には橋本清からスイッチした木田優夫が、一五〇キロの豪速球を駆使し西武打線を抑えたが、十三回裏、ついに力尽きた。走者一、二塁で打席に立った佐々木誠の打球は、二塁ベース付近を転がり、イレギュラーバウンドでサヨナラヒットになってしまった。六対五で、なにがなんでも勝利をもぎとりにいった森西武の勝利であった。

長嶋監督はサヨナラ負けを喫し、王手をかけそこなっても、ケロッとしていた。

「ぼくは、イベント派ですからねぇ。お客さんは堪能してくれたでしょう。こういう試合は、いい」

そして第五戦は、巨人が、〝ミラクルボーイ〟と長嶋監督が名づけた緒方功一の満塁アーチをふくむ三発のホームランで七点を叩きだし、九対三で勝った。長嶋巨人が、三勝二敗で、王手をかけた。

いよいよシリーズ第六戦の東京ドーム。

じつは、その六戦に入る直前の前夜、「シリーズ後に森辞任」のニュースが流れた。

森は、たしかにシリーズ前に辞任を決意して、球団幹部には伝えていた。昭和六十一年に就任していきなり日本一となった。以来、三年連続日本一に輝いた。翌平成元年こそリーグ三位で優勝を逃したが、ふたたび平成二年から、三年連続日本一に輝いた。そして次の平成五年には、リーグ優勝。そして、いまリーグ優勝を飾ったあと、日本一を巨人と争っているのだった。

しかし、森が率いる西武は、勝っても勝っても人気がなかった。

人気という不確定要素の多いもので測られる森の去就に、森自身、どうしようもない重圧を感じていた。しかし、日本一を勝ちとってしまえば、球団側のほうからは、森を切れないだろう。

が、例年なら相談されるはずの選手補強のことや、ウィンターリーグへ派遣する若手について、球団のほうからなにもいってこない。

おまけにリーグ優勝の日に、代表の清水信人が「来季は白紙」と発言していた。

日本シリーズ前から、中日との百三十試合目の最終戦で優勝を決めた長嶋監督の劇的な晴れ姿に日本中が酔っていた。

どこまでも派手な人気がついてまわる長嶋茂雄と、どこまでも地味な森祇晶。ドラマをつくりたがる大衆は、森が長嶋を倒して、格好よく潔く辞任する図式を望んでいるように見えた。そのため、森辞任報道は、おさまらなかった。

森の態度がはっきりしないと、コーチたちにいたずらに不安を抱かせる結果となる。失職という事態を急に知らされて、さあ明日から求職をしろ、といわれても困るだろう。

そう考えて森は、コーチたちだけに辞任の意志を打ち明けた。六戦前夜のことだった。そして、シリーズ終了までは、選手にも外部にも洩らさないよう口止めした。

だが、洩れてしまった。しかも、意地の悪いことに、第六戦が始まろうとする直前、西武が練習している最中に、ニュースが街頭の電光掲示板に赤々と点滅したのだった。

『森辞任』

そして、長嶋監督は、前夜に、「森辞任」の確定情報を、ホテル・グランドパレスの最上階にとっていた部屋で知っていた。各方面から電話があり、長嶋監督みずからも各方面に確認をした結果、わかったという。

「人の運命とは、わからないものですね」

とつぶやいた。

さまざまな憶測が流れた。巨人の謀略説。西武側の小細工説。

はっきりしたことは、森西武が、その第六戦を槙原寛己投手に三対一と抑えられ、長嶋巨人に敗れたということだけであった。四勝二敗で西武が日本一を長嶋巨人に譲った。というより、もぎとられた感じだった。

長嶋監督は、勝利投手の槙原から、ウィニングボールを受け取った。

「おう、ありがとな」

長嶋監督は、ボールを受け取ってすぐ、むぎゅとユニフォームの右後ろポケットにねじこんだ。

森監督は、勝負が終わった後も、ベンチのバットケースの脇にあった椅子に座り、しばらく動かなかった。

森は、巨人軍V9の選手時代から、いつも長嶋の明るすぎる陽光に割を食っていた。選手生命にピリオドを打つときも、長嶋茂雄のド派手な引退セレモニーの日と重なり、そっとユニフォームを脱いだ。

そして、いままた長嶋茂雄の国民的人気の前に、影までも消されるように敗れた。監督としては自分のほうが上、という自負がある。長嶋のような閃《ひらめ》き野球に負けるわけにはいかなかった。

森が、長嶋にだけは負けられない、と口を堅く結び、闘志を剝き出しにしているのに比べ、長嶋は、二十八日の移動日にも、記者団や観衆にもみくちゃにされながらも、はしゃいだ。

「本当に楽しいですねぇ」

まるで子供のような笑顔だった。

森は、あっけらかんと楽しんだ長嶋にまたも敗れた。

しかも、みずから有終の美を一番飾りたかった区切りの試合にだ。

長嶋茂雄が巨人軍監督に就任後、初めての日本一であった。

平成七年の年が明けた。一茂が、プロ野球選手の道を歩みはじめてすでに八年目のシーズンに入った。〝永遠に孵化《ふか》しない金の卵〟。一茂は、こんなありがたくない形容の中で、野球人としての人生を終えてしまうのか。

シーズン前のキャンプ中、ロッテにつづいて今度は、西武からのトレードの話が浮上した。が、これも消えた。長嶋監督が「駄目ならわたしがユニフォームを脱がせる」といった以上、ロッテを断って、西武ならオーケイというわけにはいかないのだ。

一茂は、周囲に語った。

「自分がいま巨人から出されるとは思わないですね。まだチャンスはあると思います」

一茂は、巨人に残って、偉大な父親の役に立ちたいと、本気で思っているようだ。

巨人に入ってはじめて、あらためて父長嶋茂雄の偉大さに圧倒された。外の球団にいてはわからないことだった。父親が一茂を厳しく谷底に突き落とす。懸崖《けんがい》を爪を立て、爪を剝がし血を噴き出しても這い上がってこい、といっている。それに応えようと、必死で頑張ってみる。だが、開幕前までは、いつも頑張っている。しかし、一般のプロ野球選手が考える根性と、一茂の考える根性とが、まったくちがうのだろうか。いつも根性が空回りしてしまう。

毎年、一茂は「ゼロからの出発です」とか、「新しい自分をつくります」と謙虚にいってはいる。だが、燃え上がるような闘志と、なにがなんでも這い上がってやるんだ、というような悲壮感が皆無なのだ、という。

これまでも、若松勉、長池徳士、落合博満、張本勲など球界屈指の大打者ら十人にもおよぶ師匠から打撃指導を受け、そのつどゼロからやりなおしてはきた。

自分で命名して〝落合打法〟、〝ガニ股打法〟、〝親父《オヤジ》打法〟、大リーガーであるガララーガのオープンスタンス打法を真似した〝ガララーガ打法〟とか、口だけは一人前なのだが、結果に結びつかない。

平成七年二月二十日、一茂は、ついにファームに落ちた。右肘を手術したため慎重に仕上げていたが、キャンプ後半には、マシンバッティングをしていたさい、右肘の別の箇所を痛めてしまった。

長嶋監督は、一茂のために、二軍コーチに河村健一郎を獲得してきた、といわれた。河村コーチは、オリックスのイチローの振り子打法を考案したコーチである。イチローを育てた河村に、なんとか一茂をものにしてもらいたかったようだ。

そのうえさらに、二軍のゼネラルマネージャーに、元プリンスホテル監督の石山健一を、二軍監督に松本匡史を据えた。松本は、長嶋第一期の地獄の伊東キャンプで鍛えられ、のちに俊足スイッチヒッターとしてならした名二塁手だ。松本が早大野球部選手のときの監督が石山である。スイングを改造して成功した松本なら、一茂を再生してくれるだろうと読んだようだ。

しかし、松本は、一茂を鍛え直すことにためらいを感じたという。年齢の問題があった。若手のようにがむしゃらに鍛えて体を壊してしまうこともできない。そこそこ調整して、一軍からお呼びがかかったときにいつでも出場できる体をつくっておくことを優先した。

一茂は、すっかり二軍生活に浸かってしまった。シーズンが始まってからも、マイペースに終始した。

二軍の練習は、朝十時集合だ。一茂は、ポルシェで現れ、一時間か一時間半体を動かす。

「ああ、疲れた」

そういって、練習もそこそこに切り上げ、若手に肩を揉ませる。

「ジュース買ってこい」

すっかり牢名主気取りだ。そして、「おい」というと、若手がジャンパーを着せる。そして、球場を後にする。

二軍の中では最年長なので、若手も一目置いてしまう。

長嶋茂雄という目標があるにもかかわらず、その目標は、いつか追いつき追い越してやろうと目指す目標ではなく、絶対に追いつけないはるか高みにある神のようなものと化している。

一茂は、父親について日刊スポーツ担当の沢田啓太郎記者にこう洩らしていたことがあった、という。

「野球選手としての父は偉大すぎる。父に似ているといわれるたびに、恐れ多くて父にすまない気になるんだ」

長嶋監督は、平成六年のオフ、壮大無比な三十億円補強を敢行した。

ヤクルトの主砲広沢克を、ＦＡ（フリーエージェント）で四億円を使い獲得した。

「広沢の懐の深さは、うちの選手には絶対ないもの。ホームラン三十本は堅い」

と豪語した。

広沢の他にも、広島の左腕川口和久投手をＦＡで獲得。さらにヤクルトの外国人ハウエルを引き抜き、大リーグからは、シェーン・マックをも獲得した。そしてドラフトでは、即戦力の駒沢大の河原純一投手を一位指名、早稲田大の織田淳哉投手を二位指名した。

いわゆる三十億円補強である。

長嶋監督は、この補強により、思い切ったサビ落としを巨人軍に施す肚《はら》であった。

平成七年、ヤクルトとの開幕戦こそエース斎藤雅樹の完封で勝ったものの、第二戦目は桑田の危険球退場で流れが変わった。勝っていた試合を五対二で負けた。

長嶋監督は、アッとおどろく奇襲作戦に出てきた。

四月九日の三戦目では、なんと六番マックに送りバントのサインを出した。大リーグの四番を打っていた打者にである。

結果は、投手の正面。一塁走者の広沢が刺された。

しかも、一塁に生きたマックに盗塁までさせたのだ。

野村監督も、卒倒しそうになった。

「まさか、マックにバントをさせるとは……まさか、その直後に走らせるとは……。おもしろすぎる」

しかし、長嶋監督は、気色ばみながらも強調した。

「当然のバントです。打たせるなら、代打吉村です。盗塁失敗も、うちで一番の脚力ですから、責められない」

この試合を二対三で落とした巨人は、一勝二敗と負け越した。つづく、横浜戦、阪神戦も負け越して、開幕三カード連続負け越しは球団史上初の不名誉な記録であった。五月には、史上四度目の八連敗を喫した。

野村監督は、大型補強に首を傾げた。

「四番打者がずらりとならんだ打線は、采配できないということがよくわかった。監督はゲームに参加せず、ボカーン、ボカーンとでかい当たりを黙って待つしかない。攻撃が線にならないから、接戦には弱い。巨人の攻撃力は大技だけだから、投手の攻略法だけに絞って戦えるから楽だよね。そういう意味では広島のほうが怖い」

事あるごとに長嶋監督の神経を逆撫でした。

しかし、巨人の大型補強が、ついに火を噴いた。六月四日、東京ドーム。広島戦だった。一回裏、六番ハウエルが吠えた。大野豊投手からセンターバックスクリーン直撃の特大三ラン。三回裏、大野から五番広沢の右中間満塁弾が飛び出した。五回裏、三番松井が代わった山根雄仁投手からソロ。八回裏、小早川幸二投手から七番元木が二ラン。

広沢は、五月二日以来ホームランがなかった。試合前長嶋監督から個人指導を受けた。

「なんで構えを小さくしようとするんだ。きみは、もっと大きく、どっしりと構えていたはずだよ」

ハウエルは、原因不明の目眩《めまい》に悩まされていた。首筋が硬直し、左脇腹にまで痛みが走った。五月十日以来、ホームランがなかった。

長嶋監督は、「広沢、ハウエルの爆発なくして今シーズンのVはない」と予言していた。

長嶋監督は、広沢の後、ハウエルに密室のブルペンでマンツーマンの打撃指導をした。

長嶋監督は、自慢の打線爆発を「本物だ、本物だ」と子供のようにはしゃいだ。

野村監督は、またけなした。

「打線に本物はない。そりゃ二線級の投手相手なら、四番バッターをそろえているんだから打つわ」

このころ、長嶋監督は、試合前の打撃練習でも、選手のフォームチェックよりも、打撃音に耳を傾けていた。ブルペンでも、ミットに吸い込まれる球の音でピッチャーの調子を見分けた。

笹本スコアラーの提出するデータに、細かい注文をつけた。

「この打球の勢いは？」

「この三振は、どうだ？　思い切りのいい三振なのか、および腰なのか」

記号や数字であらわすデータでは、そんなことまで書きこまない。血の通ったデータを欲しがっていた。

ＩＤ野球を標榜する野村ヤクルトとはちがうが、長嶋監督も、やはりデータを収集することにかけては人後に落ちないものがあった。むしろ、意外すぎるほど意外なことを知っていたりするのだ。

桑田が感心したようにいっていた。

「監督は、ものすごいデータを持っていますね。チームのスコアラーが集めたものとはちがっていましたよ。しかも、監督は、そのデータをさらに独自の野球理論で分析する。人は〝カンピュータ〟とからかいますけど、とんでもない」

長嶋監督の情報網は、球界だけではなく、中曽根康弘元首相をはじめ、三井物産元社長の八尋俊邦などの政財界、さらには、芸能界にまでおよぶ。貴乃花の宮沢りえとの婚約騒動や、王貞治監督のダイエー行きも事前に知っていた。リアルタイムの情報が向こうからじゃんじゃん入ってくるようだ。

国内のみならず、外国からも長嶋家の二階のFAXに情報が届く。スパーキー・アンダーソン、ドジャースのラソーダ監督、会長のピーター・オマリーなどからだ。

選手の技術的特長だけでなく、体調、クセ、家族構成、誕生日など多岐にわたっている。ときには、ガールフレンドにもおよぶ。

矢作公一の目撃するところによると、キャンプ中に、長嶋監督が若手選手にニヤニヤしながら話しかけていた、という。

「おい、彼女が来てたな、えぇ」

じつは、ヤクルトから広沢を獲得したときも、この長嶋のおそるべき情報網の威力が発揮されたのだ、という。

平成六年度FAの最大の目玉は、広沢と池山隆寛のヤクルト勢の二人だった。

長嶋監督は、すでに平成五年二月の宮崎キャンプ中に、「広沢にはレフトを守らせる」といって、広沢獲得の決意を編成会議でのべていた。

ふつうなら、ヤクルト側も予想したように広沢より三歳若い池山を狙ってくる、と読む。ところが、長嶋監督は、池山ではなく、広沢を狙ってきた。池山のアキレス腱故障の情報を的確に握っていたからであった。

それゆえ、広沢獲りは、スムーズに運んだ。ヤクルト側は、落合という大砲がいるのに、まさかもうひとり大砲の広沢にまで手を出してくるとは予想もしなかった。

事実、池山は、平成六年のシーズンで三度も故障のため登録抹消された。長嶋監督の池山アキレス腱故障の情報は正確だった。そして、広沢を外野にとの判断も、当の広沢本人をおどろかせた、という。広沢は、広沢を獲得しようということ自体にもびっくりしたと同時に、なぜ広沢が外野を守りたがっていることを知ったのだろう、とおどろいた。ヤクルトの中にも、それを知っている者はいなかったからだ。

マスコミと球界情報通たちは、この長嶋監督の秘密の偵察部隊を〝長嶋007機関〟と呼んで恐れている、という。

しかし、そんな大型チームも、沈没した。平成七年の前半戦を終了した七月二十四日の時点で、首位ヤクルトに七・五ゲーム差をつけられ、三位と期待を裏切った。

巨人の潜在能力がいずれ爆発するだろうと読む向きもあった。しかし、巨人の前半戦は、首位ヤクルトに五勝十敗、二位広島に六勝八敗、四位横浜に八勝九敗と、ことごとく負け越した。長嶋監督は、いずれヤクルトが落ちてくると睨み、優勝ラインを七十勝と読んでいた。じっさいには、ヤクルトは八十二勝も稼ぎぶっちきることになるのだから、長嶋監督の読みが狂っていた。

長嶋解任の声が、フロントの一部から聞こえはじめたのもこのころだ。

森祇晶前西武監督が、次期監督候補に噂された。

森は、かつて長嶋監督には、何度も視界を遮《さえぎ》られるような目にあっていた。一部は、長嶋自身には関係ないところで、一部は、長嶋自身の意志で、悔しい思いを味わわされた。

昭和四十九年十月十四日、あの感動の長嶋茂雄選手の引退セレモニーの日だった。

長嶋は、カン高い声で叫んだ。

「わが巨人軍は永久に不滅です」

巨人軍を自分ひとりの永遠の宝物のようにして、長嶋は、派手に去っていった。

しかし、巨人軍の栄光は、長嶋ひとりのものではない。森のものでもあるのだ。川上哲治V9を支えたのは、ONばかりではない。森も名キャッチャーとしてその名を轟かせたのである。

森も、その日、ひっそりとユニフォームを脱いだ。

長嶋監督の第一期スタートとなった翌昭和五十年のシーズンの組閣で、森の名前は最初から上がってなかった。球団幹部が、森のヘッドコーチ就任を検討する気はないか、と長嶋新監督に確かめた。長嶋監督は、首を縦にふらなかった、という。そして、かねてから決めてあった関根潤三をヘッドコーチに招いた。

一説によると、森は、なにかの間違いではないかと長嶋監督に確かめた。すると、長嶋監督が、「そのつもりはない」とつっぱねた、という。

そして、森が、もっとも屈辱をなめさせられたのが、わずか八カ月前の日本シリーズだったのだ。

長嶋監督は、七月に渡辺恒雄読売新聞社社長と極秘に会い、責任を感じている旨をのべ、進退伺いをした、という。

しかし、渡辺社長は、続投を強く要請した。

「二千年までは、どうしても頑張ってくれ」

といわれた。

そして、八月初め、長嶋監督の去就について記者から質問を受けた渡辺社長は、いい放ったのだ。

「彼は永久監督だ。今世紀中は監督をやる」

この発言に、巨人大物OBが、巨人OB会の集まりで激怒した。

「ナベツネ（渡辺社長の仇名）はなにもわかっていない。いっそのこと、乗り込んでって話をしよう」

しかし、親睦団体という巨人OB会の性格から、圧力団体まがいのことは中止となった。結局、長嶋を応援していくことに落ち着いた。

森を招こうとしたのは、そもそも渡辺恒雄社長である。藤田元司監督の第二期の任期切れの平成三年に、西武球団の親会社である西武鉄道の堤義明オーナーに、森監督譲渡を申し入れ、断られた経緯がある。それで、またぞろ森祇晶の次期巨人監督説が流れるのだろう。

ただし、日本テレビ首脳のひとりは、森監督になった場合、「視聴率が取れない、キャラクターが暗すぎる」として森招聘をまったく歓迎しないといった。

この平成七年のシーズンは、長嶋巨人は、七十二勝五十八敗一分、勝率五割五分四厘で、三位に終わった。かろうじて、Aクラスは確保したのである。

長嶋監督の首は安泰であった。

いっぽう、一茂は、この年平成七年七月末、一軍登録された。しかし、古傷の右肘痛が再発しすぐに一軍登録を抹消された。ほぼ戦力外選手とみなされていた。一茂は、平成七年のシーズンは、すっかり二軍に定着し、打率二割三分という成績に終わった。

担当記者も、長嶋監督に一茂のことは訊けなかった。

一茂の話題になると、長嶋監督は、スッと話をそらすようになった。そればかりか、不機嫌になり、なにも話さなくなることもあった。

一茂のプライドは、まだ失われてはいないのだろうか。いったい、どうするつもりなのだろうか。担当記者たちも、他人事ではなくなってくる。

しかし、一茂は、決心を固めたようであった。

十一月二十四日、一茂は、二百四十万円ダウンの年俸一千四百四十万円で契約更改を終えた。

巨人は、FA制で日本ハムから獲得した左腕河野博文の見返りに一茂を指名された。巨人が、戦力として認め放出できないとする選手リストであるプロテクトリストに〝長嶋一茂〟の名前を載せていなかったので、上田利治監督が指名したようだ。

しかし、長嶋監督みずから、上田監督に電話を入れ、「一茂の右肘は使い物にならないから」

と断った、という。

平成八年の年明けのこと。一茂は、立教大学野球部前監督の横川賢次監督に告げた。

「今年が限度ですから、もし駄目だったら辞めるつもりです」

一茂は、二月一日に加わった巨人軍ファームの宮崎キャンプでは、達観したかのように緊張感を喪失していた。

## 長嶋監督、一茂に引導を…

平成八年のシーズン開幕を前に、巨人軍ＯＢの青田昇と中畑清が、『週刊宝石』平成八年四月十一日号の対談で長嶋巨人の今季を占った。

のっけから厳しい予想をしたのは、青田であった。

「はっきりいってね、今年の巨人の優勝確率は、三〇パーセント。報知の記者なんか八〇パーセントやて、アホかというてやったよ」

「いきなり、そんなオヤジさん。そのこころは？」

「ちゃんと聞けぇよ。優勝の可能性はある。ただ、巨人三〇パーセント、ヤクルト三〇パーセント、中日三〇パーセント、残り一〇パーセントが広島。このなかでどれだけ上積みできるかで、優勝が決まる」

二人とも、超がつくほどの長嶋茂雄フリークである。公私ともに、長嶋監督とは親密な交際をしている。自他ともに認める長嶋派である。

その青田でさえ、厳しい数字を上げた。

中畑は、初めて投手陣に不安を感じた、という。

長嶋監督は、いつものように開幕ダッシュを誓って強気にぶちあげた。

「今年は開幕から十五試合がポイント。そこを十勝五敗でいけば優勝できる」

ところが、十五試合を消化した四月二十五日の時点で、六勝九敗、第五位に甘んじていた。

まず、四月十二日からの横浜ベイスターズとの三連戦を三連敗した。

巨人番記者は、嘆いた。

「ロケットスタートどころか、逆噴射じゃないか」

長嶋監督は、本当にやる気があるのか、という実例があった。

堀内コーチがマウンドに行って、右手が頭を掻くしぐさをしたら、ピッチャー交代と決めていた。堀内コーチが、頭を掻いているのに、長嶋監督からは、なんのコールもない。どうしたのか、と堀内コーチが見てみると、監督は、隣にいるコーチと話しこんでいて、こっちを見ていない。

巨人の攻撃中なのに、コーチに「次のバッターが、どこに打つか賭けよう」といいだす始末。

これでは、失敗はすぐに忘れるはずだ。

チームの勢いに急ブレーキをかけているようなもので、接戦にからきし弱い。腹の虫がおさまらない巨人ファンの息ぬきは、四月十七日の中日との試合だった。

「七番、サード長嶋、背番号36」

平成五年に、ヤクルトから巨人に入団した一茂がひさしぶりに、スタメン起用された。

ひさしぶりの「サード長嶋」の響きである。

そのうえ、一茂は、ヒットこそなかったものの、五つのサードゴロをさばいた。そのたびに大歓声が湧き起こる。ファインプレーで華麗なフィールディングを見せた。

この一茂スタメン起用には、裏話があった。

前の日、渡辺恒雄読売新聞社社長が、田園調布の長嶋家に電話を入れた。

長嶋監督に、軽い気持ちでいった。

「遠慮なしに、一茂を使ったらいいじゃないか」

渡辺社長は、電話を入れた翌十九日、ドームに来てみると、スタメンに一茂の名前があるので、おどろいた、という。

いっしょに観戦した河北新報社社主で、渡辺と同じく横綱審議委員会のメンバーである一力一夫にいった。

「まさか、おれのいうとおりにするとはなぁ」

一力は、渡辺は、そんなことまでするのか、と逆におどろいた、という。

このことを知ったマスコミは、長嶋巨人の末期症状と理解した。オーナーの露骨な現場介入だといった意見が聞こえた。

長嶋監督は、ひさしぶりに一茂がグラウンドでプレーしている姿を見た。そのファインプレーに、いきなり優勝したかのようによろこんだ。

「カズがいいタイミングで飛び込んでくれて、チームを救ってくれた」

長嶋監督は、息子の右肘が、すでに使い物にならないことを知っていた。打率一割台。凡打の半分近くは三振だ。最後は、〝カズ〟に花道を飾らせてやりたい、と思っている。その年から導入したコンピュータを睨みながら、長嶋監督は、なんとか息子を使う場面はないか、と必死になって考えていた。

この四月十七日の試合で、ガルベスが完封して連敗を止めた。

ガルベスの打者の手元で小刻みに変化するクセ球は、右打者の内角へシュートのようにスライドする。それが一四五キロと高速だ。

ガルベスは、桑田のいない穴を埋められるかもしれない、と誰しも安心した。

四月十九日、長嶋監督は、甲子園の阪神戦が雨で流れると、記者を前にしていった。

このとき、四勝六敗。

「今年は、ロケットは不発に終わりました。しかし、アメリカと旧ソ連だって、ロケットを打ち上げてもフロリダ沖に沈められてしまうことがあるだろ。今度は、第二次ダッシュをどうするか考えなきゃ」

長嶋監督は、悪夢の四月ロケットスタート失敗の傷から立ち直ろうとしていた。

五月上旬になると、やっと語る余裕が出てきた。すると、もう止まらない。

「あの三連敗からうちは、ブラックホールに入ったみたいだ」

五月四日、東京ドームの対ヤクルト戦。九回表、二対三とリードされている。長嶋監督は、先発の河原に替えて西山をマウンドに送った。西山は、今季、投げては打たれる火だるま状態。完全に自信を喪失していた。

先頭バッターのミューレンに二塁打を打たれた。なんとか二死を取った。バッターは飯田。

ヒットが出れば巨人は負けがほぼ決まりだ。長嶋監督は、いやな予感がするのか、不気味につぶやきだす。

「打たれる、打たれる、ほうら、打たれた！　ガーッと」

長嶋監督の予感は的中する。飯田の打球は、左中間を転々とし、巨人は決定的な一点を失う。試合は、三対四で敗れた。

河原は、青ざめた顔でいう。

「監督は、ぼくが投げてるときも、ああいうふうにいってるんですか。信頼されてないんでしょうか」

長嶋監督は、冗談まじりにいっているらしい。

「ベンチに入ってるわたしがいうのもなんですが、わたしは今年のゲームはハラハラするんですよ。テレビの前のお客さんもきっと満足しているでしょう。とにかく、ジャイアンツが衝撃的な負け方をしていますからね。今年は逆転につぐ逆転で、最後までもつれているでしょう。これじゃほら、誰もテレビのチャンネルを変えられませんよ」

テレビ関係者がくると、視聴率を気にする、という。

「昨日の視聴率はどうだった？　そう、瞬間視聴率で（NHKの）『秀吉』に勝ってたの。もう少しだね」

しかし、五月十四日からの横浜戦を連勝し、長嶋監督のいう〝五月ロケットダッシュ〟が始まった。

「これから、第二、第三のロケットを打ち上げます。第二のロケットは、マリオです。もし、マリオが駄目なら、第三のロケットを打ち上げないといけませんね」

こんなに超明るい長嶋監督を前にすると、むしろ、巨人番記者のほうが心配になってくる。

ちなみに、五月十五日の時点で、巨人は十六敗しているが、このうち逆転負けが、なんと十一回。

長嶋監督は、少し観測ロケットの軌道を修正しはじめた。

「今年は、ベイ（横浜ベイスターズの略）が頭ひとつ出ていますが、あとは横一線ですから。六月にイーブン（五割）にして、七月は貯金。九六年の総決算は、八、九、十月ですから」

聞いていた記者の誰もが、思った。

〈また、現実味のない話だな。練習も見てないのに、なぜわかるんだろう〉

が、長嶋監督の予言は不思議に当たってしまうから怖いのだ。

だが、現実は、そんなに簡単に予言どおりひっくり返ってはくれない。

長嶋巨人は、四月を七勝十二敗と、〝ロケットスタート〟に失敗した。五月に入っては、十二勝五敗と盛りかえした。

渡辺恒雄オーナーは、親しい友人に当てた手紙の中で書いた。

「（ロケットスタート失敗は）マントと石毛を使いつづけたからであり、そうでなければ、十二勝七敗で四月を終わっていたでしょう」

その渡辺の計算でいくと、いまごろは、二十四勝十二敗で、軽く首位に立っていた、というのだ。

　さらに六月二十八日から三十日までの三連戦で、なんと三連敗を喫してしまった。

長嶋は、仲のいい評論家の金田正一に相撲のたとえでいった。

「相撲でいえば前ミツが取れない状況で、胸を合わせる前にドスンと突き落とされてしまった感じでした」

　七月六日、巨人は阪神に負け、首位広島とのゲーム差が、十一・五ゲームと開いた。

さすがに、長嶋監督は、なにもコメントしなかった。

「きょうは、なにもありません。好きなように書いてください。コメントする元気もありません」

　長嶋監督は元気がない。勝てないチームに疲れ果てたというわけでもない。まったく野球に集中していないように担当記者の目には見えた。

　七月二十六日からの後半戦を前に、長嶋監督は、最大十一・五ゲーム差からグンと詰まってきた広島との七ゲーム差を射程に入れ、自信満々の面持ちでコメントした。

「投手陣は物量作戦で勝負です。松井が四十本打てばメークドラマです」

広島の勢いに翳りが見えてきた。七月は、五勝六敗と崩れた。エース紀藤に疲れが見える。

　いっぽう、巨人は、広沢と元木が復帰する。落合、松井も好調を維持している。槇原の気《き》胸《きょう》による離脱も、いまのところ補える投手陣がいる。

その気力が乗り移ったのか、巨人は、猛チャージに入った。なんと後半戦二十一試合を消化した八月二十日までで、十六勝五敗と、チームが生まれ変わったように打線に火がついた。とくに三番松井の爆発は、すさまじかった。松井好調の秘密は、すぐ後ろに控えた四番落合の存在が大きかった。三割そこそことはいえ、落合が四番にでんと控えているために、松井を敬遠することができない。そこで怯《ひる》んだ甘い球をスタンドに運ばれる悪循環をくりかえすことになる。

落合は、七月、写真週刊誌に愛人の存在をすっぱ抜かれた。

そんなときでも、長嶋監督は少しも騒がず静観のかまえを見せた。番記者を前にいった。

「ああいうオールダー（ベテランの意？）がチームには必要ですから。ぼくはプライベートというものをいまは気にしたくありません。それに夫人から電話が入りましてね。『お騒がせしてすみません』と。まったくプロブレムですよ」

それでは、「問題あり」なんじゃないか、長嶋さん。ノープロブレムと間違える当たりがミスターの面目躍如だ。

「ずっとひとりの女性とつきあうのは、真面目なんだか不真面目なんだかわからないところですねぇ。昔から、（野球選手は）みな、港、港に彼女がいたから。そっちのほうがバレないかもしれない。ぼくはまったくそのテのことにはかかわりないしねえ」

落合の身体能力の優秀さを讃えた。

「誰が見ても落合が四番に座るのはしかたないと思うでしょう。動体視力がすごいんです。ふつうは四十もすぎると、動体視力が衰えるものですが、落合は衰えてないんですよ。だから選球眼がチーム一いい。医者の調べでも、動体視力が信じられないくらい落ちていないそうです。医学的にも奇跡じゃないですか」

松井のことになると、もっと止まらない。

まだ松井がホームラン量産体制に入る前のファンにとってじれったい日々には、こういった。

「日本海の、ああいうどんよりしたところで育った選手ですから、まあ、しょうがないでしょうけど……」

バッターボックスに立って考えすぎて打てない松井への檄であった。

「打席に入ってあれこれ考えているようでは駄目なんです。それは二流のすること。やはり来た球を打たないと。ぼくもそうでしたし、イチローだってそうでしょう」

ホームランを打ち出すようになると、

「松井は順調に育っています。しっかりと構えるようになってきましたからね」

量産体制になると、

「今年は〝二枚腰〟で打ってます。それが去年とちがう」

「松井が四十本打てば、二年ぶりのメークドラマが実現するんです。二年前の『国民的行事』の再来です」

二年前の中日とのナゴヤドーム決戦を制しリーグ優勝をとげた試合のことである。

ホームラン王争いを「中日の山崎武司、大豊泰昭をふくめた〝ターキー〟の争い」だという。

ターキーがなんのことだかわからなくて弱っていた記者が、監督が三本指を立てていっていたのを思い出した。ボーリングの三本連続ストライクの〝ターキー〟からの援用で〝三人〟の意味とわかった。

七月三十一日、広島に敗れ、ゲーム差が五と広がっても、まったくあわてない。

「九月ですよ、九月。オリンピックで盛り上がったそのあとは、うちで盛り上がるでしょう。これははっきりといえますよ。いまはオリンピックでも観て（原稿）書いておいてください。そのうちに、うちで（紙面が）いっぱいになりますから。あっと、あいだに甲子園（高校野球）がありますか」

この余裕に、聞いている記者があきれるを通りこして、このオヤジは、究極の楽天家じゃないかと思ってくる。しかし、なぜか引き込まれていく。

八月六日、阪神戦のあとには、独自のシルクのパンツ話を始めた。

「パンツは、ここ一番はシルクがいいんです。今年はまだシルクをはいていませんよ。コットンのトランクスです、はい。冬はブリーフですが、夏はトランクスですねえ。涼しいんですよ。一世一代の大勝負のときはシルク。ヨーロッパでは、シルクは運がいいといわれているんです」

シルクのパンツにことよせて、勝負の運を自分の味方につけようとしているのだろうか。しかし、奥深い比喩だ。ついていけない。

シルクは、長嶋茂雄によく似合いそうだ。そして、長嶋以外のオヤジが穿《は》くと、まったく似合わないように思える。

八月八日、阪神戦。代走に送ったのは、なんと二軍落ちしていた〝インケツ〟岡田展和投手だ。見事サヨナラのホームイン。

なのに、自分で〝インケツ〟と仇名をつけた岡田を間違えて覚えている。

「オガタは速かったねぇ。オガタで正解ですよ。全員野球ですから」

それにしても、人の名前を間違って憶える名人である。

八月十日は、松井と落合、打つべき選手がホームランを打ち、中日に五対二で快勝。いっぽう、神宮球場では、ヤクルトが、代打大野の今季二度目の代打逆転満塁ホームランで広島を八対六で下した。代打逆転満塁ホームランのシーズン二回は、史上初の快挙だ。

野村監督も、めずらしくはしゃいだ。

「こういうのを何というんや。奇跡では当たり前すぎるな。『メークドラマ』は東京ドームやし」

これで、広島との差は二ゲーム。三位の中日が三ゲーム。四位のヤクルトも四・五ゲームと、いよいよ混セとなってきた。

長嶋監督は、試合後、神宮の結果を知った。

「広島は負けた？　うん、これでおもしろくなってきましたよ。優勝に充分手が届くところに来ました。射程圏内です。あっと、これからはラジオは必需品ですよ。皆さんも持っていたほうがいい。ちっちゃいのでいいですから。〝遠き落日〟まであと少しですから」

広島が落ちる夕陽にたとえられた。それが遠く遠くに見えていたのが、すぐそこに見えた、といっているのだろう。これは、わかりやすくて優れている。映画のタイトルかもしれない。

ところが、翌八月十一日には、中日の野口茂樹投手にノーヒットノーランを喫した。

長嶋監督そのときのコメント。

「しょうがないね。完敗だった。でもすっきりしたよ。こういう負け方はかえって気持ちがいいんですよ。あとに残らないから、〝流しソーメン〟みたいなもんです。これからですよ、熱き戦いは。一気に出てきますよ、うちは。このワンウィークで、くるりと変わっちゃいますから。過去のデータが証明済みです。それゆえに価値のある試合でした」

長嶋監督がこういうと、優勝するのが当然のように聞こえてくる。ワンウィークがその思いを語っている。ひとまたぎというところだろう。長嶋監督の脳には、勝ったときのデータしか残っていないのだろう。そのデータがグッと浮き彫りになっている様《さま》が見えるようだ。長嶋茂雄の語彙《ごのう》には力強さがある。言葉の中に生霊がこだまして響いているような気がする。だから、この人が肉体の詩人といわれるゆえんなのだろう。言葉に込める命のしぶきがより強いのかもしれない。

「後半戦に入って逆転負けしたゲームは四つ。名古屋以外のカードには勝ち越し、二勝一敗のハイなテンションです。やはりこれは、中継ぎがよくなったからとしかいえません。ほとばしる熱きアトランタと比べたら、日本の野球界の盛り上がりなどまだまだですよ。ほとばしりがちがうんですよ。よっぽどこちらも対抗して盛り上がらないといけない」

八月十七日、松井が三十号ホームランを打った。すかさず、前のことを持ち出す。

「松井は大きいでしょう。皆さんはお忘れかもしれませんが、〝千日計画〟も達成しましたよ」

二年前開幕戦で二本のホームランを打った試合を起点として千日で松井を巨人の四番にする。

「ほぉら、よく考えてみると、この八月で千日くらいじゃないでしょうか。二月のキャンプにはじまって、十一月のキャンプに終わることを考えると、そういう計算になるでしょ」

長嶋監督のかわいがる選手たちは、みなユニークな名前をつけられる。

スタメン落ちの広沢は「広沢は自分のナイス・ボーイのひとりだから、まだまだやってほしいし、やれますよ」

投手陣では河野博文だ。

「ゲンちゃんは、いまやうちのエースですから」

風貌が原始人に似ているから単純に「ゲンちゃん」だ。長嶋監督は、この愛称をいたく気に入った。本来、気の小さいクソ真面目な選手で、日本ハム時代から、ピンチのたびに蒼ざめていたが、長嶋監督が、主審に交代を告げるとき、「ピッチャー、ゲンちゃん」といつも使ってくれるから、いつの間にか、ゲームで開きなおり、クソ度胸がついた。失点・自責点ゼロの後半戦になくてはならないピッチャーに変身した。

長嶋監督が「ゲンちゃん」といってしまうため、主審が「はぁ？　ゲンちゃん？　監督、誰ですか」といわれ、そのたびに「河野」といいかえる。

売り出し中のルーキー仁志と清水は、ジャイアンツのマスコットの「ジャビット君」と「ヒラメ」だ。

元木のような「悪役タイプ」は、長嶋監督の野武士野球にぴったりらしく、えらく気に入っている。

「アメーバみたいにしつこいやつだな。しつこくて、くらいつきがいい。意外性に富んでいて、走塁とか、ここ一番にしつこくからんでくるんだよ。おもしろいやつです」

足は遅いのに、盗塁はうまい。思ったように成長してくれる元木に頬はゆるむ。茶髪にしたり、ピンクの上下の派手派手の〝ホストファッション〟で身を包んでも、やることをやってくれればいいのだ。

槙原に対しては、手厳しい。

長嶋監督は、槙原の背番号と同じ十七本のバラを手に自宅を訪れ、FA宣言して巨人を出てしまおうと構えていた槙原を感激させ、翻意させた。

「ノーヒットノーラン（平成六年の福岡ドーム対広島戦、じつは完全試合）で運を使い果してしまったんですかねぇ」

鍼で肺を刺され、気胸になったときも、容赦ない。

「ほら、ついてない者はこうなる」

まるで、槙原が悪い、といわんばかりだ。体に注意を払わない人間をプロと認めない厳しい姿勢がある。

そして、ついに念願のその日がやってきたのだった。

八月二十日、横浜戦。ジャビット仁志と、ヒラメ清水の若手コンビが獅子奮迅の大活躍をした。長嶋監督は、松井が不調でも、その下にまだ選手がいるというぶ厚い打線に育ったことをよろこんだ。

長嶋監督は、仁志を褒めた。

「無鉄砲だけど、攻撃的な野球をする。うち（巨人）らしからぬ個性がある」

長嶋監督は、「うちらしからぬ」選手が、好きなのだ。かつて、「読売巨人軍」を「東京巨人軍」にしようとした、との噂もあったミスタープロ野球だ。長嶋ならやりかねない。かならずしも、読売の「管理主義」や「巨人軍は紳士たれ」を歓迎してはいない。

紳士であるのは、グラウンドの外でいい。グラウンドでは、紳士たることで、上品であり慎みぶかい必要はない。長嶋茂雄は、そういいたいのだ。

これで六連勝だ。予言は当たった。長嶋監督は、以後占い師で食っていけるだろう、との声もある。

「これからが長い道のりです。ぬかりなく戦っていきたい」

あと三十試合ある。なんとかなる。長嶋を信じよ、そうすれば救われる、といっているようだ。野球の神様の様相を呈してきた。真骨頂だ。

シーズン前の中畑との対談で、優勝確率は、三〇パーセントといった青田昇が、不思議そうにいった。

「ふつう十一・五も離されたら、野球を知ってる選手ならあきらめるよ。ヤクルトがまさにそう。古田なんか完全に勝負を捨ててるもん。ただ、長嶋が『六月は準備期間、七月は試運転、八月に攻勢に出る』とわしにはいうとった。どういう根拠があったのか知らんが、まったくそのとおりになった。少なくとも長嶋があきらめなかったことが選手を発奮させたのは確か。何も知らない若手を中心としたチームが、バカみたいに勝つことは、珍しくないんだよ」

九月十七日、横浜戦。松井が三十七号の二ランホームランを打った。十対二で勝った。

「松井のアレが大きかったね。松井のアレで、ベンチの重いアレがアレしたし、ゲームのアレになりました」

まだ広島との差は一ゲームある。

九月十八日、横浜戦。二対一で接戦をものにした。投手戦だった。しかし、松井もきっちり三十八号を打った。長嶋監督の投手リレーが冴えた。三回、二死、一、二塁のピンチ。先発の宮本が不調と見て、水野に代えた。無失点。この後、川口、河野を小刻みに投入。早め早めの継投で、最小得点差を逃げ切った。

得意の「アンパイア。ピッチャー、ゲンちゃん」も飛び出した。

「はぁ？」

「河野のゲンちゃん」

「ああ、河野ね」

ゲンちゃんが捕まった。一死、一、二塁のピンチを迎えた。長嶋監督は、マウンドに駆け寄った。激励した。

ベンチにもどるや、打者ブラッグスに得意の英語で野次を浴びせる。

「ヘイ、ブラッグス。プレッシャー、プレッシャー！」

ブラッグスはゲッツーに倒れ、ゲームセットだ。

長嶋監督は、口も滑らかだ。

「川、水、ゲンちゃんの〝新・勝利の方程式〟です」

広島がヤクルトに負けた。同率首位。

さあ、三ゲーム離している三位との中日戦だ。

九月十九日、長嶋監督は、読売ジャイアンツ球場で、ナインを前にして檄を飛ばした。

「必ず勝てる」

「信じて、信じて、信じぬくんだ」

九月二十日、東京ドーム。中日決戦。先発は槙原。

長嶋監督は、いった。

「マキ（槙原）には、回復してもらわないといけない目（視力障害）と鍼がありますから。やはり気をつかってあげないと」

省略は、難しい。ときとして取材陣を困らせる。目はわかるが、鍼とはなんだ。どうも、「鍼を誤って刺したためにかかった気胸」を略すらしい。

途中から「ゲンちゃん」に交代させた。

しかし、ゲンちゃんが、中日に逆転された。二点差の八回裏、ベンチから代打を要請。なんと「ルーキー清水！」と告げた。そして、清水が代打ホームランを放つ。さらに最終回に代打で起用の吉村禎章が同点ホームラン。延長十回裏、後藤孝志が犠牲フライで五対四のサヨナラ勝ち。

後藤がふりかえる。

「吉村さんが打ったから絶対に勝たなければいけない試合」

その吉村は、長嶋監督に二軍落ちを進言するコーチがいた。長嶋監督は首を横に振った。

「吉村のような修羅場をくぐった戦車が、必要なんだ」

長嶋監督は、オーバーなアクションで後藤と抱き合う。

「残り十試合、全部が天王山」

といいきった。

九月二十二日の第二戦。ガルベスが乱調。ストライクゾーンをめぐって審判の判定にカリカリしだす。カリブの血が熱い。

長嶋監督もベンチから叫び、援護射撃。

「しっかりしてくれ、ストライク！」

ガルベスがノックアウト。

「ミズ！　ミズノ！」

中日の山本昌の球が打てない。

長嶋監督、ベンチから叫ぶ。

「いてまえ、いてまえ！」

そして、水野が打たれ、川口にリレー。

川口は信頼している。

「なぜだかわかりませんが、突然、球威が復活したんですよ。すごいですよぉ。彼は三振がとれますから」

しかし、川口からマリオにつないだものの、守護神が打たれた。二点を失い巨人は敗れた。

が、長嶋監督は、予言した。

「今月中には、優勝の行方が決まるでしょう。終わってみれば二ゲーム差でしょう」

九月二十四日、巨人は広島との直接対決に五対二で勝った。マジック5が点灯した。

広島は、まさかの五連敗。

九月二十八日、阪神戦に勝った。広島が敗れマジック3。

ひたひたとドラマが佳境に入っていく。いよいよメークドラマは、ミラクルゾーンへと進んでいく。

十月に入ると、広島に代わって中日が二位に浮上。巨人に渡さぬとばかりに追い上げてきた。

中日の粘り腰に、用意されていた祝勝会は遠のいていく。

長嶋監督は、直接対決で中日を倒すと強調した。

そして、ついに十月六日、名古屋決戦の直接対決で中日を五対二で破り、優勝した。

セ・リーグ史上例のない十一・五差からの大逆転勝利であった。メークドラマの完結であった。長嶋監督の予言は外れ、リーグが終わってみれば、巨人は、二位中日に五ゲーム差をつけていた。七十七勝五十三敗、勝率五割九分二厘であった。

日本シリーズは仰木彬監督率いるオリックスとの対決となった。

が、メークドラマに力を使い果たしたかのように、一勝四敗でオリックスに敗れた。

いっぽう一茂は、このシーズン試合に出る機会がほとんどないまま、じょじょに体調を崩していった。胸が痛くなったり、自律神経失調症になったりした。親友の野球ライターの矢作公一は、気が気でなかった。

「不整脈なのかな」

どこにプレッシャーがあるのかと思うような先輩だったが、意外にナイーブなんだとわかった。試合に使われることよりも、使われないことから来るストレスのほうが高いようだ。野球は、ことのほか好きなのだから無理はない。

それにしても、と矢作は考えてしまう。

〈なぜ、長嶋監督は、一茂を起用しないのだろうか。もっと試合で使えば、絶対活躍できたろうに……野村父子とえらいちがいだ〉

野村監督が、球団を説得しドラフト三位で指名した三男坊の克則は、明大野球部時代、二年以降は、成績もパッとしていなかった。平成七年秋の東京六大学リーグ戦では、打率二割九厘で、八番を打っていたにすぎない。それでいて、契約金六千万円を出させた、という。しかも、本当は六位だったのを、母親の沙知代夫人が、とりわけかわいがっていた克則を不憫《ふびん》に思い、野村監督の年俸を落とさせてまで、その分を克則獲得の契約金に充てた、という。

年齢《とし》がいってからの子供なので、そのかわいがりようはない、という。

ただし、克則本人は、野球選手になるよりも、野球指導者になりたかった、という。

克則を改め、登録名を、イチローのように片仮名で「カツノリ」とさせた。

さらに、ユマキャンプでは、息子かわいさからベッタリとカツノリにはりつき、指導した。

周囲が呆れるほどにかわいがった。

プロ野球を代表する名捕手のヤクルト古田敦也を教育係につけ、自分の任期いっぱいの三年間で、捕手として一軍入りさせる肚《はら》のようだ。

野村監督が、カツノリを異常にかわいがるため、担当記者たちも辟易《へきえき》し、いいあっていた。

「なんだ。一茂のことを、『田園調布のお坊ちゃんに、なにができる』みたいなことをいって、一茂をネチネチいびり倒し、追い出したくせに、わが息子のことは棚に上げて、猫かわいがりする。カツノリは人間がいいから、波風立たないけどな。人間のよさにかけては、一茂だって相当なものさ。しかし、野村監督にしてみれば、一茂が、長嶋茂雄の息子というだけで、ムシャクシャするのかも知れないね。それだけ、長嶋茂雄の向日葵《ひまわり》のようなノー天気な明るさに嫉妬している。月見草たるゆえんだろう」

野村克也は、昭和二十九年、京都の峰山高校からテスト生として南海に入団。昭和三十六年から八年連続ホームラン王。昭和三十八年、ホームラン五十二号の日本記録を樹立。昭和四十年には戦後初の三冠王に輝いた。その他、ＭＶＰ五回、打点王七回と、まさに戦後プロ野球を代表するスラッガーなのに、人気では、絶対に長嶋茂雄にかなわなかった。

そんな自らを評して、月見草といった。

昭和四十五年から五十二年まで、プレーイングマネージャー（選手兼任監督）として南海監督をつとめた。昭和四十八年にパ・リーグ優勝を果たした。監督を解任された後も、一選手として、昭和五十三年にロッテ、昭和五十四年から五十五年を西武と「生涯一捕手」と自称し渡り歩いた。

平成二年、関根潤三監督の後を引き継ぎ、ヤクルト監督に就任後は、リーグ優勝四回、日本一に三回と輝かしい戦績を残すことになる。だが監督としても、長嶋監督の人気にはおよばなかった。

長嶋茂雄という戦後の大輪のように華やかな向日葵は、野村克也の行く先、行く先でつねに咲きほこり、月見草野村が輝くことを遮《さえぎ》ってしまう。しかも、そのことを長嶋本人は、まったく気づくことがない。長嶋茂雄の周囲も、長嶋茂雄を燦然と光らせてしまうのだ。

野村監督は、長嶋監督が羨ましくてたまらなかったにちがいない。

「ふつう、六十歳すぎたら、うかつなことはいえんもんや。世間が許してくれん。しかし、長嶋はええよなぁ。なにいうても許されるのや」

息子のカツノリの背番号に「33」番をつけた。長嶋監督の背番号だ。

角がいう。

「いかにノムさんが長嶋さんに憧れているかのあらわれですよ。でないと息子に33番はつけないもの。皮肉でもなんでもない。皮肉で息子をダシには使わないでしょ。たとえノムさんがダシに使っても、夫人がゆるさんもの」

しかし、そんなにまでして野村監督がカツノリを持ち上げてやっても、選手としての力量は、一茂のほうが上だという専門家の意見がある。野村監督のカツノリに対する態度を見るにつけても、矢作は、長嶋監督に一茂をもっと依怙贔屓《えこひいき》するくらい使ってもいいのでは、と訴えたかった。

野村監督くらい、おおっぴろげに息子を贔屓すれば、かえって厭味がない。長嶋さん、もっと一茂に眼をかけてやってほしい。いや、眼をかけてないということはないかもしれない。だったら、眼をかけてやってる、ということを、もっと表に出してほしい。

巨人軍選手になってからの一茂は、矢作の前では、長嶋茂雄監督のことを以前のように「オヤジ」ではなく、「監督」と呼んだ。

やはり、一茂も、社長である父親を「社長」と呼ぶ同じ社内の息子のように、「監督」と呼んだのだ。矢作は、のちに巨人を辞めることになる一茂について思った。

〈一般的なオーナー会社の社長だって、息子を部長にして、重役に就かせ、将来的に社長に就かせる軌道に乗せたほうが、逆にかえって力が出てくる場合だってあるんじゃないか〉

矢作は、親友だから贔屓目に見るわけじゃないが、贔屓目を差し引いても、一茂の潜在能力を使いこなせなかった指導する側に問題はないのか、といいたかった。

角盈男も、野村父子と、長嶋父子を比較しておもしろいことをいっている。

角によると、カツノリは、ひどく人間ができている、という。両親が反面教師なのだ。野村監督は、選手にねちねちと愚痴まがいのことをいっては、選手になにくそという根性をかき立てさせるタイプである。愛情はあるのだが、言い方が、いやらしい。そして、〝サッチー〟こと沙知代夫人は、いいたいことをズバズバいっては、最近の若者には、山椒どころか激辛の唐辛子のようにきつい叱言を放つ。人間は悪くないが、思っていることをストレートに出すので、つねに方々で誤解を招く。ともに、事を荒立てない人間関係を好む農耕型日本社会では、この両親は異端だ。

サッチーの息子のかわいがりようは、深すぎる愛情ということでいえば、むしろ〝鬼子母神〟を思わせる泣かせる話かも知れない。親子の絆がますます稀薄になっていく現代にあっては、野村親子ほど、〝臍《へそ》の緒〟がきっちりつながっている感じを抱かせる親子はいない。爽快でさえある。

しかし、放言・直言癖の両親を持っていては、現代青年カツノリとしては、肩身が狭いだろう。本来、カツノリは性格が抜群によく、周囲にも気を使うため、チーム内の受けは、すこぶるつきによい。両親よりも評判がよい。するとまた、サッチーが、「わたしの育て方がよかったのよ」というから、また憎まれ口になる。

カツノリは、野村克也の息子という素振りを微塵も見せない、という。物静かな青年だ。一茂ほどの才能はないが、野球に取り組む姿勢は、はるかに一茂よりは熱い。根本的に野球が好きだ。朝から晩まで、三百六十五日、ユニフォームを着て野球をやっていれば最高だという青年だ。

カツノリが一茂に勝つものがあるとしたら、この野球への情熱だろう。両親も、そんなカツノリの姿勢が意地らしくてしょうがない。才能の不足を努力でカバーしようとする息子をなんとかしてやりたい、と思うのだ。

野村監督は、チームのコーチや選手に紹介するとき、かわいがってもらえるようにカツノリを諭した。

「ちゃんと、皆さんにあいさつせえよ」

いわれなくても、カツノリは、きちんとあいさつを励行していた。その野村監督が南海ホークス（現ダイエーホークス）の新人のとき先輩だった人物は、角からその話を聞くと、笑いながらいった。

「なにぃ、野村が息子に『あいさつせぇ』やと。馬鹿もん、あいつが新人のとき、一番あいさつせえへんかったんや」

野村監督の耳に先輩の話が伝わると、平然といった。

「おれは、その後改心したんや」

一茂の悲劇は、一茂が、長嶋茂雄の息子という見られ方をすることに、必要以上に悩んだことであろう。そうなることはプロ野球に飛び込むときに充分予想できたことだったろう。しかし、それでもあえて飛び込んでチャレンジしようとしたにちがいない。どうしようもなく巨大な〝長嶋茂雄〟という壁を乗り越えようと必死に頑張ったにちがいない。野球が好きなことにかけては、一茂もカツノリに負けないものがある。しかし、好きていどでは、プロ野球のレギュラーの座は奪えない。そのことが骨身にしみてわかっている一茂は、最終的に引退後、どのような道を選ぼうとしたのか。

長嶋茂雄は、ある親しい人物に、一茂の将来について切々と訴えた、という。

「おれは、(一茂を)どうしたらいいのかわからん。辞めさせるのはしょうがないのかもしれないけれども、辞めさせて、じゃどうしたらいいのか、どうしてやったらいいのかわからんのだ」

結局、長嶋監督は、自らの手で、一茂に引導を渡すことになる。

それでも、本来は二年で引導を渡すべきだったのに、という声が圧倒的に多かった。結局、四年もの間、一茂を宙ぶらりんの状態にぶら下げてしまった結果になった。

その間に、一茂が受けた精神的なダメージは、本人以外には想像しがたい深いものがあったにちがいない。

一茂は、神のごとき父親たる長嶋茂雄、〝常勝巨人軍〟の宿命、実力のともなわない人気、さまざまに厄介な魔物に挟まれて、ひとり屈辱と懊悩の日々を過ごしたことは想像にかたくない。

それでも、一茂は、野球を愛していた。アメリカに行かせて経営や不動産の勉強をさせようとした、ともいわれる母親の〝将来の保険〟的な方向づけをきらい、かたくなに野球に固執した。

台湾とか韓国に行ってプレーをつづけられないか、探ったこともあった。

そして、いよいよ父親から戦力外の通告を受けたのが、平成八年十月のことだった。

巨人軍は、一時首位の広島とついていた十一・五ゲーム差を引っ繰り返し、奇跡の逆転優勝を果たした。長嶋監督のいう〝メーク・ミラクル〟が本当になったのだ。

長嶋監督は、いよいよ神がかりになってきた。

前年にヤクルト投手コーチを経験し、その年は評論家に転じていた角盈男は、すぐに元上司である長嶋監督の自宅に、祝福の花束を贈った。

角が日本シリーズの取材に東京ドームに行くと、長嶋監督は目敏く角を見つけた。つかつかと忍び寄ってきた。それは、まさに忍び寄る、といった形容がぴったりの動きであった。素早く目線を周囲に配り、角に目配せをしながらやって来たのだ。誰も聞いていないことを確かめるようにいった。

「おっ角ぃ、ありがとう。一番だった、一番。おまえが一番早かったよ」

花束が、誰よりも早く届いた、といっている。そして、人が近づくやいなや、さっと角から離れた。

そして、近づいてきた人と、なにごともなかったかのように知らぁん顔をして雑談に興じていた。じつになんとも憎いほどのタイミングだった。他の誰にもわからないようにするのは、ミスター一流の照れなのだろう、と角は思った。だから、一対一のコミニュケーションなのだ。あなただけに語りかけるようにいわれたら、しかも、それを愛する人からいわれたとしたら。

角は、目茶苦茶うれしかった。なんともいえずいい気持ちになった。

〈あぁ、もう監督って外国人だ〉

ふつうは、監督ともあろう偉い人間が、いちいちお祝いの花束を見たりはしないだろう。まして や、贈ってくれた人に本人がいちいちお礼をいったりしないだろう。事務所の人が確認し、後でお礼の葉書を書くのが関の山だ。だが、さすがにミスターであった。

アイコンタクトで、さも角だけに話すみたいにいってくれたのだ。

確かに、角は早かった。しかし、一番早いなどということはない。長嶋監督を取り巻いている「長嶋命」のような人たちがいる。その人たちより早いということはまずないだろう。おそらく角の花が届いた時間には、田園調布の長嶋家の玄関は、花束で埋まっていたであろう。しかも、角が贈った花以上に高価な花々が、芳香をまき散らしていたことだろう。角が贈った花など、下から数えたほうが早いくらいの値段にちがいない。

〈ミスターは、誰が贈ってきてくれたのか、あるていど頭に入ってるんだろうな〉

長嶋監督は、目黒区内のマンションに住む一茂を田園調布の自宅に呼んだ。

「残念だが、来季の戦力に入っていない」

解雇通告であった。

一茂のプロ野球通算成績は、九年間で一軍出場三百八十四試合。打率二割一分、打点八十二、ホームラン十八本であった。

このころ、一茂は、親しい記者に告白していた。

「やめるときは、野球中心の活動をしていきたいと、ずっと思っていた。全国各地の少年野球教室で、子供たちに野球を教えてあげたいんだ。ぼくが子供のころ、家の近くに巨人軍の多摩川練習場があった。だから、いつも多摩川に行った。すると、当時の主力選手の高田（繁・外野手）さんや土井（正三・内野手）さんや堀内（恒夫・投手）さんが相手になってくれて野球を教えてくれたんだ。それが、ものすごくうれしかった。だから、おれは引退しても、野球界全体に関わって、そういう仕事をしたい」

## はじけるキャスター、三奈

三奈は、平成八年六月二十三日深夜放送の、テレビ朝日のトーク番組『SPORTS　ぶわぁ〜』で初めて司会の仕事に挑戦した。スポーツにたずさわりたいとの動機でテレビ朝日入社。それ以来、記者としてスポーツの現場を取材してきた。が、テレビ出演は極力避けて来た。しかし、入社五年目の平成七年、テレビニュース部の先輩に説得された。

「テレビ各局には、日本テレビの関谷亜矢子さんとか、スポーツならこの人という人がいる。三奈ならスポーツもわかってるし、いい意味で局のアドバルーン的な存在になってほしい」

先輩は、そういって三奈にキャスターを勧めたのである。

また、そのころ、女性の先輩にも「女の二十八歳は転機だよ」とアドバイスされた。

三奈は、決心した。

〈三十歳になったとき後悔しないよう突っ走ろう。三十歳になったとき、二十代の経験がプラスになるのではないだろうか〉

『SPORTS　ぶわぁ〜』は、ヤクルトの捕手古田敦也とプロゴルファーの丸山茂樹と三奈の三人のバラエティートークショーである。二人とも取材で三奈と知り合い、いつもにぎやかに雑談もする気のおけない間柄であった。脱線しながらもスムーズに進行することができた。

むしろ、脱線することでバラエティー色が出て、よい出来になった。

この番組がきっかけとなり、平成九年四月からの『ニュースステーション』金曜日担当スポーツキャスターに抜擢されるのである。

三奈は、平成八年十月十五日付けで、それまでのテレビ朝日スポーツ局スポーツニュース部記者と同局の報道制作センターの仕事とを兼務することになった。

報道制作センターとオフィス・トゥ・ワンの制作する深夜の報道番組ニュースステーションのスポーツ班の仕事を手伝うためである。三奈をニュースステーションにとの話は、番組の顔である久米宏の強い意向があった、といわれた。久米は、三奈が何事にも全力で取り組む清々《すがすが》しい姿勢が番組を通じて視聴者に強くアピールできる、と考えたようである。

じっさいに、三奈の仕事ぶりは、あちこちで好評だった。この年の夏のアメリカ・ジョージア州アトランタでのオリンピックには、テレビ朝日のスポーツ部から三人だけ派遣される取材記者のひとりに選ばれた。

女子柔道決勝戦、ヤワラちゃんこと田村亮子は、北朝鮮のケー・スンヒに、優勢負けで敗れた。ヤワラちゃんになんの事前データもないまったく無名の十六歳の高校生選手だった。

予期せぬ敗戦に、ヤワラちゃんは試合後、悔しそうにつぶやいた。

「また四年は長いよ」

ヤワラちゃんは、四年後のシドニーオリンピックを、すでに想定しているのだった。四年後にかならず借りを返すと誓っているのだ。

三奈は、ヤワラちゃんのそばで取材していて深い感動を受けた。

「たった四分間で、それまでの四年分が消えてしまうんですよ。気づいたら、いつの間にかわたしも泣いていました」

以来、ヤワラちゃんからは、「おねえちゃん」と慕われ、プライベートな相談も受ける仲となった。

ニュースステーションの担当になって与えられた仕事が、プロ野球パ・リーグ、オリックスブルーウェーブの天才打者イチローへの取材である。

さっそく三奈の試練だ。イチローは取材嫌いで有名だ。ろくに野球について勉強していない取材記者には、鼻も引っかけない。いつもそばについている担当記者にさえ、腹を割ってしゃべることなどめったにないイチローだ。どんなタイプの女性が好きだとか、目標打率を訊くと、とたんに機嫌を損ねるなど、イチローにはタブーになっていることがたくさんある。

そんな難物のイチローに取材をした。三奈は、いまだに野球のことは、よくわかっていなかった。ちょっと前までは、セ・リーグとパ・リーグの区別もつかなかったほどだ。

が、話し始めると、意外や三奈とイチローは、たちまち打ち解けた。

イチローが、恥ずかしそうに三奈に告白した。

「長嶋監督から色紙をいただいたことがあるんです。宝物です」

すると、三奈は、いたずらっぽい眼をしながら返した。

「えっ、本当ですか。フリスビー代わりに投げているんじゃないですか」

イチローは、たちまち相好を崩した。

がぜん饒舌《じょうぜつ》になったイチローは、自分独自の打撃論まで展開しはじめた。時間にして一時間以上もしゃべった。イチローがこんなに取材相手にしゃべったことはめったにない。しかも相手は、長嶋茂雄の娘とはいえ素人同然の女性だ。

三奈も、そのことはわかっていた。スポーツニッポンの高堀記者にいった。

「わたしがあまりに素人だから、しょうがないと思ったんじゃないでしょうか」

このインタビューの模様は、平成八年十一月二十二日に放送され、全国の茶の間に流れた。

この放送前夜、三奈は、田園調布の自宅で午前三時半に就寝した。午前九時半に目覚し時計をセットしていた。しかし、十時半まで寝過ごした。そして、あわてて飛び出してきたので、腕時計も忘れてきた。

ＦＡ宣言した清原和博選手が巨人へ行くかどうかの問題で超多忙の父親の長嶋監督には、三日前の十一月十九日に、番組コーナーに初登場することを伝えておいた。

長嶋監督は、独特の〝長嶋語〟で、三奈を励ましてくれた。

「エース番組だから大変だけど、思い切ってやりなさい」

三奈は、三奈とイチローとの対談の模様を放送する直前の前フリで、メイン司会者の久米宏に、いきなり台本にない突っ込みをされた。

「父親が長嶋茂雄って、どんな気分？」

しかし、三奈は少しも騒がず、

「恥ずかしいです。会社でも笑われるんですよ。わたしが（父を）見ていてもおかしいと思います。日本語の使い方も、いろいろあって……」

とやって、すぐに本題のイチローに話題を転じた。

すぐさま、久米が感想を、

「台本どおりだね。お父さんとちがって」

久米は、三奈がコーナーを終えると、しきりに感心していった。

「これからは、長嶋三奈のスーパーインタビューと名付けましょう」

ミスターは、三奈の仕事ぶりが電波に乗って流れたことを知った。その夜、帰宅するなり、ミスターはあの最高の笑顔をこぼれんばかりに輝かせながら三奈にいった。

「三奈ちゃん、野球だったらスリーベースだよ！」

ミスターは、つね日ごろ、三塁打を最高に評価する。ミスターのいう「スリーベース」は、最大級の褒め言葉だ。

一茂が、「一番父親と似ているのは三奈」という娘と父親は、抱きあってよろこんだ。

三奈は、その様子をこう表現した。

「家では、よく父とハグハグと抱き合うんです（笑）」

ハグ（hug）とは、英語で「抱擁する」という意味である。それをくりかえして無国籍語化することで〝超・うれしい〟感じを強調しているのだろう。英語が日常化している長嶋家の一員ならではのユニークな表現なのだろう。おそらく、女子高校生でアメリカに留学し、中流家庭でホームステイしていた経験がある亜希子夫人が子供たちを抱っこするときに、いつもいっていた言葉なのかも知れない。それにしても「ハグハグ」とはいいえて妙ではないか。ナイスな造語感覚である。

三奈も、自分でつくづく父親に似ていると思っている。日刊スポーツの新村記者にこう答えている。

「おっちょこちょいで雑なんです。モノをいろんなところに置いて、『ない、ない』って探したり。よく自分のメガネを置いた場所を忘れるんです。家に贈られてきたせんべいの包装紙をバリバリって開けてグチャグチャにしてポイッと捨てたら、母に、『こんな開け方するのパパかと思った』っていわれてしまいました」

三奈は、ゴルフ、サッカーなどの取材も多い。

プロゴルフでは、ジャンボ尾崎から〝番記者〟のお墨付きをいただいた。尾崎家のホームパーティーにVIP待遇で招待されたこともある。尾崎が、長嶋茂雄を尊敬するから当然といえば当然であるが、それにしても、三奈の愛すべき人柄を、ジャンボ尾崎が評価しているからだ。

ジャンボ尾崎に取材をしたとき、尾崎が、若手とともに学ぶという『共生論』を、わかりやすく話した。すると、その話に感激した三奈は、ぶっ放した。

「もう、わたし、眼からウロコがぼたぼた落ちました」

「眼から鱗が落ちる」の諺《ことわざ》を、三奈流に強調したつもりだろう。肉体の詩人長嶋茂雄のDNAを受け継ぐ良い言語センスである。

さっそく、尾崎からからかわれた。

「おまえの眼って、そんなに鱗《うろこ》がついてんの？」

サッカーJリーグの横浜マリノスやヴェルディ川崎のホームゲームは必ず取材している。三奈は、スポーツ局の現場記者の中では最古参となった。もう、テレビ朝日に入社してから六年目になる。

日本ハムの落合博満選手へのインタビューでも、三奈の言語センスは冴え渡った。

ハワイの白い砂浜でテーブルをはさんで、二人が話している。いい天気だ。抜けるような青空だ。三奈が、いきなり落合に切り出した。

「スカッパレですね」

落合は、キョトンとした表情で、「ん？」と聞き返した。

「なんだそれ。どこの言葉だよ」

三奈は、不思議そうな顔をして、問い返した。

「えー!?　よく晴れた日を『スカッ晴れ』っていいませんか」

落合は、のけぞって笑ってしまい、しばらくインタビューが中断してしまった。

三奈は、ニュースステーションの本番に入るとき、いつも自分にいい聞かせる、という。

「きょうもはじけてきます」

三奈は、平成九年四月より、ニュースステーションの金曜日のスポーツ担当として、週一回お茶の間に向かってしゃべることになった。いままでは単発的に画面に登場していたにすぎなかったが、今度からは、自分のコーナーを持つ、れっきとした番組の顔となる。

ミスターは、三奈の出演するニュースステーションの金曜日は、かならず見るようになった。土曜日の朝、ミスターは、かならず三奈に声をかける。

「きのうも見てたよ」

仕事の話は、おたがいにしない。ミスターは、ふつうの父親の顔で三奈にいう。

「体のコンディションに気をつけなさいよ。風邪引いてない？」

コンディションだなんて、まるで選手の体調を心配しているみたいではないか。三奈は、横文字混じりに会話する父を見ると、おかしくなる。

ミスターは、三奈が出かけるときは、いつも肩を叩いて送り出してくれる。

「三奈ちゃ〜ん、頑張って〜」

三奈が家に帰ると、ミスターは、待っていましたとばかりにいう。

「なんか、三奈ちゃんのこと、みんないいよっていってるよ」

半分、長嶋監督に気を使って、周囲の記者の人たちが娘を褒めてくれているのに、それに乗ってしまう父親を、三奈は、親馬鹿だけどキュートだと思う。

三奈がブラウン管に登場するようになり、顔が売れだすと、通勤電車のとちゅうで見知らぬ人から声をかけられるようになった。

自宅近くの田園調布駅から中目黒駅まで東急東横線に乗り、中目黒で地下鉄日比谷線に乗り換え、六本木駅で降り、六本木のテレビ朝日まで歩いて行く。三奈が乗るのは、比較的空いている時間帯だが、わざわざ近づいてきて、問い詰める者もいるという。

「巨人が、そんなに偉いのか」

「お父さんにいっとけ。入来は、もう使うなってな」

このへんは、ウォークマンを耳にし、知らないふりして聞き流すことにしている。しかし、ときには、激しく三奈のことを責めてくる人が出てくる。

「たいしてかわいくないくせに。可愛い子ぶりっ子しやがって」

「おまえがちゃらちゃらしてるから、巨人が勝てないんだ」

こうなると、いいがかりである。

逆に「ファンです」と名刺を出してくるストーカーまがいの男もいる。

そして、ついには電車の中で突然腕をつかまれる。

テレビ朝日では、通勤途中の三奈の被害の話は、あっという間に広まった。

会社では、そういった危ない人物から三奈の安全を守るため、往復をハイヤーで送迎しようか、という案も出た。それを長嶋家にそれとなく打診してみた、という。

すると、「特別扱いはよくありませんので、結構です」と返事が返ってきた。

三奈は、それまでどおり電車通勤をつづけている。

キャスターなどと呼ばれることに恐縮し「記者でいい」と本人はいっている。

いっぽう、長嶋巨人は、この平成九年春のスタートでつまずいた。一時は、首位ヤクルトから十五ゲームも離された最下位に低迷した。

が、長嶋監督は、また前年の名セリフをくりかえした。

「うちはあきらめていません。メークドラマがかならずありますよ。大丈夫」

三奈も、巨人の勝利を信じて疑わないようだ。

ニュースステーションのスタッフには、さかんに強調した。

「ヤクルトは、そのうち落ちてきます。そして巨人の大攻勢が、すぐに始まるんです」

スタッフが突っこむ。

「なんでわかるんだよ、おまえがそんなことを」

「だって、お父さんは、絶対優勝するといってますから、安心してください」

平成九年七月十七日から、イギリスはスコットランドのロイヤルトルーンで、ゴルフの世界四大メジャーのひとつ第126回全英オープン選手権が開かれた。世界のプロゴルファーが夢見る世界最高のゴルフトーナメントである。『ジ・オープン』とだけいえば、『全英オープン』を指すというくらい著名な大会である。

日本からは、前年につづいて丸山茂樹プロが、参加していた。その丸山プロに付いて三奈もテレビ朝日の同行取材のため、トルーンまで来ていた。昨年5アンダーパーで十四位の丸山は、今年は招待選手だ。

二日目を終わり、丸山は予選を通過し、決勝ラウンドにのぞんだ。その二日目のプレーが終わった後、三奈は、丸山選手にインタビューするシーンをVTRにおさめた。

「きょうね、三連続バーディです。丸山選手、見せてくれましたねぇ」

「途中であの長いラフとか、ガバーッてやりたくなったよ。疲れるよ、このコース、精神的にもさ」

全英オープンのラフ（芝生）の深さは、ゴルファー泣かせだ。過去、何度もスーパースターが、この深いラフに沈んだ。三奈がうなずく。

丸山選手の後ろをまわって、密着取材していた三奈だが、途中で、丸山の視界から三奈の姿が消えた。あの、タイガー・ウッズが、現れたのである。

そのシーンを、丸山が、暮れの『SPORTS ぶわぁ〜』で振り返った。

ヤクルトの古田敦也捕手と丸山と三奈の三人のトークショーの続篇である。健康ランドにカメラを持ちこみ、一年の出来事をVTRを見ながら、三人が、それぞれの一年をおもしろおかしく振りかえるという趣向だ。

三奈が、古田の前で、ヤクルト命と応援していた、というと、古田が即座にVTRを見ながら、否定した。三奈は、決してヤクルトだけのファンではなく、横浜ベイスターズの若手選手の追っかけギャルまがいの取材もしていたことを、古田に指摘されあわてるシーンの後である。

**古田**　ゴルフ界は、野球とちごて、(三奈は）丸山君一筋やったんやね。

**丸山**　いいえ、全然ちがいました。ぼくが上がってきて、途中で18番ホールとかでは、横に(三奈が）いるんですよ。付いてくんのかなって思って上がったら、もういないんですよ。そしたら『タイガー、タイガー、タイガー、タイガー』って。

三奈が、タイガー・ウッズを見つけたとたん、目の色を変えて追っかけて行ったといってい
る。丸山は、その三奈の物真似をオーバーに演じて爆笑を誘った。「タイガー」の「タ」を強
く、「ー」を間抜けに素っ頓狂な高さで発音する。

**三奈**　そんな言い方、しません。

**古田**　それはないやろ。

**丸山**　いえ、ちゃんと証拠があります。

三人は、またVTRに見入る。すると、三奈のアップになり、なにかしゃべっている。

**三奈**　ハーイ、タイガー、ハァイ、ハウ・ドゥ・ユー・フィール・トゥルーン。

さっさと通りすぎるタイガー・ウッズにしきりに呼びかけているのだ。なるほど、丸山は、
ほぼ完璧に真似ている。

また、別の場面でも、三奈が呼びかける。

**三奈**　タイガー、タイガー。

やっとタイガーが振りむいてくれた。

**タイガー**　トゥモロー・オーケイ?

「明日、記者会見をするから、ごめんね」とでも三奈にいっているのだろう。
三奈は、タイガー・ウッズの単独インタビューを取りたいと夢見ているのだ。しつこい、と
思われても何度もチャレンジする。
三奈は、タイガー・ウッズにやっとフェイス・トゥ・フェイスで話しかけた。

**三奈** タイガー・コングラチュレーション！

**タイガー** サンキュー。

ほら、とばかりに丸山が古田にあいづちを求めた。

三奈は、VTRが流れ終わると、あわて気味に弁解した。

「いやぁ、あっはっは、そんなぁ。いろいろ情報……、もう忙しかったぁ」

丸山は、三奈が、ジャンボ尾崎にもきちんと取材をしていることをわざと茶化して指摘する。

「他に、ジャンボさんとことかも、チャラチャラしてるし」

「チャラチャラしてなぁい。いや、マスコミ的に、そういわれちゃえばそれまでなんだけど、大変じゃないんだけど、いろいろ視聴者の代表というのもチョコッとあるから。丸山くんも見たいし、ウッズも見たいし、古田さんも見たいし、横浜（ベイスターズ）の人も見たいしって思って、いろいろ行くわけですよ」

古田が茶化す。

「お父さん、巨人だしぃ」

「そう、巨人だしぃ、いろいろ、ちょっとしょうがないんですけどね」

いっぽう一茂が、引退後の〝就職活動〟を始めたのは、早かった。

〝常勝巨人軍〟が義務づけられているチームの闘いぶりを尻目に、一茂は、五月ころから、フジテレビ『K―1グランプリ』のスタッフに就職活動を展開していた。

「毎週楽しみにしています。Ｋ―１のためだったら無償で協力しますから、仕事をさせてください」

自分で自分を他人に売りこんだのは、生まれてはじめてであった。

Ｋ―１は、平成五年からはじまった空手とキックボクシングをメインにした格闘技である。極真会館に所属していた石井和義が館長をつとめる『正道会館』が統括している。

当然、極真の空手の選手も多く参戦している。現在のＫ―１ブームに火をつけたスターは、スイスのアンディ・フグであり、ブラジルのフランシスコ・フィリオである。ともに極真空手の体得者で指導者である。

一茂は、そのいっぽうで、Ｋ―１のルーツともいうべき空手への夢をふくらませていた。

〈じっさいに空手をやってみたい〉

一茂の格闘技好きは、三十三歳になる今日まで途切れることはなかった。

少年時代の一茂は、極真の大山倍達総裁の伝記『空手バカ一代』の漫画は、何回も読み、暗記するほどであった。

一茂は、平成八年秋の巨人対オリックスの日本シリーズの真っ最中に極真会館に入会した。

三軒茶屋支部（現・世田谷東支部）で指導を受けた。

一日に一時間半稽古をして帰る。

極真空手の階級は、帯で示される。

白帯が一番下の無級。それから、上に上がるにつれ、十級～九級のオレンジ、八級～七級の青、六級〜五級の黄、四級〜三級の緑、二級〜一級の茶、そして、その上は初段の黒帯である。およそ三カ月に一回進級審査があり、その審査に合格すると上に上がることができる。したがって、ふつうに練習していれば、昇級試験がある三カ月ごとにランクが上がって帯の色が変わっていくことになる。一茂は、もちろん白帯だが、外見の体つきや基礎的体力からいえば、黒帯クラスの力があった。

極真空手の練習は、まことに地味であった。同じ動作を何度も何度も繰り返す。一茂は、まったく退屈することなく稽古に明け暮れた。このままいけば、とんとん拍子に昇級していくことは目に見えていた。

が、平成八年十一月後半に入り、一茂の身辺が急に忙しくなってきた。かねてから、大いに興味を抱いていた格闘技番組に、特別レポーターとして出演することになったからだ。

野球を辞めてから初めての仕事が決まったのである。平成八年十二月八日に、名古屋レインボーホールで開催される『K―1ヘラクレス』でのレポーターである。

正道会館の〝武蔵《むさし》〟こと森昭生が、平成八年のK―1覇者であるアンディ・フグに初挑戦する。フジテレビが中継することになっていた。一茂は、アンディと武蔵の両者の調整ぶりや、試合開始直前の様子をレポートし、彼らにインタビューもこころみる。いままで取材される側だったが、取材する側に立つのだ。

レポーターの仕事ばかりでなく、一茂のもとには、その人気も追い風となってか、さまざまな仕事の依頼が舞い込んでいた。しかし、一茂は、慎重に対応した。

特定の放送局や事務所に所属する気はない。あくまで〝長嶋一茂〟というフリーの立場で番組ごとに契約しようと決めた。一茂は、親しい矢作公一にこう語った。

「野球解説という仕事はしたくない。そうではなくて、おれは、スポーツを一般の人だれにでもわかるように伝えていきたいんだ。野球やってたときは、野球以外のことなんか考えたこともなかった。将来のこととか、『いったいなにするんだ』みたいな訊かれ方をされた。そのたびに、腹立って怒ったこともあった。でも、いまは、なにがしたいのか、よくわかってきたような気がするんだ」

一茂は、十一月二十九日、新宿区河田町にあるフジテレビで会見した。

「格闘技は昔から好きです。もちろんいまも変わりません。ずっと応援していきたいですね。三十にして童心に返れます。野球はもう終わったし、スポーツを盛り上げるために頑張りたいです。いまの自分に違和感はありませんね」

伝えたいスポーツの中には、もちろん野球もふくまれる。一茂は、十二月四日から七日まで、同じフジテレビの人気番組『プロ野球ニュース』に出演することになった。来季の開幕直前の動向をレポートする。いわゆる〝企画もの〟である。

その間、十二月五日には、格闘技情報番組『SRS－スペシャルリングサイド』にも出演。一茂のギャラは、この種のレポーターのギャラの一回十万円をはるかに超す五十万円だ、という。破格の待遇である。それだけ、〝映像的〟には大物なのだ。

フジテレビスタッフは、一茂の仕事ぶりを見ていて、番組のレギュラー化を検討しはじめた。

一茂は平成九年九月二十八日の極真会館『城西・神奈川地区新人戦』に出場することになった。

入門してからほぼ九カ月は経つのに、一茂はまだ白帯であった。ふつうのスケジュールどおりに稽古をしていれば、この時期は、青帯になっていてもよかった。しかし、仕事が忙しくなり、稽古する時間が極端に減った。それに、昇級試験のおこなわれる日は、一茂が休みを取れない。ただし、新人戦には出て、勝ちたい。

そのため、一般コースとは別にある試合コースで、上級者にまじって、スパーリングの稽古を特訓してもらうことにした。

いよいよ決戦当日がやってきた。場所は、府中市総合体育館。

一茂が出場するのは、七十五キロ以上の重量級である。審査委員長は、極真会館の山田雅稔師範。

一茂は、周囲には、堂々と落ち着いているように見えた。

スポーツ紙や格闘技の雑誌ばかりか、フジテレビの『スポーツリングサイド』はもとより、一茂が出演しているテレビ朝日深夜の格闘技応援紹介番組の『リングの魂』までもが一茂の雄姿を捉えようとカメラをまわしていた。

極真空手の全日本の選抜試合のような上級者の試合になると、格闘技雑誌やスポーツ紙が取材に来たりする。しかし、テレビ局はまず来ない。一地区の新人戦に、これほどの取材陣が殺到し、しかもテレビまでもが取材に来たのは、初めてのことであった。

一回戦がはじまった。試合時間は、本戦二分、延長が二分と二分あり、全部で六分。六分の間に、赤か白どちらかの旗が上がる。

一茂の相手は、八十キロはある若者だ。

試合が始まった。

一茂は、腰を少しでっちり気味に引く独特の構えで、相手を攻撃する。

左前蹴り、左突き、右の突き、左右の突きを繰り出す。

右の突きと蹴り一発で、相手は、場外へすっ飛ばされた。

一茂は、なんなく一回戦を勝った。

一茂は、二回戦も圧勝した。

三回戦も、勝った。

いよいよ準決勝。

相手は、緑帯の斉藤真一。一茂より八級も格上の選手だった。

一茂は、本戦二分の前半を攻めて攻めて攻めぬいた。

が、決定打が出ない。試合は延長にもつれこんだ。

一茂は、稽古量が足りないため、スタミナ切れで押しこめなかった。

〇対五の判定で負けた。もし、本戦で押しこんでいたら負けなかっただろう。

一茂は、大きく肩で息をついた。思いのほかの善戦であった。

一茂は、三位決勝戦を戦った。

三位決定戦は、黄帯だった。五対〇の判定勝ちをおさめた。一茂は、みごと三位に入賞し、山田師範から表彰状をもらった。

一茂に取材陣が質問した。

一茂は、満足しきった顔でいった。

「準決勝で負けたけど、力は出し切った。格闘技の世界は自分にとって未知の世界。野球をやめてひさしぶりに緊張感を味わえた。空手をやることで、自分の中の精神的な甘さを打破していきたい。白い帯に色をつけたいので今後もつづけていきます」

一茂の試合の模様は、十月九日深夜にフジテレビ『ＳＲＳ―スペシャルリングサイド』で放送された。

一茂の格闘技レポートは、『Ｋ―１グランプリ』にしろ、『スポーツリングサイド』にしろ、『リングの魂』にしろ、ますます冴えを見せた。

なにしろ一茂自身が、乗りに乗っているので、おもしろかった。南アフリカでも、ヨーロッパでも、オーストラリアでも、どこでも選手の取材に飛んだ。

## プラス思考の「長嶋五ヶ条」

平成八年十一月二十日、長嶋監督の一言で、西武の清原和博選手の巨人軍入りが決まった。

「ぼくの胸に飛び込んできてほしい」

巨人軍長嶋茂雄に憧れたひとりの青年がまた、巨人軍に移籍してきた。

清原と入れ替わるようにして、長嶋茂雄を男にした落合が去った。日本ハムとヤクルトとの争奪戦のすえ、日本ハムに入った。

清原の契約は、年俸三億四千五百万円の三年契約。ポジションもファーストを確約。いたれりつくせりの条件であった。

長嶋巨人は、平成六年の日本一達成の後、三十億円の大型補強をした。そして批判された。今度もまたリーグ優勝のあと、同じ大型補強を敢行した。FA宣言をした清原内野手、金銭トレードでロッテのエリック・ヒルマン投手を獲得した。年俸三億六千万円で五年契約の清原には十八億円。同じく年俸二億五千万円で二年契約のヒルマンに五億円。これだけで二十三億円、新人も入れると三十億円にのぼる戦力補強である。さらに、〝台湾のイチロー〟との触れこみのルイス・サントス内野手、近鉄の石井浩郎も獲得した。

平成九年一月六日、読売新聞本社九階の大会議室で、恒例の新年の賀詞交歓会がおこなわれた。この席上、前年十二月に巨人軍二代目オーナーに就任した渡辺恒雄読売新聞社社長が、約五百人の本社および関連グループ幹部社員を前に、宣言した。

「今年は絶対、優勝する。日本一だ。その裏づけはあるんだ」

渡辺社長はそういうと、斎藤、ヒルマン、槙原、桑田、宮本、石毛、西山、さらにルーキーの入来から小原沢までずらりと十人以上の投手の名前をあげた。

「ジャイアンツには一流のピッチャーが二十人もいるんだ。負けるわけがない。バッターだって松井、清原を中心にルイスが来て、元木、清水、後藤、仁志も頑張っている。控えには広沢もいるんだからな」

渡辺社長は、巨人オーナーに就任して三週間くらいしか経っていない。まだよく巨人選手の名前も覚えていないだろうと思っていた幹部たちは、いちようにおどろいた。たしかに、渡辺社長がこんなにずらりと選手の名前をならべたことはいまだかってなかった。それどころか、そうとう巨人のチームの戦力を細かく把握しているようだ。

「常識で考えたら優勝しかないだろう。突然、何かが起きないかぎり、優勝できない条件を探すのは難しい。ほかと比べても、これだけのメンバーがいる球団はない。この中で巨人が日本一にならないと思っているのは二人くらいじゃないか」

会場は、ドッと湧いた。三十分の年頭あいさつの中、巨人軍について五分間を割《さ》いてしゃべった。

リーグ優勝はしたものの、日本シリーズでオリックスに一勝四敗と完敗。せっかく楽しみにしていた大手町の優勝パレードは実現しなかった。

オフの補強は、三十億円強。これだけの金を使って補強をしたからには、現場に結果を求めるのは経営者として当然の話だ。

賀詞交歓会での発言は、とりもなおさずミスター長嶋茂雄監督への日本一奪還至上命令である。

渡辺オーナー就任一年目のシーズンに、日本シリーズはおろか、リーグ優勝まで逸したとあれば、オフでの激震は必至である。リーグ優勝を目前にした平成八年十月初旬、渡辺社長は、高らかに宣言した。

「来世紀まで長嶋監督だ」

この賀詞交歓会での渡辺オーナーの宣言は、もし優勝を逃すならば、長嶋が今世紀中監督確定という保証はどこにもない、と感じさせるに充分な迫力を帯びていた。

逆にいえば、そんなに金を使って素晴らしい選手を獲得していて、なぜ、金がないためスーパースターを獲れないヤクルトに首位を譲るのか教えてほしい、といっている。

平成九年七月十六日におこなわれた東京ドームでの対横浜戦。観戦した渡辺オーナーは、逆転負けした後、いい放った。

「今年はもう駄目だ。来年のことを考えるしかないな」

検査入院中の病院を抜け出してきたというオーナーは、心拍測定器を片手に、悲痛な声で語った。

「敗北性胃潰瘍だよ。病院の消燈は九時だから、裏口からこっそりベッドに潜りこまなきゃいけないんだ。メチャクチャだ。長生きせんよ。外国人はダメだな。安ガイジンばかりだ。このまま最下位なら問題だな。いろんなところに責任問題が波及してくる」

オフの粛正人事を暗示させた。

このころ、長嶋監督は、渡辺オーナーに一喝されたと、親しい一部の番記者に明した。

渡辺オーナーは、長嶋監督に二点を申し渡した、という。

「さすがにこの状況では優勝は絶対無理だ。無理なことは口にするな」

前年の平成八年のように「メークドラマ、メークミラクル」をいってはいけない、と釘を刺された、という。もう一点は、

「奇跡の逆転を狙うより、チームを若手に切り替えて、小野仁、三沢興一、岡島秀樹、清水隆行、仁志敏久といった選手たちにどんどんチャンスを与えろ」

オーナー命令だったようだ。

その後、長嶋監督は、その命令を聞いたのか、小野投手を七月十五日付けで一軍昇格させていた。七月十九日のヤクルト戦では、「日本一のセカンドにする」といっていた仁志をレフトに起用した。

九月十四日、ヤクルト戦。巨人は、昭和六十年六月以来となる二試合連続完封負けを喫した。これで、数字上、ほんのわずか残されていた優勝の可能性も完全に消滅した。巨人は、屈辱的な終戦を迎えた。

先発の左右の両輪と期待した斎藤雅樹、ヒルマン両投手が怪我で故障した。そして、この試合で巨人軍史上ワースト記録となる百三十二個の三振を喫した清原の目をおおう不振。三億四千五百万円を泥棒されたような気にもなる。

長嶋監督は、優勝の可能性が消えた、と質問されてもケロッとしていた。

「そりゃ、しかたないことですよ。こういう一年でしたから。異常でした。こういうシーズンは初めてでしたよ」

九月十八日の午後、渡辺オーナーと長嶋監督が、料亭で会食し、監督留任が決まった。そして、すぐ、神田錦町の巨人軍球団事務所で、深谷尚徳球団代表から来季の人事が発表された。巨人軍フロントの粛正人事だ。

このとき、会場で配られた〝オーナー談話〟には、こう書かれてあった。

『巨人軍は歴史的な敗北をした。（中略）外人スカウトの失敗、フロント、コーチ間のある種の不協和音の存在も一因である』

平成九年のシーズン終盤に来て、巨人は、Bクラス転落が確実になっていた。角盈男巨人軍投手コーチは、責任を感じて退団する決心をした。

そこで、巨人の大阪遠征のときの宿舎『竹園芦屋』で、長嶋監督に伝えた。

「今年かぎりで、辞めさせてもらいます」

長嶋監督は、角を諭《さと》すようにいった。

「おまえがユニフォームを脱ぎたいという気持ちはわかった。でも、個人・長嶋の立場での話として聞いてくれ。男としては、優勝して辞めるのが一番いいことではないのか」

角は、そこまで腹を割って話してくれた長嶋監督に感謝するとともに、ひどくうれしかった。

長嶋監督は「（平成九年度のシーズンは）投手で負けた」とコメントした。

そこで角は、頭を丸めて責任を取った。

しかし、それまでシーズン中は、長嶋監督とは、全部合わせてもたったの三分しか会話していなかった。長嶋監督には、もっと注文を出してほしかった。そう思っていた矢先、長嶋監督から本心を聞いた気がした。ミスタープロ野球の人生観を聞いた気がしたのだ。

平成九年、長嶋巨人は、六十三勝七十二敗でBクラスの四位に終わった。

長嶋監督は、平成九年のシーズンも終わり、みずからの来季の続投も決定した十二月五日、都内ホテルにある中華料理店にごく内輪の親しい友人を招待した。総勢八人。マスコミ、読売、野球など、ふだん長嶋監督が仕事で関係する人間は、いっさいオフリミットの私的忘年会であった。長嶋監督は、つとめて私的にふるまった。しかし、野球のことは片時も忘れることのない長嶋監督は、やはり野球のこと、巨人軍のことを語りはじめた。

「今年、わがジャイアンツは苦戦の連続で、結果的にはBクラスという形で、監督としては非常に責任を感じておりますし……」

出席したのは、画家や、社長、ゴルフ関係者、個人的知人、それに巨人軍編成部長を退任になったばかりの河田弘道もいた。メニューは、一人四万円弱の特別コースだった。長嶋監督は、好物のフカヒレ、アワビに舌鼓を打ちながら、楽しそうだった。

慶大のスラッガー高橋由伸は、翌十二月六日に仮契約の予定になっていた。

「六番か七番でいきますよ。最初の年はとくに力を入れたいね。寮に住んで、外野に入れて、松井と組ませて生え抜きのペアをつくりたいね。MK砲じゃなくてMT砲になるのかな。じつはね、名前も『ヨシノブ』案が出てるんだ。でも、サブロー（ロッテ）やカツノリ（ヤクルト）みたいにこけたら駄目だからね。やっぱりイチローみたいに途中で登録名を変更するのがいいと、ぼくはにらんでますがね」

清原への熱は冷めてしまったのか、さらっとふれた。

「キヨはおれのいうことしかきかないし。ずいぶん目をかけたつもりだったけど。スピードが必要だねえ。スピードは精神から生まれるから、精神の強靭さが大切だな」

スピードというのは、長嶋語のようで、ふつうの意味の足の速さとか体のキレとかいってるのではなく、ホームランを打ち始めた時期が遅かったことを指しているらしい。いろいろ野球以外のトラブルに巻き込まれやすいのも精神の脆弱さがまだとれてない、ということでもあるのか。

出席者がおどろいたのは、長嶋監督が、逆に質問したことであった。

「来年の巨人はどうあるべきか。来世紀の巨人はどうあるべきか。やはり、ぼくは真剣に考えなくてはならないと思っているんですよ。フューチャーですね」

さまざまな意見が出た。

長嶋監督は、フッと洩らした、という。

「ブロス（元ヤクルト）がほしかったなぁ。うちがノーヒットノーランをやられたとき、彼のデータを調べるために、スコアラーに記録を出させたんだけどなぁ。桑田が十五勝で、ヒルマンが十二～十三勝、ブロスが十五勝で、合わせて四十から五十は期待できるんだけど」

長嶋監督の得意な「あれも欲しいこれも欲しい」病である。

長嶋監督は、平成十年正月明けから行方をくらましていた。

担当記者は、国内のどこかに潜伏して、虎視眈々と打倒野村ヤクルトの秘策を練っているのだと読んでいた。おそらく一月二十二日のスタッフ会議までは姿を見せないだろうと。

そこで、出てきたのが、長嶋監督のおまじないなのだそうだ。

とくに一月六日、渡辺オーナーが、前立腺ガンにおかされていることを自らの口から明かした。それを聞いた長嶋監督は、仰天した。

昨年十二月二十五日のクリスマスには、渡辺オーナーと、中曽根康弘元総理と、都内のホテルで、聖歌隊まで呼んだにぎやかなクリスマスパーティーを開いたばかりだった。そのときは、みんなでジャンジャン騒いで大騒ぎをした。

信じられなかった。が、十四日には無事手術をした。経過は良好で、二月下旬には退院するという。

オーナーをよろこばせるためにも、日本一を奪回しなければならない。

監督生命を賭けた闘いとなることは肝に銘じていた。

長嶋監督は、宮崎キャンプ出発を直前に控えた平成十年一月下旬、つぶやいた。

「ここ六年間では最も厳しいキャンプになるんだろうね。第一次政権でもこれほどハードなメニューはないだろうなあ。ぼくの現役時代はあったかもしれないけど、現代っ子にはつらいかな……」

立教大時代の砂押邦信監督にスパルタ指導で死ぬほど鍛え抜かれた長嶋監督も、さすがに現代の若手選手の肉体や精神の弱化にはお手上げのようだ。

「いまの世代は上から押しつけては駄目。こちらから強要しては反発してついて来ないんです。ちょっとでも厳しいことやりゃ、すぐヘナヘナってなっちゃうし、怒鳴りつけたりすると、すぐシュンとなっちゃう。うちのボーズや三奈ちゃん見てたらわかる」

平成五年のシーズンから監督復帰した長嶋は、若手選手の自主性に任せてきた。

だが、今年は、その方針を変えてみるつもりだった。

地獄の伊東キャンプの再来か。

長嶋茂雄は、十二年の長い浪人生活を経て、平成五年のシーズンから巨人軍監督に復帰した。

当時、プロ野球は、発足したばかりのJリーグに人気を奪われ、風前の灯だった。

焦りに焦った読売は、長嶋茂雄に最後の望みを託した。

それこそ長嶋茂雄は、〝天の岩戸〟に隠れていた天照大御神であった。その大御神を、みんなで寄ってたかって飲めや歌えで大騒ぎして、岩戸を開かせたのである。

すると、眩《まぼゆ》いばかりの陽光が、あたり一面をぱぁっと明るくさせた。プロ野球は救われたのだ。

長嶋が復帰して初のキャンプに入るに当たり、長嶋監督は、〝スピードとチャレンジ〟を大方針に掲げ、さらに細かく五つの具体的指針を示した。いわゆる『長嶋五ケ条』である。

一、明るさ　われわれはファンに夢を売ると同時に、高度な技術を売るのが仕事。そのためには明るさが必要で、明るさは、厳しい練習から身につく。

二、闘争心　優等生、おとなしいというイメージを変えろ。つねに攻める精神、攻めながら守るという意識を持てばミラクルプレーが生まれ、プロ意識も芽生える。

三、個性　個性とは長所のことだ。失敗と反省の繰り返しから個性が生まれる。

四、アピール　火花が出るような緊張した場面で、アピールできるようなプレーを。スタンドプレーではなく、アピールの仕方を考えよう。

五、マインドコントロール　人間は誰しもが潜在能力を持っている。寝る前に五分でいいからマインドコントロールせよ。それも不安な内容でなく、成功するんだというイメージでトレーニングをすべし。

この五つに関しては、例証がある。角が語る。

「いまでこそ、プラス思考、マイナス思考ってどこでも当たり前のように使ってますけど、ぼくが監督から初めて聞いたのは、入団二年目の昭和五十四年のころですからね。まだ野球の世界じゃ、どちらかというと気合ですべてを解決できるみたいなことをいってて、メンタルなことが影響するなんてほとんど考えてもいなかったんですよ。長嶋監督は、『物事は、いいほうに考えれば、いいほうに行く確率が高い。悪いほうに考えれば、悪くなる確率が高い』っておっしゃいました。『ショーウィンドウに何百万円もする毛皮が飾ってある。誰でも女の人なら、一度は着てみたいって思う。しかし、そこを通りかかったとき、漠然と欲しいなぁって思ったとしても手に入らないんだ。いつか毛皮のことは忘れていて、そのままになってしまう。だが、毎日毎日、そのショーウィンドウの前を通って、欲しい、欲しい、欲しい、欲しいっていっていると、ひょっとしたらある日、突然それが自分のものになっている。どっちが手に入る確率が高いかというと、毎日毎日欲しいっていってるほうが高いと思わないか。それは、野球でも同じことなんだ。ワン（王）ちゃんが三番で、おれが四番だ。九回裏、一打サヨナラの場面、ワンちゃんが打席に立つ。ワンちゃんが敬遠されて、おれんとこにまわってくる。ピッチャーが投げる。おれがスコーンと打って、一塁ベースまわって、おれは、握り拳を上に高く突き上げて、みんなに頭叩かれ、ヒーローインタビューには、最後は、こういって、こういってっていうことも決まっている。そういうふうに頭で描いていると、とにかくそうなる確率が高いんだ』。長嶋さんの得点圏打率が異常に高いのも納得でしたね」

長嶋は、どうしたら打率が上がるかを考えていて、ついに、どうしたらワンバウンドが打てるかまでも真剣に考えたという。

もうひとつプラス思考の例。ワンアウト、ランナー三塁。犠牲フライのケースで、多くの打者は、なかなかうまく犠牲フライが打てない。たびたび失敗する選手たちを前にし、長嶋監督は、首をかしげたという。

「おまえら、なんであれが打てないんだ。こんな美味《おい》しいものはないぞ。だってそうだろ。ヒット打ってみんながよろこぶのは当たり前だけど、ヒット打たなくて、みんながよろこんでくれる。こんないい話はないよ、おまえ。あげくのはてに、打数にも入らないだろ。なんで、あんなの打てないんだ、おまえたち。なにビビんだよ。おれなんか、よろこんで立ちに行くぞ。おれに行かせろよ、おれが行きたいよ」

プレッシャーを楽しむこと。これは長嶋茂雄のプラス思考の中の最たるものだろう。そんな場面になると、うれしくてたまらないのだ、という。一般ピープルが失敗したらどうしよう、と思ってバッターボックスに立つのに、長嶋は、よろこびから入っていく。

長嶋監督は、また恐るべき予言者だ。しかも、悪いことが次々と的中する。

清原が打席に立った。バッター出身の長嶋は、清原の調子の善し悪しなど、すぐにわかる。一球投げただけなのに、すぐに首を傾げた。

「あっ、打てません、これは」

そういってクルリと背を向け、ベンチ奥に引っ込んでしまった。しかし、もしかして……と気にはなるのだろう。じっとテレビは見ている。やはり清原は三振に倒れた。

「やっぱりそうだ。そら見ろ」

長嶋は、いう。

「おれの場合、打者が打つかどうか、打席に立ったアドレスを見ただけで八〇パーセント、結果がわかります。それはなぜか。洞察力です。相手のしぐさを見て、その場の空気や心理状態を読み取り、結論を出すんです。一流ほど記憶力が優れ、次に洞察力が優れているんです」

長嶋は、一度戦ったピッチャーのここ一球というときの勝負球の球種と球筋がほぼ完璧に読めた。

角が見たかぎり、そんな透徹した眼力を持っているのは、現ダイエー監督の王貞治と、長嶋監督だけだった。

第一次長嶋政権の時代、角が入って二年目のある試合でのことだ。長嶋監督が、食い入るように中畑清の打席を見ていた。

「キヨシッ！　次まっすぐだ、行けぇ！」

次の打席も「カーブだ」と当てた。

その次も当てた。一〇〇パーセント当たった。

〈すっげぇ！〉

角は驚嘆した。王も決め球を一〇〇パーセント当てた。

データだけではない。データプラス勝負勘のようなものだろうか。

しかし、度重なる指揮官のひとりごと的予言に、コーチたちはあわてた。

「ほらぁ、また打てないぞ、おい、おい」

選手たちに聞かせてはまずい。

コーチたちは、てんでに大声を上げ、長嶋監督の〝予言〟が聞こえないように妨害した。妨害電波ならぬ〝妨害声〟である。

長嶋茂雄には、他の人には見えないものが、つぎつぎに見えるのだろうか。

角が、その前年のヤクルト投手コーチから一転し評論家となった平成八年のシーズンのことだ。

試合後、どうしてもピッチャー交代で腑に落ちない場面があったので、長嶋監督に直接聞いた。

「監督、あそこは交代なんですかねぇ、やっぱり」

長嶋監督は、首をふりながらいった。

「なんだ角、おまえ見えなかったのか」

「はぁ!? なにがですか」

「おまえ、マウンド上には、アゲンストの風が吹いていただろ。見えなかったのか」

「はい、見えませんでした」

「だから、おまえは駄目なんだ」

風? 角は一瞬、思った。

〈ここは東京ドームじゃないか。どこに風が吹くんだ〉

しかし、長嶋監督は、堂々と真面目な顔でいう。あとで考えてみて、これじゃないかという結論に達した。

監督は、勝負の流れをいっていたのだろう。それを風といったのだろう。そうとしか思えない。ふつうの人には、抽象的な試合の流れと感じるものが、長嶋茂雄の体は、それを風と感じるのだろう。

長嶋監督は、監督在任中、自分で満足のいく結果を出していない、と感じている。第二次政権の今年までの成績は、日本一が一回、リーグ優勝二回。しかし、平成八年のリーグ優勝以外の優勝は、長嶋自身の満足いくものではない。

とくに、平成九年の昨年などは、三十三億円もの補強をした。磐石の布陣で、渡辺オーナーをして「これで日本一になれなかったら、永久に優勝できない」とまでいわしめた。それなのにリーグ優勝どころか、Bクラスの四位という屈辱を味わった。

いっぽうヤクルト野村監督は、巨人よりも二枚は落ちるといわれるヤクルトの戦力で、この六年間にヤクルトを三度日本一に導いた。

なぜなのか。

長嶋監督は、スーパースターばかりを集めるが、そのスーパースターをうまく活かし切れていないのだ、という意見がある。

長嶋監督がFAやトレードで大物を引っ張ってこなくてはいけない巨人軍という球団の特殊な事情は、先にふれた。

そのため、長嶋監督自身も使命感に燃え、大物選手を獲得するには血道を上げる。

しかし、そんな長嶋監督のやり方に異論を唱える者もいる。

スポーツ紙の元巨人担当で、現在デスクがいう。

「もともと、チョウさんは、駒をたくさん持ちたがる人なの。将棋指すにしても、金だ、飛車だ、角だと全部手駒をそろえておいて、それを使いたいタイプなんですよ。ふつうの監督は、三連戦を二勝一敗で乗り切ると考えるんだけど、チョウさんはちがう。三連敗するでしょ。平気なのよ。三連敗しても三連勝すればいいだろうっていうの。次、無理矢理三連勝に持ってく。そしてローテーションに関係のないピッチャーをぞくぞくと注ぎこむ。たしかに三連勝はするけども、その後どうすんだっての。入来見てみなさい。チョウさんに惚れこまれたピッチャーは、悲劇なのよ。なにしろ、チョウさんは、ピッチャーのいいときのイメージしかないんだ。悪いときのことは考えないんだから」

入来は、元々亜細亜大学時代から、右肩の血行障害に悩まされていた。マウンドを遠ざかったこともある。右手の指先にまったく感覚がなくなる。手術を受けた。それなのに、入来は、序盤で川口和久が登板過多に不満を持ち、二軍に〝スタンバイ〟させられると、すぐに起用された。前半戦八十一試合を消化した時点で、三十四試合にも登板した。それも先発、中継ぎ、抑えと自由自在な使われ方だ。

堀内恒夫投手コーチの計画では、右肩に血行障害を持っている入来をじっくり育てる構想だった。しかし、近鉄とのオープン戦で、六人をパーフェクトに抑えた。

長嶋監督は「西山、川口、入来でトリプルストッパー」と舞い上がった。

もう止められない。長嶋監督は、入来は使えば使うほどよくなる、と思いこんでいる。

使いすぎを指摘していた堀内コーチも、止めることができなかった。

「プロ野球は、こういう苛酷なものなのか、肩がパンパンに張ってるよ」と入来はぼやいていているらしい。

四割強に当たる五十七試合も投げた。ローテーション無視の酷使で、きょうもまたひとり墓場に送られる、という。

## 三奈、長嶋監督にインタビュー

平成九年十二月十日、都内のホテルで長嶋一茂と三奈兄妹のツーショット記者会見が開かれた。長野冬季オリンピックで、二人がメインキャスターとなることが決定したのである。

一茂は、妹の三奈を立てた。

「今度ばかりは、妹にリードしてもらいます」

三奈は、『ニュースステーション』の毎週金曜日のスポーツコーナーのキャスターを見事にこなしている。十一月八日の『27時間テレビ』の司会も見事だった。いまや、テレビ朝日の看板だ。

今回の長野オリンピックのテレビ朝日のテーマは、「家族でオリンピックが、いいね」だ。そこで、そのテーマにぴったりで家族の温かみが感じられる長嶋家の兄妹の起用となった。一茂を先に決め、三奈の実績を買った形だ。オリンピックの番組は、どの放送局も共通の素材を使わざるをえない。どの番組も似たようなものになってくる。そこで他局と差別化するには、この二人しかいない、とテレビ朝日スタッフは決定した。記者会見での二人は、みんなが期待するとおりの和気藹々《わきあいあい》のアットホームな雰囲気を出してくれた。

「テレビにおいては、三奈のほうが先輩。三奈にまかせます」

「兄は、スポーツをやってたからこその言葉がリポートできます。兄ならではの表現力が楽しみです。おたがいにない部分を補いあいたいです」

とくに、三奈が注目したのは、一茂が平成九年二月、スキーのフリースタイル世界選手権のリポーターをつとめたときの仕事ぶりを「わたしとちがう角度から見ている」と感心した。

一茂は、とことん謙虚だ。

「ぼくはやったことないし、うまく言葉を伝えられるかどうか……」

三奈も、ならった。

「わたしも、しゃべることも伝えることも不安です」

しかし、主役は選手たちなので、自分たちはあくまでも、縁の下の力持ちになることを強調した。

三奈は、父親は知っているか、と聞かれて、答えた。

「まだ知らないんじゃないかな。でも、わたしたちが出る番組はチェックしているみたいです」

会見終了後、二人は、困惑した表情でいった。

「なんて呼びあうんですかぁ。長嶋さーん、なんて呼んだら変ですよねぇ」

ふだんは「お兄ちゃん」と「三奈」なのだが。練習なしのぶっつけ本番になる。

一茂は、二人の間にライバル心は、と聞かれて、淡々と答えた。

「平々凡々と生きてきたので、ライバル心はありません」

会見後の写真撮影では、握手させられた。おたがい照れに照れた。

三奈が、「すっかり汗ばんじゃいました」というと、一茂が「恋人じゃないんですから」と返した。

三奈は、テレビ朝日の五輪キャンペーンソングの作詞も手がける。作曲は、超人気のビジュアル系バンド『GLAY』のリーダーであるTAKUROだ。三奈の大好きなバンドである。

そのことも質問された。

「過去六年間の取材で書き溜めておいた選手たちの言葉をまとめたノートに、手紙を書き添えて、TAKUROさんに作曲をお願いしました。空、翼、パワーがキーワードの壮大なバラード曲になります」

歌詞は日本語か、の質問に。

「オール日本語です。あっ、英語が混じってますね」

見つめていたいから　ずっとそばにいるよ
答えを探してる　そんな君の事を
力強く伸ばす指の先に　うなりを上げる大地の歌
　You're alive, You're my dream
あふれるほどの君の笑顔を…君の憧れを
言葉に出来ない想いを胸に秘め

果てしなく道なき道を歩く
自分だけの足跡を残して（JASRAC　出0012757―001）

十二月二十四日、三奈は、スキージャンプの船木和喜に会いに札幌の大倉山シャンツェに行った。船木は、翌年の長野オリンピックに出場することになっていた。船木は、黙々と調整に励んでいた。

三奈は、テレビ朝日のニュースステーションの取材だと説明し、インタビューを申し込んだ。ところが、取材嫌いの船木は、頑なに拒んだ。

「いやです。恥ずかしい」

これしかいわない。

三奈は、その日、コンディションが最悪だった。前の日に風邪を引いた。食べたものを吐き、下痢もとまらない。トイレから出られない状態だった。こんな苦しい状態なのに、取材もうまくいかず、滅入ってしまいそうになった。だが、こんなことではくじけない。

三奈は、しかたなく船木が乗っている愛車の前で待ち伏せた。張り込みだ。

三奈が、いろいろ質問しても、最初は、「うん」と「はい」しかいわなかった。

父親に似て短気な三奈は、これではコメントにならない、と弱り果てた。そこで、ぐずぐずと男らしくない船木の手をポンと叩き、いった。

「自分のことなんだから、ちゃんと答えてくださいよう」

船木は、一瞬おどろいたような顔をした。が、なにかがふっきれたのか、えんえん四十分間も三奈の質問に答えてしゃべった。

そんな記者には、いままで会ったことがなかったようだ。また、周囲も呆気にとられてしまった。

八木弘和コーチは、感心した。

「船木が四十分もしゃべったのは、初めてですよ」


長嶋家の人々は、平成十年のお正月を伊豆・川奈温泉のホテルでのんびりと過ごした。

家族にとって、ひさしぶりに落ち着いた団欒《だんらん》となった。

長男の一茂と二女の三奈が、テレビ朝日で、二月七日から二十七日まで開かれる長野五輪のメインキャスターをつとめることになったので、家族の話題は、もっぱらそのオリンピックの話が中心となった。

長嶋茂雄・亜希子夫妻は、いうまでもなく東京オリンピックが縁で結ばれた。長嶋茂雄は、『ON、オリンピックを往く』という報知新聞の企画を通してオリンピックコンパニオンの西村亜希子と知り合った。長嶋が一目惚れし、速攻に次ぐ速攻でプロポーズしたのである。「五輪が結んだ恋」といわれた。

亜希子夫人は、二人の仕事ぶりが心配でたまらない。オリンピック報道は、ふつうの番組とはちがうことを、身にしみて知っているからだ。

いっぽう父親の長嶋監督は、二人の仕事ぶりについて、ほとんど意見をいわない。ただし、「自分の力より、バックにいる親を意識しているんじゃないか」とチラッと洩らしたことがある、という。

それよりも、長嶋監督は、父親として心配事は、結婚のことのようだ。

とくに、三奈については、こういっている、という。

「三奈をテレビ局に就職させるんじゃなかった。給料はいいし、仕事もおもしろいものだから、結婚する気などサラサラないようなんだ」

長嶋家は、一茂と正興の男二人に、有希と三奈の女二人の四人兄弟だが、誰も結婚していない。

ミスタープロ野球でさえ、還暦を過ぎると、娘の結婚はとくに気になるようだ。

しかし、三奈に結婚の一文字でもいおうものなら、亜希子夫人と二人の娘がスクラムを組み、反撃してくる、という。長嶋家では、〝結婚〟の二文字は、禁句となっている。

平成十年二月七日からのテレビ朝日の長野オリンピック特番では、長嶋一家がせいぞろいして興趣を盛り上げた。

三奈は、長野駐在レポーターの一茂とのコンビで、無事メインキャスターの大役をつとめた。長野オリンピック関連では、特番をふくめ、十一の番組に出演した。兄のボケに妹がつっこむという図式で終始した。

スキージャンプの原田雅彦選手を支えた妻の秘話。スピードスケート男子500メートルで金メダルを獲得した清水宏保選手と母親との感動の抱擁シーンに秘話……。そこここで家族愛がクローズアップされた。その感動のハプニングは、まるで、一茂と三奈のファミリーコンビが、その感動ドラマを呼び寄せたような錯覚さえおこさせた。それほど、二人の呼吸があった。

最初は、「長嶋さーん」と呼びあっていた。が、途中から、久米宏が指摘した。

「ちょっとおかしいよ」

すぐに「お兄ちゃん」、「三奈」と家での呼び方に変えた。

一茂が、振りかえる。

「誰かにいってもらいたかったんですよ。テレビに出て、最初からナアナアでやるのは難しいんですよ。どうしても視聴者に抵抗感が生まれる。日本ってそういうとこなんですよね」

すると、とたんにリラックスして、爆笑もののコンビネーションとなった。

三奈のコメントは、長年のアマチュアスポーツ取材の経験に裏打ちされた温かく的確なコメントだった。

傑作は、今大会屈指の美人選手といわれたウクライナの女子フィギュアスケートのエレーナ・リアシェンコ選手を招いて話を訊いたときであった。

一茂は、リアシェンコ選手の色香にすっかり鼻の下を伸ばしてしまい、どんどん脱線した。

「そのあなたの住む故郷の町には、どうやって行くんですか。どのくらい時間がかかるんですか」

三奈は、あわてて制した。

「お兄ちゃん、あまり競技と関係のない質問はしないように……。あっ、そうですか。時間がなくなってしまいましたね。他にいろいろ予定していたのに、全部駄目になってしまいました。しょうがないな、もう」

しかし、おおむね、三奈は、兄のレポートを評価した。

「意外にも、兄があんな真剣に仕事をやってるんで（笑）、なんかうれしかったです。兄に甘えちゃった部分もあったかな」

番組の打ち合わせは、ほとんどしなかった、という。

「オープニングのコメントについては『最初にこういうから、お兄ちゃんはこうして』とかだけ。兄は一直線なんで、スキー・モーグルに偏《かたよ》り過ぎちゃって『オイオイ』って思ったりしたこともありました」

開会式特番では、父茂雄が宮崎キャンプ地から中継で出演した。初の番組スリーショットが実現した。長嶋監督は、ひとしきりオリンピックの興奮を体現しているように話したあと、父親の顔にもどっていった。

「スタッフの皆さま方に迷惑をかけないでやってくれることを願ってます」

三奈は、父親の例によって情熱のしゃべくりに引いてしまった一茂が横にいるにもかまわずいった。

「一茂のほうはもう、かけっぱなしですから（お父さん）謝っておいてください」

三奈は、そのときは緊張しなかった、という。

「父が勝手にしゃべりまくってましたから。でも、兄は嫌だったみたいで、早くコーナーを終わらせたいように見えました」

一茂は、場面的には失敗と感じた。視聴率は取れたかもしれないけど、おもしろくなかった、と。

三奈は、平成十年五月十五日、ニュースステーションのスポーツキャスターとして、父親である巨人軍監督長嶋茂雄にインタビューすることになった。神宮球場での巨人対ヤクルト第七回戦の試合前、ナインがベンチ入りする直前を利用しての取材である。

久米は、そのＶＴＲを番組で流す直前、隣に座った三奈に、自分がもし父親にインタビューする立場だったらどうかという感想を述べた。

「ぼくだったら、死ぬほどヤですね」

すると、三奈は、目をパチクリさせながら不思議そうにいった。

「そうですか。どうしてですか」

しかし、このインタビューで、娘と父親は、眼を二回くらいしか合わせなかった。

三奈自身、番組上、視聴者がどういうことを知りたがっているのかはわかっている。あの日本中誰でも知っているスーパースターの長嶋茂雄に、娘である三奈が、どのようにインタビューするか、内容そのものももちろんだが、それ以上に見たいのは、その絵柄であった。父と娘をツーショットに入れた場合、どのようにこの父娘は、反応するのだろうか。

その一挙手一投足を固唾《かたず》を飲んで見守っているのである。こんな父娘は、日本中どこを探しても、ほとんど皆無だろうと思われる。天皇一家でさえも、これほどまでに注目されたことはないかも知れない。

さて、三奈は、ニコニコとまるで悪びれることもなく、ひたすら取材記者としての好奇心のおもむくままに、父親である長嶋監督に向かった。

ウォーミングアップのつもりで、雑談ふうに三奈が話しかけ、長嶋監督が応じている。

長嶋監督が確かめるように訊いた。

「状態？」

三奈が、まるで家庭のキッチンで話しかけるように監督にいった。

「そう、状態。うん、最近の状態」

「そうねぇ、あんまりよくないもんなぁ」

首位広島は貯金十で、二位の巨人に四ゲーム差をつけ、独走していた。松井が、五月十三日の横浜戦で、場外一五〇メートル弾をふくむ二ホーマーと復活したものの前半戦の左膝の故障による絶不調がたたり、打率二割二分七厘ともたついていることも不調の大きな要因となっていた。そんな状況を気遣い、三奈が指揮官を労《ねぎら》った。

「でも、松井君が復活したとかあるじゃない……」

「松井とかね、材料はいいものもあるし、悪いものもあるし……」

ミスターは、自ら取材開始を切り出した。

「よし、さ、行きましょう。それじゃ、はい」

三奈が、念を押す。

「いいですかぁ」

「いいですよぉ」

「はい、じゃ監督お願いします。これどうしても訊きたいんですけど、やはり、ちょっと、これ抑えというのは固定されてるんでしょうか」

三奈は、巨人ファンの誰もが訊きたいことを代表して訊いた。長嶋監督のリリーフ投手の起用が、あまりにも場当たり的になされているのではないのか、という疑問であった。そのために何度勝ち試合を落としたことだろう。ファンは、ヤキモキを通り越して腹立たしい感情までも抱いている。

長嶋は、ていねいに答え始めた。

「現実問題として、たしかにベイスターズの佐々木主浩投手とか、中日の宣銅烈《ソン・ドンヨル》投手とか、素晴らしいリリーフエースというのは、うちはまだできておりませんから。ならば、うちは他チームにない、つまり量という、量で相手を制していくという形でね、つまり一人《いちにん》一殺《いっさつ》的なもので、そのイニングをね、補ってくという形をとらざるを得ないでしょうね」

長嶋監督のいう「一人一殺」は、投手一人が、打者一人を必ずアウトにする。一人を必ずアウトにすれば、役目は終わりという戦略である。

三奈は、自分の父親が自分のチームのことについて熱っぽく語るのを、興味深い表情で聞いている。

長嶋監督は、相手が自分の娘であることなどとっくに忘れたかのように、いつものように、右手をぐるぐる前方に動かし、手のひらを開いたり閉じたりする例のオーバーアクションで話に熱中している。三奈は、その父親のオーバーアクションを、自分の贔屓《ひいき》にするタレントの〝お約束〟のアクションに魅入るファンの女の子のようにうれしそうに見ているのだ。

三奈の表情は、不思議な生き物でも見ているようなリアクションを見せている。父親が、自分と話すとき、敬語を使って話す場面など、それまで皆無だし、想像もできなかったからだ。

三奈は、聞きにくい質問をぶつけた。

「毎試合見てると、継投を見てると、なんか、やはり毎日ちがうといいますか。当たるときはすごいバチッと当たるんですが」

長嶋監督は、相槌を打つ。

「うん、嵌《は》まるときはね」

「嵌まるときは？」

「うん、きれいに成功しますけどね。やはり、リリーフというのは、昔からいわれてるように、非常にリスクをともなうことだし、なかなか、やはり二枚、三枚、四枚と継投についていって、すべてよしという内容は、確率的にほとんど薄いんですよね。二枚、三枚良くて、四枚目にカッと崩れて勝ちゲームを落としてしまうというようなことは、よく野球ではあるんですね」

そんなことは常識だよ、三奈ちゃん。でもね、と長嶋はにっこり笑って受け流す。

長嶋茂雄は、どんなに野球オンチの女の子にも、ていねいに熱心に噛みくだいて説明しようとする。三奈は、もちろん七年も野球を取材しているベテラン記者だ。それなのに、長嶋監督の頭の中では、三奈＝わが娘＝なんにも知らない野球オンチの女の子という定式が嵌まっているかのように、熱心に、大げさな身振りをまじえて解説する。

「ですから、本来リスクが非常に多いにもかかわらず、やらざるを得ないという、そういう編成上の問題があるから、できるならば、やはりローテーションの先発が最後まで仕上げてもらいたいのね」

わかってる？　そのあたり、三奈ちゃん。そういっているかのようだ。

「それが理想でしょうけども、しかし理想ばかしも追ってらんないし、いまの野球は、どのチームも、つまりいろんな形で、品を変え、モノを変えながら、どんどん形を変えてヤリクリしてね、いちばん確率の高い、つまり野球を闘ってるわけですから。ですから、ときにはいいときもあるし、ときには涙をのむというときもあるんですよね、つまり、それも確率の問題だから、当然ベンチワークというものは、いちばん確率の高いものをピッチングスタッフにもリレーを求めるし、あるいは代打の攻撃についてもしかり、そこらあたりでしょうね、ええ。まいまのところはよかったり、悪かったりというところでしょうね」

三奈は、これ以上しゃべらせておくと、どこまでいってしまうかわからないと思ったのか、さらりと話題を替えた。

「はい、松井選手、こないだ横浜戦で、場外ホームランとか復活したといっていいですよね」

「技術面からいうと、非常に、こう軸足残りながら本来の回転の速さがスムースに出たということでね。復活といってもいいでしょうね」

長嶋監督は、ものすごくうれしそうだ。

三奈は、ゴールデンルーキー高橋由伸外野手にも触れた。高橋は、打率二割七分二厘、ホームラン四本、打点十九と、新人らしからぬ勝負強い成績を残している。

「高橋選手なんですけども、いまダンカン選手の次なんですけども、もっと打順を上に上げたりとかはないんでしょうか」

「そうですね。まあ、いずれは近い将来に、やはりクリーンアップを打つ、つまり舞台でいうならば、脇役よりも彼の場合は主役を演じる、そういう能力とそういう力量を持ってますからね。近い将来は、クリーンアップを打つでしょうね」

三奈も、満足そうにうなずいている。

三奈は、収録しているテレビ朝日のスタッフたちのほうを見ながら、まとめに入ろうとした。

「最後にですね、開幕から一カ月半くらい経ったわけですけども、それぞれ各チームの今年のカラーみたいなものが出てきたと思うんですが」

「そうですねぇ、まぁ、各チームの状況、ただいま断トツに広島カープが勝率をあれだけ驚異的に上げて走っておりますけどね。ま、カープさんの場合は、非常にあれだけの攻撃力、そして守り、機動力見ましてもですね。当然の数字だといえるんですね。ただ問題は、あのピッチングスタッフが、この一年間、これどのくらい持ちこたえるかどうか、あるいはウチにとってみれば、斎藤雅樹が昨年にない復調の兆《きざ》しがね、出て、それが安定した力にレベルが上がっていくかどうか、いろんなそういう各チームのエースクラスがね、そこらあたりが、これが六月、七月と嫌な梅雨《つゆ》どきを迎えましてね」

長嶋は、そういってニヤッと笑って三奈を見た。

三奈は、思わず笑ってしまった。

「は、は、は」

なんのサインなのか。余人には計りがたい父娘の感情の交流があるのだろう。あるいは、梅雨どきにばてた父親の姿を何度も見ていて、それがおかしかったのだろうか。

父は、つづけた。

「きちっと計算の中に入ってくるかどうか、そこいらあたりをきちっと見届けながら、そして自分のチームを整備して闘っていく、そういう状態でしょうね」

三奈は、おかしさをこらえきれないように質問した。

「梅雨どきは、いやなんですか」

長嶋は、待ってましたとばかりに説明をする。

「みんなは、そりゃ嫌でしょうね。これはもう、野球選手は、一番の鬼門《きもん》の月って昔からいわれてて、四月、五月の春先の疲労が出て、そしてあの梅雨どきのね、気圧の嫌な、雨の嫌な時期にゲームを消化するわけですから、非常に体調を崩すね、可能性あるわけでしょ。そこらあたりが、うまく六月を乗り切れるかどうか、その乗り切れるのがいちばんの計算にもとづくやっぱりピッチングスタッフだと思うんですよね。おそらく攻撃力、得点力はね、六月になるとちょっと落ちるでしょうね。ですから、その落ちたものを、得点力落ちたものを、失点でこれをきちっと抑えて勝利を納めていく。その確率が出てくれれば、これやっぱりオールスターの次の七月の時期にいい形で、ずっと、こう継続していくでしょうしね。六月は、ウチにとってみれば、大事な大事な月でしょうね」

「七月からまた新たないいスタートを切るために」

「そう、そういうことですね」

「うん、いままでどおり」

「うーん……」

「はい、どうもありがとうございました」

「はい」

収録が終わった。三奈は、ハンカチで汗をかいた顔に風を送りながら、リラックスしている。

「松井、高橋……」

「趙《チョ》が完投で、趙とガルベスがいればね……」

長嶋は、はじかれたように立ち上がった。

「よしっ、よろしいですか、はい」

三奈は、礼をいう。

「ありがとうございました」

長嶋は、ベルトのあたりに手をそえながら、つぶやいた。

「さぁ、ウチの連中入ったかな」

三奈も、父をなぞった。

「入ったかな」

同じDNAが通っていることを実感させる瞬間であった。

VTRが終わった。

画面は、一転してニュースステーションの生本番のスタジオの様子に変わった。

三奈の右隣に腰かけていたテリー伊藤が、すかさず声を出した。

「そうかぁ、七月からいけるんだぁ」

テリーは、熱狂的な巨人ファンである。

三奈は、くすりと笑った。本当に二十九歳の女性かと思うほど仕草が初心《うぶ》っぽい。

「ウフッ、うーん、なんか……」

久米が、感心したようにいった。

「お父さんは、いい人ですねぇ。娘に対して、あんだけきちっとね」

三奈が、父とのプライベートな話題に持っていこうとする久米の意図を察し、サービスした。

「右手が落ち着きがなかったですね」

そういってカメラを見ながら右手をオーバーに振った。

「右手が、ちょっと、ねぇ。あんだけ抑えがききませんよ、娘に対して」

しきりに感心する久米に、小宮悦子が、同調した。

「忘れちゃいますよね、ふつう。途中で」

テリーが、念を押すように訊いた。

「いつも、あんな敬語使ってるわけじゃないでしょ」

「とんでもないですよ、ええ。最初で最後かもしれませんね。ま、それはいいんですよ。スワローズ対ジャイアンツは、神宮球場からです」

「試合、あったんだ」

テリーが、落とした。

三奈は、放っておくと、久米やテリーや小宮が、ふつうのミーハーなおじさん、おばさんになってしまい、質問をぶつけてくると恐れたようだ。父親との話題を断ち切ってしまった。それもさりげなく笑いながら。

三奈の父親へのインタビューは、なごやかな笑いとともに終わった。

梅雨のことを話題にして、これほど梅雨が明るく感じられてしまう父娘は、そんなに多くはないだろう。ジメジメした梅雨も、この父娘にかかると、カッと晴れわたった真夏の青空のはるかかなたの出来事のような気がするのだ。

三奈は、平成十年夏のテレビ朝日系の番組『熱闘甲子園』のメインキャスターをつとめることになった。夏の高校野球全国大会のダイジェスト放送である。

その記者会見が、平成十年七月七日、大阪市北区のホテル・プラザでおこなわれた。

スポーツキャスターとしての実績は、すでにニュースステーションのコーナーなどでおなじみだ。が、取材陣のもうひとつの興味は、三奈の天然ボケが、どこで出るかにあった。

三奈は、この会見に先立ち、ひと足先に甲子園球場を視察していた。そのとき発した三奈のコメントが、この記者会見に先立ち報道陣に配られた。

『高校野球といえば、私が中学三年のときに兄が高三で地方大会の準決勝を応援に行ったんです。たしか、ファーストを守っていた兄のエラーで負けてしまって、すごいショックだった』

兄とは、一茂のことだ。十五年前、一茂が所属していた立教高校野球部は、準決勝まで進んだ。

が、記者会見の冒頭で、三奈本人の口から、訂正があった。

「先ほど兄に確認したところ『自分のエラーで負けたのではない』とのことでした。本当にすいません」

三奈は、十五年間、兄一茂のエラーが原因で負けたと思い込んでいたのだ。完全な記憶違いである。しかし、三奈は、めげない。必死に弁解した。

「直接負けにつながるエラーではなかったけど、あの試合で兄はエラーをしてたはず。たしかフライを落としたんです」

さらに一茂が聞いたら怒るようなことを平然といってのけた。

「兄はプロに入ってからよくエラーしてたから、そのイメージが強かったのかもしれませんね」

三奈の『熱闘甲子園』は、平成十年八月六日から八月二十二日まで連日放送された。深夜の時間帯にもかかわらず、大評判であった。

とくに、優勝した横浜高校は、準々決勝で、宿敵ＰＬ学園との延長十七回、三時間三十七分の死闘を切り抜け、九対七で勝利した。初めて大量失点を喫しながらもひとりで投げ抜いたエースの松坂大輔は、いちやく甲子園のみならず、今年の夏の日本のヒーローとなった。

しかし、ドラマは翌日も待っていた。横浜高校は、翌日、高知代表の明徳義塾との準決勝で、エースの松坂をレフトに温存し、控えの袴塚健次投手が先発し、斎藤弘樹がリリーフした。

松坂は、前夜アイシングをした痛む右腕をぐるぐるにテーピングし、プレーした。決勝戦に温存させるためであった。すでに準決勝はもらったような余裕の横浜高校に、明徳が嚙みついた。

松坂が投げられないハンディを突き、明徳は着々と加点した。そして気づいてみれば、八回表を終わったとき、六対〇と明徳がセーフティーリード。残る横浜のチャンスは、八回と九回の二回のみ。

悲鳴にも似た歓声の中、横浜は、またもや奇跡的な精神力で、この六点差をはねかえした。

明徳義塾のエース寺本四郎投手は、最後に代打の柴武志にサヨナラヒットを打たれた後、マウンドにうずくまり、しばらく動けなかった。その肩がヒクヒクと動く。泣きじゃくる寺本の姿が大写しになる。その涙でかすむ目線の向こうに歓喜乱舞する横浜ナインの影がぼんやりと浮かぶ。

寺本投手は、整列し、その列が崩れた後までも、おんおんと悔し涙を流した。滂沱《ぼうだ》と涙が流れつづける。喉ちんこまで見せながら大泣きをする寺本の姿は、感情を見せない人造人間のごとく見られがちな子供たちにも、熱い真っ赤な血がトクトクと流れていることを実証して見せた。

昼間取材をし、連夜、画面から全国に現場の熱い興奮を伝える三奈は、すっかり高校野球の虜《とりこ》になっていた。

翌日の決勝戦は、松坂投手のノーヒットノーランのおまけつきだった。三奈は、松坂が最後の打者を三振で討ち取った瞬間、スコアブックに『K（三振）』と書き込んだ。その書き込む手があまりの感動でしばらく震えていた。

「あまりにすごすぎて言葉が出なかった。松坂君は怪物です」

極限のピンチを切り抜けた横浜ナインの勝利の瞬間。その瞬間に、全国の視聴者は、その背後で敗れ去っていった無数の球児たちの激闘の血と汗を感じたろう。

三奈たちは、この甲子園に『怪物たちの甲子園』と副題をつけた。怪物は、松坂ひとりではない。三奈とスタッフは、甲子園に潜むまだ無名の数知れない怪物たちが、その才能の牙《きば》を剝くのを待ち、追跡した。

甲子園の〝怪物〟たちが騒ぐ。さまざまな若く荒々しい〝怪物〟たちに取材をするうち、三奈もいっしょになって泣き笑っていた。

その感動の余韻を体いっぱいにたくわえ、放送用の原稿を書きつづった。三奈は、朝日放送の『熱闘甲子園』のスタジオでできるだけ冷静に押し殺したトーンで淡々と語った。決して流暢《りゅうちょう》とはいえない、一語一語、ていねいすぎるほど音節を区切って話す三奈の武骨な喋り方は、かえって好感を呼んだ。

「次の日、甲子園でどんなことが起こるか。どんな素晴らしいドラマに出会えるかと思ったら、眠れなかった」

現代の高校球児たちは、武骨でいて繊細、愚直にして怜悧《れいり》、寡黙かと思うと饒舌《じょうぜつ》なスパイラル感覚を持っている。ひと昔前の高校球児には絶対見られなかった不思議な感覚は、長嶋三奈の感覚と、ほどよくマッチするようでもある。

取材先の方々で、三奈のまわりに輪ができた。

ときには、姐御的、ときにはガールフレンド的、ときには母親的な三奈の〝テンネン〟が、彼らにかぎりない愛着をもたせるようだ。

球児たちとプリクラにおさまった三奈の顔は、現代が失った原始的生命のエネルギーを発散している。

三奈は、最後の収録を終えた後、日刊スポーツの取材に答え、こう語っている。

「来年の夏も絶対に甲子園にもどって来ます。たとえキャスターじゃなくてもいいです。アルバイトでもいいから甲子園にもどって来たい」

平均視聴率は、深夜にもかかわらず、八パーセントを超えた。

## 平成不況を吹き飛ばす長嶋家の人々

長嶋一茂は、平成十年二月のある日、四月から始まるフジテレビ『プロ野球ニュース』の取材で、宮崎に向かう飛行機の中にいた。隣席には、無二の親友矢作公一がいた。

「暮れの『とんねるず』の生ダラ以来だね」

平成九年十二月に、とんねるずの日本テレビのバラエティー番組『生でダラダラいかせて（通称「生ダラ」）』の野球特番の収録があった。そのプロ野球ＯＢ会混成チームの一員として一茂も矢作も出演したのであった。

西武にいたデストラーデ、元阪神のバース、ヤクルトのパウエルなどなつかしい名前がそろった。日本からは、元阪神の川藤幸三、元巨人の定岡正二……がいた。

いっぱい話をした記憶がある。よく覚えていない。そのときは、フジのプロ野球ニュースの土・日曜日限定の司会をすることは決まっていた。その話はしなかった。

間近に迫った二月の長野五輪のレポーターの話、Ｋ―１の話、バラエティーの話をした。

とにかく幅広くなんでも引き受けているので、矢作以外の人間とも、よく話をしているな、というのが印象的だった。

それまでは、矢作のように親しい人間以外は、まず警戒していた。

たとえば、「おい、一茂、オヤジ元気か」と先輩に訊かれると、露骨に嫌な顔をした。ところが、そのときは、逆にその質問をしそうなタイプの人間に、一茂のほうから近寄っていくようになっていた。

矢作は思った。

〈ああ、メディアが、彼を大きくしたのかな。あるいは、自分の仕事だから、堂々とするようになったのか〉

矢作は、ようやく一茂の本質が開花したような思いをいだいた。

一茂は、プロ野球選手時代は、ずいぶん重い殻《から》をかぶっていたにちがいない。それで、開き直ってしまったのだ。

「プロ野球選手は、野球をやってればいい。とくにトークはできなくてもいいや」

そう思って、相手に気を使ったりすることはしなかったのだろう。最低限のつきあいだけして、あとは殻に入ってしまおうと思ったのだろう。

でも、それは、矢作が知っている本当の一茂ではない。一茂は、もっと他人のことを考え、自分のことはおいてもいろいろ面倒をみたりするようなタイプだった。その現れ方がちょっと変わっているにせよ。

一茂は、かなり前から、矢作には、自分がしたい仕事についてはっきりしたイメージを持っている、といった。

「野球解説というのはしたくない。キャスターとかでも、野球だけに限定するんじゃなく、K

—1とか、今度経験する冬季五輪だとかね。ようするに、スポーツを一般の人にわかりやすく伝える仕事をしたいんだ」

それで、フジテレビから『プロ野球ニュース』の話があったとき、引き受けた、といった。K—1のレポートの仕事をしていたこととか、いろいろフジテレビの仕事は多かったにしても、一茂は、どこかひとつの局に決めたくはないようであった。

一茂は、飛行機が嫌いであった。

百八十一センチ、九十キロと巨躯なのに、気は、いたって小さいのだ。学生のころと変わっていなかった。

一茂は、矢作に注文をつけた。

「飛んでるときはさ、なにかおれに話しかけていてくれよ、揺れるとヤだからさ」

「わかった」

飛行機が揺れない気候がおだやかなときは、一茂は、BGMをかけて眠っていることが多かった。ジャズやポップスの軽いのが好きだった。

「ところで、取材はどこまわったの？」

「この前は、沖縄だった。横浜、中日、広島、日ハムとまわったよ」

「日ハム、どうだった？」

矢作は、日本ハムOBなのだ。それで、詳しく聞いてるはずだ、と踏んだのだろう。

「打線が、かなりいいな」

一茂も、日本ハムには注目していた。

「日ハムは、若い選手が伸びてきてるしね。チームがガラッと変わりつつある。外国人選手の二人がしっかりしてるし、選手も若いから、これからおもしろいよね」

同感だった。矢作が取材先で会う評論家は、ほとんどの人が、日ハムのことを「そりゃ無理だろう」としかいっていなかった。

一茂は、同じ点を見ているのかな、と思った。まさか、のちにこれほどの〝ビッグバン打線〟と呼ばれるほどのブレイクをするとは、想像もしなかったにせよだ。

寝るような距離でもないので、一時間ほどしゃべった。

一茂はいった。

「おれ、巨人のほうに行って、ヤクルト見れないから、後でヤクルトのこと聞かせてくれよ」

それで別れた。

野球ライターや野球の企画ものを手がける矢作は、仕事柄フジテレビのプロ野球ニュースは、いままでも必須の番組だったが、一茂が出るようになって、土、日はかならず見た。

しゃべり方も、最初はトンチンカンなことをいっていたが、じょじょに馴れてきた、と感じた。見ていて、一茂が絶対に守っていることがあるな、と思った。

一茂は、ぜったいに自分の意見をいったままでまとめることはしない。かならず、「ぼくは、こう思うんですが、江本さんは、どう思いますか」と聞いていた。

一茂だって、プロ野球の選手だったのだから、ちゃんと自分の考えを持っているはずだ。ましてメイン司会なのだから「これはこうなんです」といってまとめてしまってもいいようなものだ。

一茂は、解説者の顔を立てている。これは、一茂なりの気の使い方なのだ。自分はキャスターだから、伝える立場だ。評論家の人のように、野球の技術を評論することはなるべく避けたいと思っているのだろう。

矢作が感じるのは、こういう点だ。

野球というのは、たとえば、プロ野球のアナウンサーでも、けっこう評論家まがいのことをいう人はいる。しかし、それを評論されるプロ野球選手は、おもしろくない。

「いまのカーブ、真ん中に入ったから打たないといけませんね」

とアナウンサーが放送する。

しかし、もしかして、打者は、上の指示で、カーブは捨てていけといわれてるのかもしれない。

とくに、一茂は、野球に携《たずさ》わったことがない人間から評論じみたことをいわれると、非常に嫌がった。だから、自分がキャスターとしてそこにいるのなら、評論はしない、と決めているようだ。

しかし、キャスターになったからといって、一茂は、昔とまったく変わっていなかった。現役時代は、まったく練習していない選手が、監督になったとたん、練習を強制するというタイプがいる。一茂は、そのタイプではない。現役時代の土台になる考えがあって、それに肉づけしてモノを考える。そもそも元々口下手ではない。人見知りをするために、口下手のようにとられるが、そうではない。

矢作は、一茂は、持味を出している、と思う。トチッても一茂だから、というキャラクターも持っていることは、テレビには大事な要素だと思っている。

一茂的なことが随所に見られる。

真面目なことを番組でいっていても、最後は、おチャラケてしまう。顔の線が緩《ゆる》んできて、半分おちょくるようになって、笑いをとるような感じで顔がふやけてくる。そういう点は、まったく変わらない。いい意味でも、悪い意味でも、持続力がない。

一茂は、四カ月くらい経つと、すっかり板についてきた。

立教の後輩の中村江里子アナとの呼吸もピタリと会ってきた。

しかし、一茂は、まだまだ〝俎上《そじよう》の鯉〟と自分を認識している。うまくいったと思える日は、一日もない、という。番組を録画したビデオを見てチェックしたが、いまは下手さかげんにあきれて見ない、という。

キャスターとして心がけていることは、なにも考えないことだという。

一茂は、日刊スポーツの相原記者と田口記者を前にこういった。

「放送中にぼくができることは真剣に考えないこと。考えておもしろいことをいえるのは、明石家さんまさんやとんねるずとかいっぱいいるけど、そういう人にかなうわけがない。ぼくは逆になにも考えないことで勝負しようと思うんです。まだ、進行のこととか考えてしまうんですけど。だけど考えてないのは放送中のことですよ、二十四時間考えてないわけじゃない」

キャスターの仕事をはじめて、よく妹の三奈と比較されるようになった。

ニュースステーションの金曜日の三奈には、かなわない、と認めている。

一茂は、三奈についてもいった。

「三奈はうまいですよ。ぼくは原稿を一行くらいしか覚えられないけど、あいつは十行くらい覚えられるんですよ。あいつはAD（アシスタントディレクター）からやっているから番組のことわかっているし、ディレクターとかVTRの編集をできる人間が、しゃべることもできるのは一番強いことだと思いますよ」

一茂は、いまは、週一回空手道場、週三回スポーツジムに通うようになって、体も、ひときわパワーアップしてきた。野球をやっていたころより贅肉が落ちた。ベンチプレスは一四五キロを四、五回。野球選手時代は、一三五キロまでだった。目標もできた。極真空手の全日本大会に出場することだ。平成十年八月現在、極真の青帯だ。

一茂は、今後は、プロ野球ニュースのキャスターだけではなく、演出のことにも注文を出していく、という。

「いまは水槽の中で人工的に酸素を送られているだけですが、そのうち湾に出て、大きな海の中で泳ぎたいな、と思っています。選手をいかに格好よく見せるか、演出するかがぼくらの仕事なのに、いまや『プロ野球ニュース』は、それができていない。細かいことといえば、球場のカメラの位置やVTRのつくり方まで変えていかなければいけない。もう少したったら、意見としていってみようと思っています。ぼくが間違っているかもしれないけど、間違っていたらやめればいい」

いっぽう、キャスターだけではなく、ちがう分野にも挑むようになった。

いま一茂は、広尾ガーデンヒルズの一室に事務所『長嶋企画』を持ち、スタッフとともに仕事をしている。

ある芸能プロダクションのベテランマネージャーの話では、『長嶋企画』では、長嶋一茂をどのように露出していけば、もっとも効果的か、日々研究している、という。商品としてのタレント〝長嶋一茂〟の作戦参謀は、きわめて優秀で、四人いる、という。

その作戦は、じつに緻密《ちみつ》な計算に基づいている。とくに仕事の選択が、じつに小憎らしいほどだ、という。

いま、一番どの番組に勢いがあるかを計算している。一茂が出演している番組は、フジテレビ『プロ野球ニュース』の土・日曜日のレギュラー司会、日本テレビのとんねるずの『生でダラダラいかせて』、TBSの明石家さんま司会の『さんまのスーパーからくりTV』、テレビ朝日の『スーパーJチャンネル』など、視聴率の上位にランクされる人気番組ばかりだ。勢いがある番組に露出することで、一茂もその勢いに乗っていく。

誰もが「家に帰ってスポーツニュースを見る」とはいわない。「家帰って、プロ野球ニュース見なくちゃ」という人が、ほとんどだ。そのくらいプロ野球ニュースという言葉が普通名詞化している。「プロ野球ニュース見る」といって帰った人が、4チャンネルや10チャンネルを見たりしている。しかし、いまは、ニューステーションのスポーツコーナーが夜の情報・報道番組中では一番情報が早い。しかし、それでも、プロ野球ニュースの人気はものすごい。一茂が、プロ野球ニュースを選んだのは、こうした状況を睨んだスタッフの細かいデータ収集の結果である、という。そして、プロ野球ニュースに出演するにも、毎日出るのではなく、週末の土・日だけを選んだ。そこしか出させてくれなかった、のではなく、そこだけをあえて選んだのである。

プロ野球ニュースの解説者として出ているうちに、すっかり名前が浸透し、全国区の著名文化人になった野球人も多い。その理由は、毎日顔を出していたから、いやでも覚えてくれたのである。しかし、一茂は、逆だ。毎日出ていると、有り難みがなくなる。長嶋一茂が偉い人だからではなく、一茂は、そういう得難いキャラクターだからだ。長嶋茂雄ブランドは、父親が神様視されるのと同じく、子供の一茂も、〝神様の子供〟くらいには思っているのだ。

あのノー天気な絶対的明るさを、広告業界が放っておくわけがない。一茂があまりCMに出ていないのはなぜだろうか、と不思議な疑問を抱く人も多いが、それは、計算なのである。わざとセーブしている。

一茂のもとには、ものすごい数のCM出演依頼が殺到しているらしい。

最初は、松田聖子も出ていたCATVのCMの、松田聖子の後にチョイ役で出たのみだ。これからどんどん爆発的に露出していくのだろう。ハウス食品の即席ラーメン『うまいっしょ』のテレビCMに元巨人投手で、いまはタレントの定岡正二と出ている。

一茂が、カウンターでラーメンを食べている。いろいろ味の批評をしている。そこに、カウンターの中からラーメン屋の親父《おやじ》役の定岡が、一茂に「昔、野球やってたんです。定岡って覚えてない？」と訊く。さしずめ、その後「その選手が、じつはおれ、いまこんなことやってる。野球はパッとしなかったけど、ラーメンつくるのはうまいっしょ。おれも、やっと天職が見つかった。よかった、よかった……」となるところだ。

しかし、ちょっと動きを止め、聞いていたふうをしていた一茂が、「目を合わさないようにしよう」とばかり、ハッと下を向いて黙々とラーメンをする。ジャンジャン。

先の大手芸能プロマネージャーの予測したとおり、一茂は、さっそく銀座山形屋のブランド紳士服『ｅｄ。』のＣＭの仕事が決まった。

九月十日、赤坂のＴＢＳで十月十一日（日曜日）から始まる青春ドラマ『なにさまっ！』の制作発表記者会見がおこなわれた。一茂も、このドラマに出演するので、当然この場にいた。

一茂は、元ラガーマンで野球もうまい会社員役だ。

主演は、実業団駅伝の選手役の岸谷五朗とキャリアウーマン役の松雪泰子。三十歳前後の独身男女が織りなすドラマである。

岸谷は、一茂のことを訊かれ、答えた。

「自分のセリフを前にして動じない男です。覚えてなくても、物ともしない（笑）」

一茂も、そのことについてはいわれるとおりだという表情でいった。

「ぼくは五分前にいったことも忘れるから、セリフは直前になるまで覚えない（笑）。何も考えず、何もわからないまま終わりたい」

一茂は、この役に決まった理由を、知人には、こういった。

「家がお金持ちで、ラグビーかなんかをやってて引退して、ノホホンと会社員やってて、自分とそんなに変わらない役だよ」

一茂の俳優挑戦は、じつは、これが二度目である。

最初は、NHKハイビジョンドラマの『坊さんがゆく』であった。竹中直人演じる坊さんの弟役だ。撮影は、四月から二カ月におよんだ。

その感想を、日刊スポーツの取材に答え、こう語った。

「まったく何もわからずに（撮影が）終わりました。ただ立っていただけです。セリフはなぜか覚えましたね。別に緊張もしなかった」

甘いマスクは、往年の東宝青春映画『若大将シリーズ』の加山雄三を彷彿《ほうふつ》とさせる。雰囲気もどこか似ている。その鍛えられた肉体ゆえに、シルベスター・スタローンばりのアクションスターの声も聞かれるが、本人は、否定的だ。日本でアクションスターとして成功する困難をよくわかっているようだ。

一茂の親友の矢作は、こう分析する。

「野球以外のいまの仕事で成功しはじめているわけですから、野球やってたことは遠回りじゃなかったですよ。たとえば野球やんないで、ポーンとタレントとしてデビューしたとしますか。彼に、もし役者の才能があったとしても、おそらく、中堅の下くらいではないでしょうか。やっぱり、一茂にとって、野球は、いまの仕事をするための修行みたいなもんですよ。芸歴もないのに、ポンと役もらえたりする人いるじゃないですか。誰とはいいませんが。でも、彼らにしても、野球という修行の道を経て、それなりの名前を売った選手だったからじゃないですか。プロ野球ニュースにしても、あの長嶋家のきょうだい特有の天然ボケの味が出てきたから、いまいいですよね」

一茂の空手の技術は、とみに上達した。青帯をつけるまでに昇級した。

平成十年七月、空手とキックボクシングが対戦するK―1の試合があった。

一茂は、『スポーツリングサイド』に出演したとき、その予想をのべた。

「空手が勝ちます」

理由を問われ、「極真だからです」と答えた。

平成十年夏、一茂は、多忙だった。

『とんねるずの生でダラダラいかせて』、通称『生ダラ』で、番組の中で踊るエアロビクスダンスの完全マスターを命じられていた。

一茂は、この番組のレギュラーである。引き受けるとき、以前から親しいとんねるずの番組なので、なんの考えもなく出演を引き受けた。

だが、定岡正二と石橋貴明との三人でエアロビダンスを踊らされることがわかり、がっくりした。

「やだなぁ、エアロビダンスなんて、恥ずかしい。ほんとは死ぬほどやりたくないよ。でも、とんねるずは、昔から知ってるし、しかたなくやってる。でも、エアロビいやだなって思ったのと、逆にいやだからやってみようかって思った。空手に役立つんじゃないかって思って」

TBS日曜日の明石家さんまが司会進行している人気番組『さんまのからくりテレビ』にも四月からレギュラー解答者として出演し、天然ボケを炸裂させ、スタジオや茶の間に爆笑を巻き起こしている。

一茂は、世田谷東支部（旧三軒茶屋支部）の道場へ行く時間が取れなくなっていた。月曜日に一回行けるだけとなった。月曜日は、プロ野球の休みの日なので、土・日のレギュラーキャスターをつとめる『プロ野球ニュース』の取材をしなくてもいいのだ。

一茂は、いまは青帯だが、じっさいは、もう入会して一年以上経っているので、緑帯か茶帯を締めてもいいくらいだ。また、実力は緑・茶帯に匹敵するものが備わってきていた。

九月十五日に、京都市内の『武道センター別館（旧武徳殿）』で『'98京都府空手道選手権大会』が開かれた。極真会館が主催する全国大会への出場権を得られる大会だ。

出場選手は、二十二人である。

一茂が出場するのは、『'98京都府空手道選手権大会』の一般の部だ。

一茂は、七級の青帯。出場選手中、実力評価は最低ランクだ。ダークホースだ。

一茂にとっては、昨年九月の新人戦以来、一年ぶりの実戦だった。

一茂がレギュラーのフジテレビの格闘技情報番組『スポーツリングサイド』で司会役の田代まさしと藤原紀香が一茂を取材がてら、応援にかけつけてくれた。

一回戦。相手は、実力一級の茶帯だ。

顔面に上段蹴りを狙うという積極的な攻撃をしかけ、三対二で優勢勝ちをおさめた。

これで勢いづいた一茂は、二回戦の二級の茶帯に向かった。顔面にパンチをくらいヒヤッとさせられた。が、すぐに攻勢に転じ、五対〇で優勢勝ち。

ところが、三回戦では、なんと二段の黒帯が相手だった。

一茂は、二回戦で、下半身を執拗に攻撃され、ダメージを受けていた。そのこともあって、攻勢に転じられず、判定負けを喫した。

試合後、一茂は、田代のインタビューを受けた。

「自分では、もう少しできた。この弱虫野郎という感じですね。新人戦では練習でやったことを出し尽くし酸欠で失神しそうになったんだけど、今回は、考えすぎましたね。やっぱり格闘技は考えては駄目。もっともっと稽古しようと思います」

結局、ベスト8に終わった。もうひとつ勝つとベスト4進出で、全国大会出場権を得ていたのだ。

田代は、興奮気味にいった。

「試合を見ていて茂雄さんの気持ちになってしまいました」

藤原も、感激していた。

「ベスト8はすごい。わたしは三奈ちゃんの気持ちかな？」

試合の様子は、九月十八日の深夜一時四十分から『スポーツリングサイド』で放送された。

平成十一年十二月三日、一茂が神奈川県箱根町の箱根神社で挙式をあげた。新婦仁子とは、この九月二十六日に入籍していた。

挙式には、ダイエーの王監督、俳優の高倉健ら錚々たる顔ぶれが列席した。

平成十二年一月七日、長嶋監督の次女三奈は、レギュラー出演しているテレビ朝日の報道番組「ニュースステーション」で退社を宣言した。

「この春をもちまして退社することになりました。エブリウイーク・スパークで完全燃焼いたします」

三奈は、「ニュースステーション」のほかに土曜夕方のスポーツ番組「M18」のキャスターもつとめ、スポーツ局員としては異例の二本のレギュラー番組を担当していた。

独立や結婚は、明確に否定したが、今後のことについてはまだ何も決まっていないことを強調した。

三奈は、三月三十一日の「ニュースステーション」を最後にすべての番組を降番し、四月二十八日の退社に備えることになった。

しかし、三十一日に北海道・有珠山が噴火し、情勢が緊迫化してきたことから予定していた名場面集の放映やセレモニーは延期。四月七日に最後の特別出演を終えた。

矢作は、いまの長嶋家をこうたとえる。

「昔は、長嶋家っていうのは、茂雄さんが一本の大黒柱でいたんです。それを、お母さんの亜希子さんがサポートしていた。いまは、長嶋茂雄、一茂、三奈っていう三本の柱がある。それを全部、お母さんがサポートしてるっていうふうに見えるんです。だから、あそこン家《ち》のボスは、お母さんですね。いまの世の中見てると、世の中が悪いってまではいいませんが、どこのお母さんでも、ボスだっていう位置は変わんないですよ。そのお母さんが柱になってるじゃないですか。影じゃないですよね。ところが、長嶋亜希子さんは、影であってボスなんですよ。だから、言葉はよくないですけど、亜希子さんが影で糸を引いてるんですよ（笑）。ぼくは、それが現代の明るい家庭の条件じゃないかと思ってるんですよ。ボスであって表に出ないお母さん。いまのお母さんは、どんどん表に出たがるじゃないですか。一番明るい家庭は、旦那も現役、息子も娘も一本立ちしている。でも、影で実権握ってるのは、お母さんだっていう、そういう家庭がいいんじゃないか、と思います」

平成の経済不況におおわれて世相の限りなく暗いとき、長嶋家の人々の底ぬけの明るさは、われわれの心を慰め、励みにさえなる。

長嶋家の人々よ、よりいっそう明るく輝いてくれ。

〔参考文献〕

『わが友長嶋茂雄』（深澤弘著　徳間書店）

『監督たちの戦い』（浜田昭八著　日本経済新聞社）

『長嶋茂雄　にっぽん人の詩』（松下茂典著　ダイヤモンド社）

『プロ野球人名事典』（森岡浩編著　日外アソシエーツ）

『1998年度　プロ野球選手名鑑』（ベースボールマガジン社）

『週刊ポスト』92・9・4、93・1・1／8、93・3・5　矢作公一「一茂先輩の目の色はこうして変わった」96・1・1／5、96・7・12、96・7・26、96・9・6、97・7・16、97・8・8、97・10・3、98・2・27、98・9・11、98・10・9

『週刊現代』90・9・29、91・11・16、92・11・7、92・9・12、93・1・30、93・2・6、94・10・22、95・10・21、97・4・12、97・7・5、98・8・8、98・9・5　角盈男の本音でブラッシュボール特別版、98・9・5

『アサヒ芸能』92・10・29、92・11・19、98・1・7、95・3・9　深澤弘「第9回密着同時進行　V2ドキュメント　長嶋茂雄の決断！」、97・7・3、97・8・21／28、98・3・5～3・26　加藤裕一「誰も書かなかった長嶋三奈」①～④、98・4・9　深澤弘「直撃インタビュー　長嶋茂雄が語り尽くした開幕直前『裸の巨人軍』！」

『週刊宝石』91・5・9／16、93・1・7／14、93・7・8、94・2・17、94・10・6、94・12・29、95・3・9、95・4・13、95・6・15、95・8・24／31、95・10・5、96・4・11、96・5・23、96・7・4、96・9・5、96・10・10、97・5・22、97・12・25、98・1・29、98・5・21、98・9・3、98・9・10

『週刊新潮』95・12・28、96・2・15、97・7・31

『週刊文春』93・4・1　徳光和夫「今週の長嶋」96・5・2／9、97・10・16、97・11・13「角盈男独占手記　長嶋巨人軍に直言する」、98・3・19「阿川佐和子のこの人に会いたい」長嶋茂雄読売ジャイアンツ監督、98・5・21「阿川佐和子のこの人に会いたい」渡辺恒雄読売新聞社社長、98・8・6、98・8・27、98・9・24

『週刊大衆』91・12・2、93・3・8、93・3・29、95・4・10、95・4・17、95・5・22、95・6・26、95・10・9、96・6・3、98・1・26

『週刊読売』91・11・10、98・9・6「岩田暁美の長嶋パパラッチ」第33回

『週刊テーミス』90・9・19、91・2・20

『AERA』98・9・28

『週刊ベースボール』98・2・16、98・7・6

『女性自身』98・3・17

『ミセス』94・4・10　長嶋三奈「ガンバレ、お兄ちゃん」

『FOCUS』91・5・3／10、92・8・14／21、98・5・13、98・5・20、98・9・23

『FRIDAY』93・1・8／15、93・3・5、臨時増刊93・4・13　矢作公一「一茂先輩に似合う『巨人のユニフォーム』」

『FLASH』92・6・16　鈴木潤「長嶋一茂ベロビーチ日記」、92・11・3、93・1・12、93・3・2、94・1・25、94・2・1

『プレジデント』89・11月号　有本義明「『偉大すぎた父』長嶋茂雄と二人の息子」93・1月号　深澤弘「一茂よ、目標は一つ『打倒長嶋巨人』だ」

『スポーツニッポン』97・1・7、97・4・6「あいたい！～長嶋三奈さん」

『日刊スポーツ』98・3・8「日曜日のヒロイン～長嶋三奈さん」98・8・9「日曜日のヒーロー～長嶋一茂

さん」、98・9・13　長嶋茂雄監督・渡辺恒雄オーナー記者会見
『スポーツ報知』00・9・25
『サンケイスポーツ』00・9・25
『日刊スポーツ』00・9・25
『スポーツニッポン』00・9・25
その他、各種新聞・雑誌・テレビ朝日『SPORTS　ぶあ〜』97・12・7放送など、数々のテレビ放送・ビデオを参考にしました。